한국 가요 문학
가성 나훈아

한국 가요 문학
가성 나훈아

초판 1쇄 인쇄 | 2022년 11월 30일
지은이 | 서종진
펴낸이 | 이재욱(필명:이승훈)
펴낸곳 | 해드림출판사
주   소 | 서울 영등포구 경인로82길 3-4(문래동1가 39)
         센터플러스빌딩 1004호(우편07371)
전 화 | 02-2612-5552
팩 스 | 02-2688-5568
E-mail | jlee5059@hanmail.net

등록번호   제2013-000076
등록일자   2008년 9월 29일

ISBN   979-11-5634-518-3

한국 가요 문학

가성 나훈아

― 나훈아 노래 가사와 시의 비교 연구

서종진 지음

해드림출판사

차 례

I

시성 두보와 가성 나훈아의 철학적 사상	10
시성 두보와 가성 나훈아의 <우정>에 관한 비교 연구	16
시성 두보와 가성 나훈아의 <가족>에 관한 비교 연구	21
시성 두보와 가성 나훈아의 <낙엽>에 관한 비교 연구	28
시성 두보와 가성 나훈아의 <강촌>에 관한 비교 연구	34
가성 나훈아의 목소리에 관한 연구	41
가성 나훈아의 <내 사랑>에 관한 연구	47
박남수와 가성 나훈아의 <약속했던 길>에 관한 비교 연구	50
김억과 가성 나훈아의 <천리길>에 관한 비교 연구	57
가성 나훈아의 <사랑은 눈물의 씨앗>에 관한 연구	64
시성 두보와 가성 나훈아의 <님 그리워>에 관한 비교 연구	69
김동인과 가성 나훈아의 <잊을 수가 있을까>에 관한 비교 연구	77
오상순과 가성 나훈아의 <너와 나의 고향>에 관한 비교 연구	84
가성 나훈아의 <바보 같은 사나이>에 관한 연구	91
노천명과 가성 나훈아의 <두 줄기 눈물>에 관한 비교 연구	95

II

이육사와 가성 나훈아의 <해변의 여인>에 관한 비교 연구	105
박인환과 가성 나훈아의 <찻집의 고독>에 관한 비교 연구	114
이희승과 가성 나훈아의 <헤어져도 사랑만은>에 관한 비교 연구	122
계용묵과 가성 나훈아의 <임도 울고 나도 울고>에 관한 비교 연구	127
가성 나훈아의 <고향역>에 관한 연구	134
가성 나훈아의 <머나먼 고향>에 관한 연구	141
가성 나훈아의 <녹슬은 기찻길>에 관한 연구	145
나도향과 가성 나훈아의 <물레방아 도는데>에 관한 비교 연구	149
고려가요와 가성 나훈아의 <가지마오>에 관한 비교 연구	158
신석정과 가성 나훈아의 <모정의 세월>에 관한 비교 연구	166
가성 나훈아의 <고향의 이쁜이>에 관한 연구	176
윤동주와 가성 나훈아의 <후회>에 관한 비교 연구	181
이형기와 가성 나훈아의 <좋았다가 싫어지면>에 관한 비교 연구	188
박목월과 가성 나훈아의 <인생은 주막>에 관한 비교 연구	194
황순원과 가성 나훈아의 <고향의 그 사람>에 관한 비교 연구	200

III

가성 나훈아의 <사랑도 나그네>에 관한 연구	211
이하윤과 가성 나훈아의 <밤차에 만난 사람>에 관한 비교 연구	214
1980년대의 배경과 가성 나훈아의 <울긴 왜 울어>에 관한 연구	219
이영도와 가성 나훈아의 <이슬비는 나그네>에 관한 비교 연구	225
멘델스존과 가성 나훈아의 <사랑>에 관한 비교 연구	230
가성 나훈아의 <내 삶을 눈물로 채워도>에 관한 연구	237
김동명과 가성 나훈아의 <갈무리>에 관한 비교 연구	241
정비석과 가성 나훈아의 <무시로>에 관한 비교 연구	248
김소월과 가성 나훈아의 <영영>에 관한 비교 연구	257
이상과 가성 나훈아의 <가라지>에 관한 비교 연구	263
변영로와 가성 나훈아의 <홍시>에 관한 비교 연구	270
가성 나훈아의 <고장 난 벽시계>에 관한 연구	282
조지훈과 가성 나훈아의 <허야>에 관한 비교 연구	286
이광수와 가성 나훈아의 <유정>에 관한 비교 연구	294
천상병과 가성 나훈아의 <공>에 관한 비교 연구	301

IV

가성 나훈아의 <18세 순이>에 관한 연구	309
가성 나훈아의 <아담과 이브처럼>에 관한 연구	312
가성 나훈아의 <사나이 눈물>에 관한 연구	316
가성 나훈아의 <잡초>에 관한 연구	321
가성 나훈아의 <청춘을 돌려다오>에 관한 연구	325
가성 나훈아의 <애정이 꽃피던 시절>에 관한 연구	330
가성 나훈아의 <땡벌>에 관한 연구	333
가성 나훈아의 <여자이니까>에 관한 연구	336
가성 나훈아의 <대동강 편지>에 관한 연구	341
가성 나훈아의 <고향으로 가는 배>에 관한 연구	344
가성 나훈아의 <사내>에 관한 연구	347
가성 나훈아의 <사모>에 관한 연구	351
가성 나훈아의 <분교>에 관한 연구	355
가성 나훈아의 <어매>에 관한 연구	358
가성 나훈아의 <테스형>에 관한 연구	362

I

시성 두보와 가성 나훈아의 철학적 사상

　시성 두보는 중국의 당나라 시대에 유교 집안의 둘째 아들로 태어났다.
　두보의 집안은 전통적으로 명장이나 귀족의 집안이 아닌 시를 쓰고 숭상하는 문학을 중히 여기는 가문이다. 두보는 몸이 허약하고 성격이 소심한 감상적인 사람이었다.
　태어나서 죽을 때까지 늘 학질에 걸려있었고 폐 질환과 신장도 좋지 않아서 약이 손에서 떠날 날이 없었다. 그리고 고급 병이라고 불리는 당뇨병도 있어서 두보는 온갖 병과 싸우는 삶을 살아왔다.
　두보는 자기의 병든 몸을 이끌고 조국의 산하를 유랑과 방랑하는 가운데 조국애와 민족애, 동포애, 가족애 등을 시로 표현하여 시대를 초월하는 1,415수의 많은 작품을 만들어 냈다.
　두보가 살았던 당나라 시대에는 안록산의 난이 일어나 백성들은 궁핍한 생활에 쪼들렸고 국토의 산하는 파괴되어 말로 표현할 수 없는 고통의 시대였다.
　두보는 항상 나라를 생각하고 걱정하는 우국적이고 애국적인 사상이 근본 바탕에는 황하강처럼 유유히 흐르고 또한 나보다는 남을 먼저 생각하는 애민적인 사상은 더욱 두보를 뛰어난 시성으로서의 가치가 있다고 할 수 있다.

두보는 현실의 암담한 상황과 두보 자신의 이상과의 차이에서 오는 괴리를 사실적, 현실적으로 표현한 시를 썼다. 이것은 현실의 암울함과 고통을 잊게 해주고 정신적인 즐거움을 주는 유일한 수단이었다.

당시에는 북방 이민족의 빈번한 침략으로 군에 징집되어 낯선 환경에서 고향을 등지고 변방에서 근무하는 젊은이들이 많았고 또한, 안록산의 난이 일어나서 젊은이뿐 아니라 노인들까지도 징집이 되어 정부군과 반정부군으로 나누어져 전선에 끌려가는 시국이었다.

헐벗고 굶주리고 먹지 못하는 초근목피로 간신히 연명하는 것이 백성들의 삶의 전부였다. 두보도 어린 자식이 굶주려 죽어가는 모습을 지켜볼 수밖에 없었다.

이런 고통과 아픈 현실의 시대적, 사회적, 정치적 상황 속에서도 두보는 초인적인 신념과 정신으로 현실과 이상을 시로 승화시킨 위대한 시성이다.

두보는 불필요한 미사여구를 쓰지 않고 현실에 바탕을 두고 사실적으로 시를 썼다. 그 시사성으로 두보의 시가 존귀한 것이고 위대한 작품성을 가지는 것이다.

역사를 글로 적어 후대에 전하는 것을 목숨과 같이 생각하는 중국 사람들에게는 두보의 작품은 시적인 작품성과 역사성을 동시에 갖춘 보물 같은 존재이다.

역사를 기록하고 서술한 사기는 형식에 치우쳐 사실을 묘사하는 데 어느 정도 한계가 있으나, 두보의 시를 읽으면 1,300년 전의 역사적인 일들이 영화의 한 장면처럼 살아 숨 쉬고 움직이는 모습이 절로 그려져 생동감 넘치는 현실감을 느끼게 한다. 그리고 시를 통해 그 당시 백성들의 삶을 엿볼 수 있고 역사적인 사건들이 잘 나타나 있어 하나의 고증으로서 훌륭한 가치가 있다.

두보는 귀족적이고 사치스럽고 화려한 낭만적인 사상의 시의 세계가 아니라 평민적이고 검소하고 유교적인 기풍의 애민적이고 우국적, 애국적, 사실적으로 작품을 만들었다.

두보야말로 진정 평범한 보통사람들의 마음과 삶을 여과 없이 작품으로 승화시킨 유일무이한 작가라고 할 수 있다. 두보는 어떤 소재를 가지고도 엄격하게 적용되는 율시에 한 치의 오차도 없이 작품을 만들었을 뿐만 아니라, 자연과 인간의 삶의 모든 것이 두보의 작품 소재가 되었다.

조국의 풀 하나, 나무 한 그루, 역사적 사건, 사람과의 인정, 자연의 경치, 사람과의 만남 등을 작품으로 형상화하고 다른 사람의 청을 들어서 거침없이 작품으로 소화한 시의 천재라고 할 수 있다.

두보가 작품으로 만들어 낸 시들은 그만큼 혼이 깃들어 후대에 역사적으로 위대한 산물이라고 할 수 있다.

나훈아는 우리나라 최대의 항구 도시인 부산 초량동에서 태어났다.

두보처럼 평민적인 교육을 받은 보통사람이다. 우리나라는 6·25라는 동족상잔의 민족적 전쟁으로 집과 산업시설, 아름답고 화려한 강산이 파괴되었고 수많은 인명 피해로 슬픔과 고통은 씻을 수 없는 영원한 상처가 되었다.

당시 국민들의 삶은 헐벗고 굶주리는 생활의 연속이었다. 봄이 지나 보리가 익을 때까지 배고픈 보릿고개를 견디는 숙명적인 삶은 즐거움은 커녕 살아 숨 쉬는 것도 고통이었다.

국민들은 배불리 먹고 고래등 같은 기와집에 비단옷을 입고 살고 싶다는 소박한 희망을 가지고 살아왔다. 특히 부산은 북쪽에 고향을 두고 온 실향민에게는 삶의 애환이 밴 장소라고 할 수 있다. 판잣집과 바람을 막을 보잘것없는 천막은 죽음을 무릅쓰고 피난 온 남쪽 사람들이나 북쪽의 실향민들에게 희망을 주는 안식처가 되었다. 또한, 고향에 대한 향수를 느끼는 정신적인 안식처도 되어 두 가지의 안식처가 되는 무대를 제공하였다.

부산에서 어린 시절을 보낸 나훈아는 피난민들의 고달픈 생활을 직접 보았고, 이것이 가슴속에 남아 마음의 고향을 인식하는 향수의 계기가 되었다. 나훈아의 목소리에는 서민의 향수를 달래주는 애향이 짙게 드리워서 그의 노래는 고향에 대한 갈증을 풀어주는 힘이 있다. 나훈아의 목소리에는 꿈틀거리는 애절한 고향의 향수가 깃들어 있다.

남과 북의 분단으로 이산의 아픔을 간직한 채 아직도 민족의 염원을 풀지 못하고 헤어져 사는 1,000만의 이산가족이 만남은 커녕 소식조차 끊어진 채 반세기를 살아오고 있다.

남북에 가로놓인 휴전선은 우리 민족에게는 한민족의 정신과 영혼을 두 동강을 내었고 우리 한민족의 정서에 부합하는 노래로서 철길을 이어준 가수가 나훈아이다. 나훈아 노래 속에는 두보의 시에 시사성이 있듯이 가사성이 있다. 단순히 노래로서 듣고 부르는 의미가 아니라 나훈아의 목소리에는 한국의 정서와 영혼이 깃들어 있고 가사에는 역사를 대변해주는 가사성이라는 영롱한 빛이 발산되고 있다.

우리 민족의 영혼과 정서를 달래고 이어주며 연속성 있는 노래로서 가사성이 돋보이는 노래를 불러주는 가수가 나훈아이다. 그래서 두보에게는 시사성이 있고 나훈아에게는 가사성이 있다. 두보와 나훈아는 1,300년의 시공을 뛰어넘어 시사성과 가사성이라는 의미로 태산의 봉우리처럼 상봉한다.

동족상잔의 전쟁으로 우리 민족은 삶의 터전을 잃었고 외국의 무상원조로 1900년대 중반은 삶의 전부라고 할 수 있다.

그러다가 5·16군사혁명으로 정권을 잡은 박정희 대통령은 국가건설과 재건이라는 슬로건을 내걸고 우리 국민에게 역동적인 삶의 철학을 제공한다. 새마을 운동은 우리도 할 수 있다는 자신감을 심었고 대성공을 거두었다.

우리 국민이 국가재건에 땀과 눈물을 흘릴 때 나훈아는 가장 한국적인 목소리로 휴식을 주었고 마음을 달래주었다. 나훈아 목소리는 평민적이고 사실적이며 또한, 애상적인 혼이 깃든 음성으로 우리에게 다가왔다. 나훈아의 다듬어지지 않은 목소리는 심금을 울리는 철학이 담겨 있었다.

우리 민족은 한이 많은 민족이라고 한다. 한이라는 것은 과거에 얽매어 애상적이며 보수적인 사고로, 진보보다는 답보나 후퇴를 의미한다. 이것은 부정적인 관점에서 볼 때 한이 우리에게 준 영향인데, 한이 폭발할 때는 무서운 에너지를 만든다.

우리 민족이 세계의 주목을 받은 월드컵축구 경기에서 가장 자연스럽게 한을 발산하고 폭발시켜 아름다운 길거리 응원으로 승화시킨 역사는 이제껏 없었다고 볼 수 있다.

나훈아의 목소리와 노래는 한국인의 한과 절묘한 궁합을 이루고 있다. 한국인의 한을 대변하여 가장 한국적이고 한국적인 노래로 부르는 사람은 나훈아가 유일무이하다.

대중의 예술인 가요로 한을 토해내고 영혼이 깃든 노래로서 한과 영혼의 띠를 하나로 엮어 정신으로 승화한 가수가 나훈아이다.
　중국의 당나라 위대한 시성 두보와 한국이 낳은 위대한 가성 나훈아는 서로 철학과 사상의 배경에서 동질성을 발견할 수 있다. 철학이나 사상적 배경은 인위적이거나 형식이 아닌 시나 노래로 자연스럽게 형상화하여, 서로 다른 장르에서 일치한다는 사실이다.

시성 두보와 가성 나훈아의 <우정>에 관한 비교 연구

중국의 당나라는 시성 두보와 시성 이백이라는 걸출한 시인을 배출한 시의 시대라고 할 수 있다. 백거이라는 시인과 함께 당나라를 대표하는 당대 삼대 시인이라고 일컬어진다.

당나라는 안록산의 난 이전에는 태평성대를 누리는 대당 성국이라고 불릴 만큼 훌륭하게 정치, 사회, 경제가 평온하게 통치되었다.

그러나 안록산의 난 이후에는 정치, 사회, 경제 등 모든 것이 변화하여 민중의 삶은 고통과 배고픔, 허기짐, 슬픔 그 자체였다. 시대와 사상이 인간의 사상을 뿌리 깊이 심어준다고 할 수 있다.

시성 두보는 안록산의 난을 겪고 나서 당시의 현실을 바탕으로 한 사상이 가슴 깊숙이 뿌리를 내리게 되었다. 시성 두보의 시는 낙천적인 사상보다는 착하고 선한 민중의 고통을 자기의 고통으로 생각하는 애민적이고 인본적인 사상이 주류를 이루고 있다.

760년 봄, 두보는 완화리에 초당을 짓고 그곳을 주거지로 삼았다. 현재 국보로 보존되는 두보 초당이 바로 이 유적지이다. 두보는 49세부터 51세까지 3년 정도 이 초당에서 살았다.

기복이 많았던 그의 인생에서 이 3년은 비교적 평온한 시기였다. 전란이나 기근이라는 좌절을 경험한 뒤에 얻은 평화였기에 더욱 소중했을 것이다. 어린 시절 친구였던 엄무와 고적이 이 지방의 높은 관직에 올라 있었다.

두보는 친구들의 도움으로 가족과 잠시나마 평화로운 시기를 보낼 수 있었다. 이때가 아마 두보의 인생에서 가장 행복하고 여유있는 시기였을 것이다.

그러나 두보의 말년은 처량하여 사천지역과 후난성, 후베이성을 전전하다가 상강 위수의 낡은 뱃전에서 고향의 부모 형제도 만나지 못하고 객사하였다. 그의 나이 59세였다.

시성 두보의 생전에 중국 역사상 가장 획기적인 만남이 있었는데 우리가 흔히 이태백이라고 부르는 이백과 두보의 만남이다. 두보를 시성이라 한다면 이백은 시선이라 할 수 있다.

두 사람의 우정은 당나라를 초월하는 중국 역사상 찬란한 만남이며 영원히 기억되는 우정이 이루어진다. 두 사람이 만날 당시 나이는 이백이 44세, 두보가 33세 때이다. 이 두 사람의 만남을 학자들은 이렇게 표현을 한다. 이들의 만남은 4,000년 중국 역사상 이처럼 중대하고 이만큼 기념비적인 외압은 없었다. 그것은 청천에서 해와 달이 충돌한 것과 같다고 강조했다.

시성 두보와 시선 이백과의 사상과 시풍을 비교해보면, 시성 두보의 시는 유교적 사상을 바탕으로 한 평민적, 시사적, 애국애족의 철학이 스며있는 사실주의 시이다. 시풍은 우수가 깃들어 있고 인생무상을 표현하는 기법이 특징적이다. 두보는 각고의 노력으로 갈고 다듬어 율시에 뛰어난 대표적인 시를 완성해 낸 인물이다.

시선 이백은 두보와는 정반대인 사상과 시풍을 가졌다고 볼 수 있다. 시선 이백은 도교적 사상을 바탕으로 귀족적, 탈세속적이며 국사에는 무관심한 철학적 사상이 스며있고 가공적 낭만주의로 즉흥적이고 낙천적인 기법이 특징적이고 또한, 생각 없이 단숨에 호탕하게 쓰는 즉흥시로 절구에 뛰어난 대표적인 인물이라고 할 수 있다.

이 두 사람은 전국을 돌며 정치와 세상사를 논하고 아름다운 강산을 보면 서로 다른 기법으로 시를 지으면서 우정을 돈독하게 쌓았다. 여기서 이백이 두보를 보내면서 감회에 잠겨 쓴 〈송우인〉이라는 시를 소개하고자 한다.

푸른 산은 성 밖 북쪽 성곽을 가로지르고 / 맑은 물은 동쪽 성을 휘돌며 흘러간다 / 이곳이 바로 이별하는 곳 / 그대는 바람에 흩날리는 마른 쑥처럼 멀리 떠나가는구려 / 떠가는 구름은 정처 없이 떠나는 그대의 마음 / 지는 해는 오랜 친구인 나의 정인 것을 / 손을 흔들며 이곳을 떠나가니 / 그대 태운 말도 쓸쓸히 우는구나

두보도 항상 이백을 생각하면서 시를 지었다. 두보가 〈봄날 이백을 생각하며〉라는 시 한 구절을 소개하면 다음과 같다.

'언제쯤이면 당신과 술을 나누며 다시 한번 자세하게 시를 말할 건가.'

우리나라 대중 가요사에서 가장 선의의 경쟁과 뜨거운 열정으로 라이벌 의식을 가지고 한국 대중 가요사의 커다란 획을 그은

가수는 나훈아와 남진이라고 할 수 있다. 한국 전통가요인 트로트의 한 뿌리에서 두 가지로 분류해서 분기되는데 각자 자기의 독특한 음악 세계를 구축하였다고 볼 수 있다.

두 사람은 다른 지역에서 태어났고, 전통 트로트를 부르면서 자연스러운 만남이 이루어진다. 두 사람 모두 부산과 목포라는 항구에서 가수라는 청운의 꿈을 안고 서울에 공부하러 올라온다.

두 사람은 서로 알지 못한 채 가요계에 데뷔하여 히트곡을 양산하며 전통 트로트의 큰 별로 떠오르게 된다. 두 사람의 만남은 인간적인 만남이었고 한편으로는 대중가요라는 장르에서 뜨거운 경쟁 관계가 형성된다.

미국의 엘비스 프레슬리가 준수한 얼굴과 화려한 의상, 현란한 춤으로 로큰롤을 부르는 가수의 대명사라고 할 수 있다. 그의 노래는 템포가 빠르고 활기차며 신명나게 노래를 불러서 세계적인 로큰롤의 황제로 등극한다.

반면에 톰 존스라는 가수는 시골의 아저씨 같은 인상으로 고향에 대한 향수를 보고 싶은 부모 형제와 고향의 풍경으로 노래해 사람의 가슴을 뒤흔들었던 가수로 유명한 컨트리송의 달인이다.

이 두 가수의 관계 또한 미국 음악을 한 단계 업그레이드시키는 결정적인 역할을 하였고 팝송을 세계적으로 떠오르게 한 상징적인 인물로 볼 수 있다.

일반적으로 우리나라 사람들은 남진을 보면 엘비스 프레슬리가 연상되고, 나훈아를 보면 톰 존스가 떠오른다는 말을 하는 데 어느 정도 일리가 있는 말로 의미를 부여하고 싶다.

우정은 친구 사이의 만남이지만 상대적인 성격과 사상, 배경은 같은 장르에서 엄청난 폭발력과 에너지가 생산된다. 당나라의 두보와 이백의 시풍이 동양의 시 세계에 강력한 영향을 주었고, 또한 대중가요에서 나훈아와 남진의 우정은 가요, 영화와 라디오 드라마의 주제가 등에 많은 기여를 하였다.

　우정은 평상시에는 말을 할 수 있는 말벗이 되고 한 장르에서 글을 지을 때, 혹은 노래를 할 때는 선의의 경쟁이 불꽃처럼 피어올라 시의 세계와 대중가요에 핵폭탄 같은 폭발력을 발휘한다고 볼 수 있다.

　여기서 가성 나훈아가 1972년도 부른 영화 주제가 노래 〈우정〉의 가사를 소개하면,

1절
고향을 떠나올 때 다짐한 너와 나는, 하늘이 무너져도 변치 말자고,
두 가슴에 다져놓은 고향의 친구, 메마른 세월 속에 바람은 차도,
언제까지나 변치 말자 고향의 우정.

2절
고향을 떠나온 지 몇 해가 흘러갔나, 다정한 너와 나는 고향의 친구,
하늘땅에 걸어놓고 맹세한 우정, 어이해 변하리오 너와 나 사이,
언제까지나 변치 말자 고향의 친구.

　천년이 넘는 시간이 흘러서도 두보와 이백의 우정, 나훈아와 남진의 우정은 영원히 시나 노래 속에서 사람들 뇌리에서 읽히고 노래로 불리리라 믿어진다.

시성 두보와 가성 나훈아의 <가족>에 관한 비교 연구

　중국은 거대한 영토와 세계 인구 사분의 일을 차지하는 공룡 국가이다.
　오랜 역사와 찬란한 문화유적을 소유하고 있고, 세계 문명의 한 축을 담당하는 나라이다. 세계 삼대 문명의 한 줄기를 형성하고 있는 황하 문명이 말해주듯이 신비하고 인류가 만든 다양한 문화유산을 간직하여 세계 각국의 사람들이 중국을 관광하고 그들의 문화유산에 감탄한다.
　인간이 만든 것 중 유일하게 달에서도 볼 수 있다는 만리장성과 영원불멸의 삶을 갈구하려고 불로초를 찾아서 헤매던 진시황 같은 임금도 있다. 세계 최초로 만든 종이, 문자, 화약 등 인류에게 이바지한 발명품들을 이루 헤아릴 수 없이 만들어 낸 나라이다.
　긴 역사만큼이나 각 왕조의 흥망성쇠로 나라의 명칭이 바뀌어 불리는 중국에서 당나라 시대는 시의 문화가 화려하게 꽃을 피운다.
　당나라는 중국 역사에서 약 300년간 통치를 담당하지만 짧은 기간 동안 중국의 시 문화를 활성화하여 중국의 시 문화의 초석을 만들어놓은 시대라고 할 수 있다. 당나라의 시 문화의 한 축을 선도적으로 이끌고 주도한 사람이 바로 시성 두보이다.

당나라는 초기 정치가 안정되고 사회가 평온하여 융성의 시대를 풍미하지만, 정부와 반정부의 반란을 기점으로 나라는 평화보다는 혼란과 민중의 고단한 삶이 이어진다. 이런 대표적인 내부의 전란이 안록산의 난이다.

당나라에서 안록산의 난은 우리나라 6·25동란 같은 전란으로 부모 형제와 생이별을 만들어 놓았고 민초들은 방황과 떠돌이로 인간다운 최소한의 삶조차도 유지하기 곤란하게 한다. 동양의 절세가인 양귀비를 놓고 인간의 도리상 상상할 수 없는 반인류의 행태가 서슴없이 일어나서 민초들의 삶을 더욱 도탄 속으로 몰아넣게 된다.

시성 두보는 사회에 적응하고 자기의 재능을 발휘하기 위해 과거에 몇 번 응시하지만, 번번이 실패한다. 결국, 과거에 급제하여 정부의 요직은 얻지 못하고 정부군에 참여하여 최하위의 말단을 맡는다. 말단직도 오랫동안 시성 두보에게서 자리를 지켜주지 못하고 긴 가뭄과 자연재해로 말단에서 물러나게 된다.

시성 두보는 현실과 자기의 이상에서 오는 정신적인 혼동과 충격 속에서 방황으로 인생을 보낸다. 시대와 생활이 사람의 사고방식을 좌우하게 만들어놓듯이 시성 두보는 물욕보다는 정신세계를 갈고닦는 시와 고향에 있는 가족을 그리워하는 마음을 위로 삼아 조국의 강산을 방랑 생활로 삶의 즐거움을 찾는다.

시성 두보는 30세에 양 씨 성을 가진 여성과 결혼한다. 안록산 반군에 잡혀가기 전까지는 두보는 부인과 한 번도 헤어짐 없이 동행했다.

시성 두보는 변방 지역에서 방랑 생활을 하든, 장강의 일엽편주 뱃전에서 생활하든 고향에 계신 부모와 형제들을 항상 생각하고 그리워하며 뜨거운 눈물을 흘리면서 잊어본 적이 한 번도 없다. 멀리 북쪽 고향 하늘을 바라보며 심장을 송곳으로 찌르듯이 고향의 부모 형제를 보고 싶어 한다. 시성 두보에게 고향의 부모 형제들에 대한 그리움과 보고 싶은 마음은 하나의 종교로서 그의 가슴에 자리를 잡고 있었다. 부모 형제를 그리워하는 일념은 그의 일상생활에서 오는 힘든 고통을 극복해주는 정신적인 약이었다고 할 수 있다.

시성 두보는 자기가 죽고 난 후에 뼈라도 고향땅에 묻어달라고 부탁할 동생의 소식을 기다리지만, 편지 한 장 받아보지 못한다. 가을에 풀벌레 우는 소리에도 고향에 있는 부모 형제들을 사무치게 그리워하였고, 가을에 북쪽 창공으로 날아가는 기러기를 보며 고향에 있는 부모 형제들의 소식을 듣고 싶어했다. 하지만 시성 두보는 살아생전에 부모 형제를 보지 못하고 추운 겨울, 뱃전에서 고혈압으로 생을 마감한다.

여기서 시성 두보가 고향에 있는 부모 형제들을 애타고 사무치게 그리워하는 시를 소개하고자 한다.

〈귀안〉
봄에 와있는 만리 밖의 나그네는
난이 그치거든 어느 해에 돌아갈까?
강성의 기러기
똑바로 높이 북쪽으로 날아가니 애를 끊는구나!

〈절구〉
강물이 파라니 새는 더욱 희고

산빛이 푸르니 꽃은 불붙는 듯하네, 올봄도 눈앞에 또 지나 가니
어느 날이 돌아갈 해인가?

세계 도처에 약 130만의 교포가 살고 있다. 우리나라 사람들이 조국을 등지고 이국으로 이주하기 시작한 시대는 대략 일제강점기인 1900년대 초다. 북간도와 소련의 극동 지역에서 조국의 독립을 위해 애국지사들이 피를 흘리면서 활약하였고 또한, 일본의 식민지하에서는 먹고살기가 힘들어서 경상도와 전라도 사람들이 자진해서 북간도와 소련의 극동 지역으로 많이 이주했다.

극동 지역으로 이주한 우리 동포들은 대개 하바롭스크, 블라디보스토크에 많이 거주했다. 그러나 소련의 통치자인 스탈린은 중앙통제방식으로 소수 민족의 힘을 분산시키기 위해서 소련의 중앙아시아지역에 강제로 분산시킨다.

어느 날 갑자기 허름한 화물열차에 강제로 타게 된 불쌍하고 힘없는 가련한 우리 동포들은 일주일 이상을 춥고 배고픈 열차 안에서 보내게 된다. 동포들은 변변한 가재도구 하나 챙길 시간도 없이 시베리아 횡단 열차에 강제로 탑승하게 되었다. 시베리아의 강한 추위로 화차 안에서 이동 중 많은 동포가 굶어 죽었고 추위에 동사하는 일도 비일비재하였다.

일주일 이상 멈추지 않고 밤낮을 달려온 기차는 알 수 없는 지역에 동포들을 내려놓았다. 기온은 살을 에듯이 차고, 끝없이 펼쳐진 들판에는 잡초와 갈대만이 겨울바람에 일렁였다. 땅이 척박하여 농사를 짓기에는 부적절한 지역이었다.

우리 동포들은 추위를 이기기 위해 땅을 파서 토굴을 만들고 갈댓잎을 엮어 지붕을 만들어 짐승 같은 생활을 했다. 사람이 생존하기 힘든 지역이라 풍토병과 굶주림으로 멀고 먼 타국에서 생을 마감한 동포들이 많았다.

살아남은 우리 동포들은 강한 인내력과 끈질긴 생명력으로 척박한 땅을 옥토로 가꾸어 농사를 지어 곡식을 생산하고 밭에서는 채소를 재배하여 시장에 내다 팔아서 억척같이 근면하게 살았으며 소수 민족으로서 모범적인 생활을 했다. 바로 러시아의 중앙아시아지역에 있는 타슈켄트와 알마아타지역에 거주하는 우리 동포들이다.

일부 동포들은 인천항에서 배를 두 달 동안 타고 미국의 52번째 주인 하와이로 이민을 떠났다. 그들의 이민 생활은 아열대 지방의 무더운 날씨, 낯선 환경, 다른 문화, 다른 언어로 인한 의사소통의 어려움과 유색인종에 대한 백인의 차별로 힘들었고 그 심리적 압박이 중노동보다 더 견디기 힘들었다.

우리 동포들은 종일 뙤약볕이 내리쬐는 사탕수수밭에서 생명만 유지할 정도의 식사를 하면서 열심히 성실하게 노동했다. 사탕수수밭에서 종일 중노동의 대가로 받는 품삯은 1달러도 못 되는 85센트 정도였다.

이런 악조건 속에서도 돈을 모으고 자라나는 2세들에게 불우한 유산을 물려주지 않기 위해서 교육에 헌신하며 노력했다. 그렇게 하와이 이민 동포는 굳건히 자리를 잡았고 미국의 중요한 요직에서 한민족의 우수성을 알리면서 현재는 부유하게 살아가고 있다. 오대양에서 고급 어종인 참치를 잡기 위해 파나마와 영국의 어선을 타는 우리나라 젊은이들은 달러를 벌기 위해서 배에서 한두 달 이상 생활을 한다.

그들은 칠흑같은 밤에 파도가 일고 폭풍이 치는 바다와 힘든 사투를 하며 어망을 잡아당기는 어려운 작업을 한다. 이런 생활에서 고향의 부모 형제에 대한 그리움은 어선 생활을 지탱해주는 정신적인 약이 된다.

중앙아시아와 만주, 하와이 동포, 선상생활을 하는 젊은이들, 미국 동포, 남미의 아르헨티나와 브라질 동포, 중남미의 멕시코와 쿠바 동포들이 제일 좋아하는 우리나라의 대중가요가 바로 나훈아가 부른 '머나먼 고향'이다.

우리나라 가수 중에서 고향에 관련된 노래를 가장 많이 부른 가수가 나훈아이다. 고향에 관련된 노래는 전부 나훈아가 불렀다고 해도 과언이 아니다. 그중에서 '머나먼 고향'은 고향의 노래하면 우리나라 국민이나 해외동포에게 뇌리에 나훈아를 각인을 시킨 대표적인 노래이다.

조국의 부모 형제들에 대한 그리움, 타향에서 오는 낯설고 물 선 외로움과 고독함을 달래주는 노래로 '머나먼 고향'이 최고이다. '머나먼 고향'을 타국에서 듣고 눈물을 흘리지 않는 사람은 우리나라 사람이라고 할 수 없을 정도이다.

'머나먼 고향'은 힘든 마음을 달래주고 위로하는 진통제와 같은 정신적인 약이라고 할 수 있다. '머나먼 고향'은 가족을 그리워하는 심정을 다독여주는 카타르시스이다.

'머나먼 고향'은 노래라는 인식을 넘어 사람들의 가족에 대한 그리움을 정신적으로 치료해주는 명약 중의 명약의 노래이며 깊숙이 스며있는 가족과 고향의 향수를 중화시켜주는 문학의 카타르시스 같은 역할을 하는 노래이다. '머나먼 고향'의 가사와 나훈아의 목소리가 주는 감동은 가히 압권이라고 말할 수 있다.

〈머나먼 고향〉 가사를 소개하면 다음과 같다.

머나먼 남쪽 하늘 아래 그리운 고향, 사랑하는 부모 형제 이 몸을 기다려, 천리타향 낯선 거리 헤매는 발길, 한잔 술에 설음을 타서 마셔도. 마음은 고향 하늘을 달려갑니다.

현재 70대 이상의 연령대는 우리나라 근대화에 헌신한 세대들이다. 특히 군대 생활은 남성들에게 국가의 의무로 신성하게 수행하여야 하는 의무 중 하나이다. 젊은 시절에 3년이라는 시간은 황금과 같은 소중하고 귀중한 시간이다.

그러나 국가의 여건상 우리나라 청년들은 국방의 의무를 마쳐야 진정한 사회의 한 사람으로 인정을 받았다. 경계 근무를 하기 위해 총을 메고 하늘을 바라보면서 흘러가는 흰구름에 고향에 있는 가족을 상상한다. 흘러가는 흰구름에 고향에 소식을 전하고 싶고 또한, 따스하고 포근한 어머니가 그리워 눈물이 흐른다.

고향을 떠나 객지에서 바쁘게 살다가도 하늘에 뜬 구름을 보면 고향의 부모 형제가 그립고 보고 싶다.

1,300년간의 시간차가 있어도 고향의 부모 형제를 그리워하고 보고 싶어 하는 사람의 마음은 인지상정임을 발견한다. 시성 두보는 시로 고향의 부모 형제의 그리움을 애절하게 표현하고 가성 나훈아는 노래로써 고향의 부모 형제에 대한 그리움을 표현한 위대함에 찬사를 보낸다.

시성 두보와 가성 나훈아의 <낙엽>에 관한 비교 연구

　동양 삼국인 중국, 한국, 일본은 계절의 변화가 정확하게 궤적을 그리면서 사계절을 표시한다. 가을 나뭇가지에 떨어지는 낙엽은 일반 사람들이나 시성 두보에게는 많은 애수와 우수, 회한을 담는 그릇 역할을 한다.
　한번 떠나온 고향은 시성 두보에게 다시는 돌아갈 수 없는 마음으로만 그리는 상상의 고향으로 남는다. 봄에는 산이나 들판에 피는 이름 모를 꽃 속에 감정이입을 하여 시로 고향과 부모 형제를 간접적으로 형상화하여 한 폭의 그림같이 표현을 하고 가을에는 떨어지는 낙엽을 창공과 대비하여 북쪽으로 날아가는 기러기를 보고 고향과 인생무상을 시로 창작하여 표현한다.
　시성 두보는 봄과 가을에 연상되는 꽃과 낙엽, 기러기 등을 빌어서 자기의 가슴에 품고 있는 생각을 유효 적절하게 대변하여 읽는 독자들에게 감동을 준다.
　시성 두보도 일반 사람들처럼 한때는 물욕과 명예욕에 사로잡혀서 젊었을 때 뛰어들었지만, 몸과 마음의 상처만 입고 그런 노력과 시도가 시성 두보에게 허무함과 인생무상의 철학에 소금 같은 역할을 한다.
　평생 배고픔과 고향에 대한 그리움, 보고 싶은 부모 형제는 두보에게 인생의 그림자처럼 따라다닌다. 고래등 같은 집에서 호의호식하며 사는 것은 아니지만, 시성 두보는 사물을 염세적으로 바라보지 않고 긍정적으로 사실을 그대로 받아들이는 시인인 동시에 위대한 철학가의 사고를 지닌 사람이다.

  시성 두보는 살아 움직이는 민초들의 삶을 시에 여과 없이 나타내고, 시를 짓는 즐거움을 인생의 낙으로 삼아 평생을 살았다.

  시성 두보는 봄보다는 가을에 떨어지는 낙엽, 살아가야 할 삶의 시간을 애절하면서도 간결하게 시로써 표현한다.

  그는 문장가로 이름을 날릴 시간도 없었고 정부 관료직에 몸담았지만 모든 것이 가을에 떨어지는 낙엽처럼, 덧없이 흘러가는 강물같이 인생의 무상함을 처절하게 느꼈다.

  나이가 점점 들어가며 머리카락은 희끗희끗하고 얼굴에는 잔주름이 이마에 깊게 새겨지고, 당뇨병의 합병증으로 시력이 점차 떨어지자 두보는 죽음을 예견했다. 그는 인생을 정리하는 자기의 심정을 가을에 떨어지는 낙엽에, 인생에서 오는 고독감과 허무함, 쓸쓸함을 관조하면서 시라는 그릇 속에 차분히 담아놓는다.

  시성 두보가 죽기 2년 전에 자기의 살아온 인생 과정을 있는 그대로 인생무상의 시를 지어서 표현한다. 이 시 속에 자기의 삶은 결국 성공적으로 살아온 삶이 아니라 미완성의 삶으로 마감을 한다는 메시지를 담고 있다.

  여기서 가을을 대표하는 시성 두보의 시를 소개하면 다음과 같다.

  〈여야서회〉
  세초에 미풍부는 강기슭, 높다란 돛대의 외로운 밤 배, 별

수리우니 평야가 넓고, 달 솟으니 크나큰 강이 흐른다, 어찌 문장으로 이름이 나리요, 벼슬도 나들고 병들어 그만, 표표함 무엇에 비기리, 천지간의 한 마리 갈매기일세.

〈추우탄 = 가을비 탄식〉
빗속에 모든 풀이 물러져 죽는데, 섬돌 아래 결명초 빛깔도 곱네, 가지마다 촘촘한 잎 푸른 깃 덮개, 수 없이 핀 꽃은 황금으로 만든 금전, 선들바람 너에게 세차게 불어대니, 얼마나 더 홀로 서 버틸까 두려워 공연히 머리만 흰 집안의 서생은 바람에 거듭 향기 맡고 근심이네.

시성 두보는 가을의 낙엽에서 오는 인생무상이라는 시를 남기고 조용히 눈을 감는다.

동서양의 대중가요도 가을의 낙엽을 소재로 한 노래들이 상당히 많이 존재한다. 지난여름의 활기차고 분주했던 날들을 떨어지는 낙엽을 바라보면서 인생을 음미하고 관조하는 생각, 추억, 감정을 노래로써 표현한다.

서양의 산은 웅장하고 장엄하며 거대한 오색 단풍으로 사람들을 압도한다. 특히 캐나다의 단풍잎은 너무 황홀하며 늦가을에 떨어지는 낙엽은 갈색 눈송이처럼 공원의 벤치나 거리에 영화의 한 장면처럼 이리저리 날리며 사람들을 고독한 철학자로 만든다.

여름, 녹음으로 짙푸렀던 나뭇잎들은 추억이 되어, 인생을 음미했던 시간을 회상하게 한다. 낙엽을 대표로 하여 노래로 승화시킨 대표적인 대중가요를 소개하면 프랑스에는 이브 몽땅이 비음 섞인 음성으로 부른 〈Les Feuilles Mortes〉가 있다. 우리나라에서도 〈고엽〉이라는 제목으로 사람들이 애호하는 노래이다.

프랑스 수도인 파리의 중심을 유유히 흘러가는 센 강변과 파리 시내를 한눈에 바라볼 수 있는 에펠탑, 그 유명한 마로니에공원의 나무에서 떨어지는 낙엽은 프랑스 파리를 대표하는 상징물이다.

거리에 설치된 의자에 앉아 와인을 마시면서 듣는 이브 몽땅의 노래는 프랑스를 대표하는 가을 낙엽의 최고봉이라고 할 수 있다.

여기서 이브 몽땅의 〈고엽〉 노래 가사를 소개하면 다음과 같다.

차가운 북풍이 불어와, 내 맘을 망각의 밤으로 몰아갈 때면 내 가슴속은 추억과 회한으로 가득 차곤 합니다. 그대는 아직도 기억하고 있습니까? 내가 당신을 위해 주었던 그 노래들을… 이제 뜨겁던 태양의 열기도 식고, 낙엽 지는 가을만 남아 바닷가에 남긴 발자국들을 파도는 말없이 지우고 갑니다.

현재 미국의 대중음악이 세계적으로 이끌어오도록 주도적 역할을 한 가수가 바로 로큰롤의 황제 엘비스 프레슬리이다.

미국도 광대한 영토와 다양한 인종으로 구성된 국가이다. 사계절이 뚜렷하고 가을의 대표적인 노래가 엘비스 프레슬리가 부른 〈Anything that's part of you〉이다. 이 노래는 미국 뉴욕의 맨해튼 거리에서 떨어지는 낙엽을 바라보면서 진한 향기의 커피를 마시며 듣기에 좋은 음악으로 미국을 대표하는 가을 노래이다. 우리나의 차중락이라는 가수가 〈낙엽 따라 가버린 사랑(Love gone with the Fallen Leaves)〉으로 번안하여 불러서 우리의 귀에도 익은 노래다.

프랑스의 이브 몽땅과 미국의 엘비스 프레슬리가 낙엽을 소재로 부른 노래가 각 나라의 대표적 가을 노래라면 우리나라의 대표적 가을 노래는 가성 나훈아의 〈낙엽이 가는 길〉이라고 할 수 있다. 이 노래는 나훈아가 1970년대 초기에 수많은 히트곡 중의 하나이다.

나훈아의 원음에 실린 이 노래는 가을을 대표하고 상징하는 노래로서 걸작이라고 할 수 있다. 우수에 깃든 음성, 철학을 담은 노랫말은 가을을 나타내는 노래로 최고봉이라고 할 수 있다.

가을 거리의 전파사 스피커에서 흘러나오는 가성 나훈아의 〈낙엽이 가는 길〉은 사춘기 청소년과 청장년층의 애상을 자극한다. 당시 지나가던 연인들이 이 노래가 끝날 때까지 스피커 앞에서 서서 듣느라 뒤에 오는 사람을 지나갈 수 없게 만들었던 노래이다.

연인들의 사랑을 더욱 깊게 하였고 가을의 애상에서 오는 정감을 나훈아는 절묘한 노래로 불러서 '가을 노래'하면 〈낙엽이 가는 길〉로 인식하게 만든 노래이다.

나훈아의 〈낙엽이 가는 길〉의 처음 노래 제목은 〈석양〉이고 나중에 〈낙엽이 가는 길〉로 노래 제목을 바꾸게 된다. 이 노래는 1969년도 심형섭 작사, 작곡 노래이다.

1970년대에는 다방에 DJ들이 손님들에게 신청곡을 받아서 음악을 들려주던 시대이다. 가을이 오면 다방의 DJ는 나훈아의 〈낙엽이 가는 길〉 음반을 약방에 감초처럼 준비해놓고 메모지에 신청한 손님이 있으면 틀어주었던 노래이다.

  다방에서 이 노래를 몇 번이고 감상하기 위해서 자리를 뜨지 못하고 커피를 마시도록 만들어 놓은 노래이다. 지나온 세월의 무상함과 앙상한 가지에 달랑달랑 매달려있는 한 장의 잎이 떨어지면 겨울이 온다.

  겨울이 가면 봄에 다시 만나자는 가사에서의 기약은 불교의 윤회설을 대변하는 철학적인 느낌을 짙게 풍겨 가을을 더욱 애잔하게 만든다.

  '낙엽이 가는 길' 가사를 소개하면 다음과 같다.

1절
내 몸이 떨어져서 어디로 가나, 지나온 긴 여름이 아쉽지만, 바람이 나를 몰고 멀리 가면은, 가지에 맺은 정이 식어만 가네, 겨울이 찾아와서 가지를 울려도 내일 다시 찾아오리 웃고 가리라.

2절
울어도 울어봐도 소용이 없네, 이제는 떠나야지 정든 가지를, 저 멀리 아주 멀리 나는 가지만, 가지에 맺은 정이 식어만 가네, 겨울이 지나가고 봄이 오면은, 또다시 찾아오리 정든 가지를.

  글과 음성이라는 장르 차이가 있지만, 지나온 인생의 발자취와 회상을 가을 낙엽의 이미지를 통해 표현한 시성 두보와 가성 나훈아 모두 사람들에게 사랑과 존경을 받고 있다.

시성 두보와 가성 나훈아의 <강촌>에 관한 비교 연구

 중국은 교양, 철학, 역사 등 인문학이 융성하게 발전한 나라이다. 중국은 시대마다 하나의 문학 장르가 만들어지는 독특한 특성이 있다. 당나라는 시 문학, 명나라는 소설 문학, 원나라는 희곡 문학 등이 발전하여 중국에 인문 문화를 화려하게 꽃 피웠다.
 당나라의 시문학을 후대에까지 이름을 날리게 한 사람은 바로 시성 두보와 시선 이태백이라고 할 수 있다. 중국의 명나라 때는 우리나라 사람들에게도 많이 읽히고 알려진 유명한 4대 소설이 있는데, 나관중의 〈삼국지연의〉, 시내암의 〈수호지〉, 오승은의 〈서유기〉, 작자미상의 〈금병매〉 등이다.
 중국의 문학의 원류는 사서삼경의 하나인 〈시경〉과 초나라의 역사서인 〈초사〉에서 시의 원류가 시작되어 중국의 당나라에서 집대성되어 최고의 전성기를 구가하게 된다. 중국의 시문학에 큰 두 기둥이 시성 두보와 시선 이태백이라고 해도 과언이 아니다. 두 사람의 시는 성격이 정반대의 흐름을 가지고 있으면서 당나라의 시 문화를 선도하고 후대의 시인과 사람들에게 영향을 주고 있다.
 시성 두보는 중국이 낳은 최고의 시인이다. 시성 두보의 시는 한자 문화권뿐만 아니라 전 세계적으로 번역이 되어 세계 사람들이 즐겨 읽고 감동을 주는 시로서 중국의 문화를 소개하는 홍보 역할을 하고 있다.

　시성 두보의 시는 시대를 초월하여 현대인들에게 격언과 교훈을 주고 진실한 삶의 바탕으로 이루어낸 그의 시 문화는 밤하늘에 반짝이는 별과 같다고 할 수 있다. 시성 두보 시의 특징은 시사성에 있다.

　시사성이란 시성 두보의 시를 읽으면 시의 시구에 사회성과 역사성이 살아 움직인다는 의미이다. 시를 읽으면 1300년대 서민들의 아픔과 고통, 사건, 사고, 심리적 변화 등이 파노라마처럼 움직이고 숨 쉬는 호흡 소리까지 들을 수가 있다.

　시성 두보의 시는 그 당시의 사회성과 역사성을 내포하고 있어 그의 시를 읽으면 위대성, 영원성, 생명성을 느낄 수 있다. 그래서 시성 두보는 다른 시인들과 차별성을 가지는 것이다.

　시성 두보는 현실을 바탕으로 사실대로 묘사하여 형식에 한 치의 오차도 없이 갈고닦은 조탁된 언어를 우아하고 낭만적으로 그려내는 천부적인 소질이 있다. 또한, 시를 쓰기 위한 그의 피나는 노력은 후대의 사람들에게 큰 귀감이 된다.

　시성 두보는 거짓과 허위, 가식 없이 성실성과 진실성으로 시를 지어 후대가 그에게 시성이라는 호칭을 붙여주게 된다. 시성 두보는 정치의 혼란으로 민생들의 굶주림과 고통을 자기의 아픔으로 간주하여 시를 지어 아픔과 고통을 달래주려고 노력한 인본주의자 시인이라고 할 수 있다.

　평생을 가난과 점철된 방랑, 유랑 생활로 전 생애를 살면서도 현실을 피하지 않고 긍정적으로 사물을 보는 위대한 사실주의자이며 자기를 희생하여 민중들을 달래고 감싸주는 애민주의자의 시인이다.

시성 두보는 항상 겸손하고 자기를 낮추어 상대를 칭찬하는 미덕의 소유자이며 비범한 사고와 능력을 지닌 동시에 자기보다는 남을 먼저 생각하는 이타 정신도 함께 갖춘 뛰어난 사람이다.

시성 두보가 죽기 5년 전에는 그의 일생에서 가장 평화로운 생활을 가족과 함께 보냈다. 그러나 시성 두보의 몸은 이미 늙었고 병으로 하루하루를 버텨갔다.

늦게나마 찾아온 가족의 안락하고 평화로운 생활 속에서 인생의 허무로 번민하는 시를 지었는데 그것이 바로 〈강촌〉이라는 시다. 시성 두보의 말년의 시는 애상적이고 감상적인데 인생을 반추하는 그의 모습이 시 〈강촌〉에서 뚜렷하게 나타난다.

아내는 종이에 바둑판을 그리고 어린 자식은 고기를 잡기 위해 낚싯바늘을 손질하는 모습과 병들어 고통받는 자기 모습을 그려내고 있다. 뜨거운 여름날 강촌을 배경으로 지은 시로서 그의 말년 모습과 가족이 평화롭게 안빈낙도하는 생활을 볼 수가 있다.

여기서 〈강촌〉의 시를 소개하고자 한다.

맑은 강 한 굽이가 마을을 안아 흐르니, 긴 여름 강 마을은 일마다 그윽하구나, 절로 가며 절로 오는 것은 대청 위의 제비요, 서로 친하며 서로 가까운 것은 물 가운데 갈매로다, 늙은 아내는 종이에 그려 바둑판을 만들고, 어린 자식은 바늘을 두드려 낚싯바늘을 만드네, 많은 병에 얻고자 하는 것은 오직 약물뿐이니, 미천한 몸이 이 밖에 다시 무엇을 구하리오.

우리나라는 지형적으로 산악지형이 많고 야트막한 구릉지가 발달한 구조를 지니고 있다. 뒤에는 산이 있고 앞에는 냇물이 흐르는 배산임수의 양지바른 언덕 위에 집성촌을 이루면서 살아온 민족이다.

특히 계곡에서 내려오는 물로 논농사인 벼를 재배하고 자급자족하는 농경민족이다. 벼농사는 혼자서 농사를 지을 수 없는 특징을 가지고 있어서 이웃과 협동하여 벼농사를 재배하는 집단문화가 자연스럽게 형성되어 두레, 울력, 품앗이 등이 발전하는 전형적인 벼농사의 일면을 엿볼 수가 있다.

이웃집에서 손을 빌리면 가서 도와주고 다음에는 내가 도움을 받는 품앗이의 형성은 우리나라의 농촌에서 흔히 볼 수 있는 아주 자연스러운 광경이다.

우리나라 촌락의 가옥구조를 살펴보면 본채가 있고 별도로 본채와 약간 떨어진 사랑채라는 가옥구조로 집을 짓고 살아왔다. 본채는 아랫방, 윗방으로 단순하게 구성되어 가족이 밥을 먹고 밤에는 잠을 자는 주거의 혼합된 형태를 지니고 있다.

우리가 흔히 사랑방이라고 부르는 사랑채는 이웃 사람들이 마실을 오는 손님맞이 방이다.

희미한 등잔불 아래 짚으로 새끼를 꼬아서 짚신도 만들고 농사에 필요한 삼태기, 지게, 광주리, 소쿠리 등을 만들며 정다운 이야기를 나누는 휴게실 같은 역할을 하였다.

그래서 우리나라의 대중가요와 영화, 소설에는 사랑방이 많이 등장하여 지난날의 정다운 향수를 느끼게 해주는 인간의 정이 넘치는 샘터라고 해도 과언이 아니다.

강촌의 사전적 의미는 강의 시골을 말한다. 그러나 강촌 하면 우리나라의 시골을 연상하게 만드는 포괄적인 의미로 우리는 이해를 한다. 나훈아의 〈강촌에 살고 싶네〉의 노래도 아마 이런 의미로 해석을 하면 이해하기가 쉽다.

　나훈아의 〈강촌에 살고 싶네〉의 강촌에 관한 사연을 설명하고자 한다. 강촌은 실제 지명의 역이름이다. 함경도 원산 출신의 작사가 김설강은 실향민이다. 1960년대 우연찮게 김설강은 춘천을 방문하게 된다.

　해가 지고 어두워지며 석양이 지는 춘천의 강촌역을 바라보게 된다. 산허리에 저녁노을과 함께 아름답게 걸려있는 강촌역은 그에게는 한 폭의 풍경화를 보는 듯, 시상이 떠오르게 된다.

　하룻밤을 춘천에서 자고 아침 일찍 일어나 강촌역으로 달려간다. 물새는 소리 없이 날고 커다란 버드나무는 사람을 볼 수 없을 정도로 빽빽하게 서 있었다. 작사가 김설강은 강촌역에서 바라보면이는 풍경을 노랫말로 쓰게 되는데, 이것이 나훈아의 〈강촌에 살고 싶네〉의 시적인 가사가 만들어진 배경이다. 나훈아의 〈강촌에 살고 싶네〉는 1969년에 발표된 김설강 작사, 김학송 작곡의 노래이다.

　초창기 젊은 시절의 나훈아는 미성의 감미로운 목소리로 〈강촌에 살고 싶네〉를 부른다. 나훈아는 음유시인같이 초반부를 잔잔하게 부르다가 중반부에 이르러서는 마치 커다란 파도가 밀려오듯이 특유의 고음으로 리얼하게 불러서 듣는 사람으로 하여금 강촌인 시골에서 살고 싶게 만든다.

　이 노래는 농촌을 배경으로 하는 노래로서 나훈아가 완벽하게 소화하여 대중들에게 어필을 하면서 농촌의 노래로서 최대의 히트곡이 탄생하게 된다. 이 노래는 다양한 기록을 가지고 있는 노래로서 몇 가지로 나누어 설명하고자 한다.

첫째 1960년대 후반부터 정부에서 건전가요를 보급하게 되는데 〈강촌에 살고 싶네〉는 정부의 정책과 일치하여 많은 대중의 사랑을 받고 시골의 정겨운 맛을 돋우는 노래로 등록하게 된다.

둘째로 우리나라 농촌을 배경으로 그려진 소설로서 춘원 이광수의 〈흙〉, 심훈의 〈상록수〉가 대표작이다. 대중가요로서 나훈아의 〈강촌에 살고 싶네〉는 장르는 다르지만, 이들 소설과 쌍벽을 이루는 노래로서 우리나라의 불후의 문학 장르로 존재하게 된다.

셋째로 강원도 춘천에 있는 젊은이들의 명소가 된 강촌역 강촌문화마당에 이 노래비를 세울 계획을 춘천시에 요청하였으나, 춘천시 예산, 책정 지연으로 아직 나훈아 최초의 노래비가 탄생할 기회를 잡지 못하고 있다.

아마 노래비가 세워진다면 나훈아의 노래 중에서 〈강촌에 살고 싶네〉가 아닐까 한다. 이 노래 작사가인 김설강은 노래비에 자기의 노랫말 사용승인서에 사인을 하고 몇 개월 후에 이 세상을 떠나게 된다.

여기서 〈강촌에 살고 싶네〉 가사를 소개하고자 한다.

1절
날이 새면 물새들이 시름없이 날으는, 꽃피고 새가 우는 논밭에 묻혀서, 씨 뿌려 가꾸면서 땀을 흘리며 냇가에 늘어진 버드나무 아래서, 조용히 살고파라 강촌에 살고 싶네.

2절
해가 지면 뻐꾹새가 구슬프게 우는 밤, 희미한 등불 밑에 모여 앉아서, 다정한 친구들과 정을 나누고, 흙냄새 마시며 내일 위해 일하며, 조용히 살고파라 강촌에 살고 싶네.

　우리는 시성 두보와 가성 나훈아의 강촌이라는 배경에서 삶을 관조하고 뒤돌아보는 여유와 기회를 제공한다. 삶이 힘들고 고통스럽더라도 강촌이라는 풍경 속에서 인간애와 평화로움으로 아늑한 분위기를 연출하는 지혜는 사람들의 상상을 초월하는 예지를 지니고 있다.
　서로의 문학 장르는 달라도 강촌이라는 소재를 가지고 시와 노래로 승화시켜 사람들에게 정신적인 카타르시스를 주는 시성 두보와 가성 나훈아의 위대성을 발견하게 된다.

가성 나훈아의 목소리에 관한 연구

　야구경기는 9명의 선수가 치고, 달리고, 받는 운동이다. 현재 미국은 야구의 종주국으로서 세계적으로 뛰어난 자질과 우수한 재능을 가진 선수들이 메이저리그 경기에서 활동하고 있다.
　야구경기가 가장 인기 있는 운동경기로 국민의 사랑과 관심 속에 활성화된 국가는 단연 미국과 일본, 한국이다. 우리는 야구경기를 인생살이와 비교를 한다. 지금 단 몇 초 앞을 내다볼 수 없는 상황과 그것을 알고자 하는 인간의 심리와 맞아떨어져서 야구는 인생의 축소판이라고 말한다.
　야구가 국민에게 꿈과 희망을 주는 스포츠로 가장 오래된 역사를 가진 나라는 미국이다. 미국의 야구 역사는 100여 년 동안 내로라하는 세계적인 선수들이 정글의 생존 법칙에서 후대에 이름을 날린 선수도 있고 이름 없이 야구 역사의 뒤안길로 사라져 간 선수도 있다.
　메이저리그 야구는 약육강식의 원리에 따라서 강자만이 살아남는 삭막하고 냉엄한 각축장이다. 야구는 일반적으로 투수들의 놀음이라고 한다. 야구에서 투수가 차지하는 비중이 절대적이라고 야구 전문가는 말을 한다. 우리 가성 나훈아도 중학교 때까지 야구선수 생활을 했다.
　현재 인하대학교 야구 감독을 맡아서 지도하는 주성노 감독의 이야기이다. 주성노 감독은 나훈아의 선배로 중학교 때 같이 운동을 한 야구 선후배간이다. 그 당시 나훈아의 포지션은 포수로서 상당히 운동신경이 발달하여 야구를 잘했다는 이야기를 들었다.

나는 지금부터 야구에서 제일 중요한 역할을 맡아서 팀의 승패를 좌우하는 투수와 나훈아의 목소리를 비교하여 나훈아의 위대성과 영원성, 신비성을 고찰하고자 한다. 아주 구체적으로 투수의 구속과 나훈아의 목소리에 초점을 맞추어 설명하기로 한다.

투수가 공을 던지는 마운드와 포수가 글로브로 받는 홈의 거리는 정확하게 18.44미터이다. 시속 150킬로미터를 던지는 투수가 공을 직구로 포수를 향하여 던져서 날아가는 속도는 약 0.45초 정도이다.

타자가 야구 배트를 들고 힘껏 휘두를 때의 속도는 대략 0.52초이다. 산술적으로 계산해서 인간의 능력으로는 칠 수 없는 공의 속도이다. 그래서 투수를 스카우트할 때, 시속 150킬로를 던지는 투수는 무조건 스카우트하라고 한다. 그리고 155킬로 던지는 투수는 부모님에게 절을 해서라도 스카우트하라고 구단의 명령이 떨어진다.

시속 160킬로에 육박하는 신이 내린 구속을 던지는 투수에게는 투수 조상들의 무덤에 가서 사정해서라도 스카우트하라고 한다. 여기서 한 가지 주목할 점은 우리 가성 나훈아의 목소리는 음량과 소리가 신이 던지는 투수의 구속인 160킬로와 동일하다는 사실이다.

미국에서 제일 빠르게 공을 던지는 투수는 텍사스 레인저스에서 은퇴한 전설적인 투수 롤란 라이온과 현재 애리조나 다이아몬드의 랜디 존슨이다. 야구는 1회부터 9회까지 경기를 하는 운동이다. 한 번 힘껏 던져서 시속 160킬로에 육박해서 던지는 공의 구속이 아니라 일정하게 똑같이 마지막 이닝까지 던지는 투수를 말한다.

 이 투수들은 한결같이 마지막 회가 종료될 때까지 동일한 구속으로 던진다. 그리고 이 투수들은 변화구를 많이 던지지 않고 간간이 섞어서 던진다. 직구는 타자들이 가장 때리기가 좋은 구질이면서도 치기가 가장 어려운 구질이다.

 동전의 양면과 같은 이치다. 가성 나훈아는 시속 160킬로에 육박하는 투수들의 직구와 같은 목소리를 가지고 있다. 일반인이 듣기에는 편안하고 감동적이지만, 직접 나훈아의 노래를 마이크를 잡고 부를 때에는 나훈아의 노래 맛이 상실됨을 알 수 있다.

 나훈아가 공연할 때. 1부에서 시작하여 2부까지 목소리의 힘이 줄어들지 않고 동일하게 부르는 공연에서 우리는 알 수가 있다. 강속구 같은 직구의 목소리가 변화와 변동 없이 한결같다는 사실이다. 롤란 라이온이나 랜디 존슨 같은 160킬로에 육박하는 직구는 거의 총알 같은 속도감을 준다. 투수가 마운드에서 와인드 업하여 포수 글로브에 들어갈 때 공의 소리는 경쾌한 쇳소리로 울린다.

 타자가 타석에 들어서서 배트 한번 휘둘러보지 못하고 그냥 스탠딩 삼진 당하는 모습을 보고 경기장을 찾은 관중들은 환호와 후련함을 맛볼 수가 있다. 롤란 라이온이나 랜드 존슨 투수가 출전하는 야구경기에는 입추의 여지없이 관중들이 몰려오고 흥행 수입을 올려준다.

　나훈아의 노래를 들으면 군더더기 하나 없이 깔끔하게 우리 마음을 달래주고 시원하게 만든다. 소리가 힘이 있고 단순하면서도 약동하는 생명력의 목소리에 공연을 관람하거나 음반을 통해서 나훈아의 노래를 감상하면 '아 시원하다'라는 말을 하게 된다.

　전날 밤에 술을 마시고 얼큰한 동태탕에 고춧가루가 들어간 콩나물국 같은 맛이라고 할 수 있다. 이것은 나훈아가 음반을 취입하여 발매를 하면 히트가 되고 공연을 열면 구름 떼 같은 관중이 몰려오는 중요한 요인이라 할 수 있다.

　투수들의 공의 빠르기는 천부적으로 타고난다. 수비나 타격은 노력 여하에 따라서 어느 정도 가능하다. 그러나 투수들의 공의 빠르기는 연습과 노력을 해도 약간 빠르게 할 수는 있다. 그러나 150킬로 이상 구속을 올린다는 꿈은 신기루에 불과하다.

　나훈아는 천부적으로 160킬로 던질 수 있는 신의 강속구 투수와 같이 신의 목소리를 타고 난 가수이다. 나훈아는 민요, 팝송, 록, 포크송 등 다양한 장르의 노래를 완벽하게 소화한다. 실제로 부른 가수보다 더욱 잘 부른다.

　투수가 빠르게 공의 속도를 올리는 것은 불가능하지만, 속도를 늦추는 구질은 마음만 먹으면 얼마든지 조절 가능하다. 일반 가수의 목소리는 보통 130~140킬로 정도의 목소리 구속을 갖고 있다. 160킬로 구속의 목소리를 가진 나훈아가 그런 구속을 가진 가수들의 노래를 부른다는 것은 쉽게 말해서 골리앗과 다윗의 싸움 같은 현상이라고 볼 수 있다. 그래서 나훈아는 노래에 관해서는 완벽 그 자체이며 신의 경지에 올랐다는 이야기를 듣는 것이다.

투수가 160킬로에 육박하는 강속구를 던진다고 해도 제구력이 없다면 사상누각에 불과하다. 투수는 포수 사인대로 상, 하, 좌, 우 마음먹은 대로 강속구를 던질 수 있어야 한다.

제구력을 상실하면 타자들을 볼넷으로 주자를 진루시켜서 득점과 연결되고 팀의 승패에 결정적인 요인을 제공하기 때문이다. 나훈아는 강속구의 신의 목소리를 자유자재로 투수처럼 조절할 줄 아는 가수이다. 음량, 음폭, 고음, 저음을 노래의 상황에 따라서 노래에 양념을 첨가하듯이 맛깔스럽고 감흥을 일으키듯이 목소리의 톤과 음량의 고저음을 댐의 수문처럼 조절하고 통제할 줄 아는 가수이다.

그래서 나훈아는 본인 노래 이외의 다른 가수의 노래를 자기 노래처럼 소화하여 부른다. 나훈아는 노래의 장르를 파괴한 혁신적인 가수라 칭해도 하자가 없다고 할 수 있다.

기교파 투수는 생명력이 없다. 잠시 짧은 기간 동안 승수에 얽매이다가 역사 속으로 사라지는 투수는 야구 역사에 수없이 보아왔다. 마치 한 곡의 히트곡으로 사람들에게 알려지고 바람처럼 사라지는 가수와 같다고 할 수 있다.

160킬로의 구속을 가진 강속구 투수인 롤란 라이온이나 랜디 존슨 같은 투수는 세월에 아랑곳하지 않고 야구 역사에 전설처럼 영원성을 남기고 현재를 지키고 있다. 체력 관리와 자기의 생체리듬을 파악하여 잘 관리하면 생명력을 연장할 수 있다.

야구선수는 나이 40살이 넘으면 환갑이라고 한다. 롤란 라이온은 40대 중반까지 선수 생활을 하고 은퇴를 하였다. 랜디 존슨도 현재 우리나라 나이로 40살인데 왕성하게 선수 생활을 하고 있다.

 이렇듯이 강속구 투수에게는 영원성이 존재한다. 가성 나훈아도 160킬로에 해당하는 신의 목소리는 절대 변하지 않는 상수이다. 나이에 따라서 어느 정도 약간의 음력 즉, 목소리의 힘은 줄어들 수 있다.

 그러나 본인의 절제된 체력 관리만 잘 유지한다면 얼마든지 노래를 부를 수 있다고 볼 수 있다. 강속구 투수의 생명력의 영원성은 메이저리그 명예의 전당에 기록으로 남는다. 가성 나훈아 신의 목소리는 우리 가슴속에서 영원성을 간직한 채 태산처럼 서 있는 것이다.

가성 나훈아의 <내 사랑>에 관한 연구

작곡가 심형섭은 나훈아에게 노래의 스승이자 어머니라고 할 수 있다.

나훈아의 뛰어난 노래 실력을 간파한 최초의 사람이 바로 심형섭 작곡가이다. 나훈아는 1965년도 부산에서 서울로 형과 함께 상경한다. 서울로 상경한 나훈아는 서라벌예술고등학교에 입학한다.

가수에 대한 열망의 꿈을 가슴속에 품은 나훈아는 교복 차림으로 자주 친구들과 학교 근처에서 음악학원을 운영하는 심형섭 음악학원을 찾아가서 노래에 대한 지식을 어깨너머로 배우게 된다.

심형섭 작곡가는 나훈아에게 노래를 불러보라고 권유를 하는데 나훈아는 이난영이 부른 목포의 눈물을 부른다. 심형섭은 나훈아의 노래 실력을 그때부터 알고 나훈아에게 데뷔곡을 만들어주려고 결심을 한다.

나훈아도 음악학원에 놀러 가면 발성 연습과 악보를 익히는 공부를 게을리하지 않고 미래를 대비하여 소리 없이 연마한다. 나훈아가 보통 공연을 하면 2~3시간을 무대에서 노래를 부르는데 타고난 재능 위에 심형섭 음악학원에서 발성에 대한 기초훈련 덕으로 가능했다고 나훈아 본인이 말을 한다.

작곡가 심형섭과 작사가 박진하 그리고 나훈아 셋이 모여 형 집에서 기거하면서 데뷔곡을 만드는 작업을 한다. 〈내 사랑〉〈약속했던 길〉의 두 곡의 노래를 만들어서 데뷔곡으로 부르게 한다.

나훈아는 노래에 대한 자신감으로 마이크 앞에서 주눅 들지 않고 위풍당당하게 노래를 불러서 심형섭 작곡가로부터 만족의 오케이 사인을 받는다.

가수가 노래를 불러도 앨범을 발표하지 않으면 뜬구름같이 정식 가수로서 인정을 받을 수가 없다. 나훈아는 신인가수이자 무명의 가수로서 1968년도 8월 16일 타이틀곡 〈내 사랑〉으로 데뷔했다.

나훈아는 가수로서 두 곡을 발표하는데 〈내 사랑〉과 〈약속했던 길〉이다. 우리나라 대중가요의 초창기 가수인 고복수, 백년설, 남인수, 현인 등은 그 사람들만의 고유한 개성의 창법을 구사하지 않는다.

노래 가사와 악보에 그려진 리듬에 충실하게 미동의 동작 없이 마이크 앞에서 바른 자세로 노래를 부른다. 나훈아의 데뷔곡인 〈내 사랑〉과 〈약속했던 길〉에서는 나훈아만의 고유한 창법을 발견할 수가 없다. 대 선배 가수들이 부르는 창법을 전통대로 답습한 수준에서 벗어나지 않는다.

심형섭 작곡가는 나훈아의 노래에 커다란 영향과 기초를 튼튼하게 만들어주고 또한, 초창기의 나훈아를 우뚝 서게 히트곡을 만들어준 사람이다. 나훈아 최초의 히트곡 〈사랑은 눈물의 씨앗〉은 대중에게 맨 처음으로 알려진 노래이다.

가수의 처음 히트곡이 너무 진하게 뇌리에 각인되었을 때, 두 번째 히트곡을 내지 못하면 가요계에서 명멸하고 만다. 대형가수는 두 번째 히트곡의 장애물을 무난하게 극복할지의 여부에 따라 판명된다고 할 수 있다.

나훈아의 두 번째 히트곡은 심형섭 작사, 작곡의 〈님 그리워〉이다.

〈님 그리워〉의 히트는 나훈아를 대형가수의 입지를 확고하게 구축한 노래이고 또한 〈사랑은 눈물의 씨앗〉 노래보다 음반 판매가 월등히 많은 노래로서 황금의 노래라고 할 수 있다.

심형섭 작곡가는 나훈아에게 〈낙엽이 가는 길〉과 〈긴 세월〉 등 많은 노래를 화수분처럼 공급을 한다.

나훈아의 〈내 사랑〉의 노래는 맨 처음 데뷔곡으로서 대중들에게 정식으로 소개된 노래로서 매우 귀하고 소중한 노래라고 할 수 있다.

여기서 나훈아의 〈내 사랑〉 노래 가사를 소개하면 다음과 같다.

사랑아 내 사랑아
밤마다 꿈길 속에 그리는 그대
잊을 수 없네 잊을 수 없네
야속하게 떠나버린 그대였지만

사랑했다 가슴속 깊이
지난 시절이 그리워지네
내 사랑아 내 사랑아 돌아오라
애타도록 불러주는 나의 곁으로

박남수와 가성 나훈아의 <약속했던 길>에 관한 비교 연구

시인 박남수는 1918년 4월 3일 평양시 진향리에서 출생한다. 평양에 소재한 평양 숭인상업고등학교를 졸업하고 일본으로 건너가 일본 중앙대 법학부에서 법학을 전공한다.

일본이 제2차 세계대전 참전하기 12개월 전에 한국으로 귀국을 한다. 1940년에 박남수는 진남포에 있는 조선식산은행에 입사한다. 박남수는 조선식산은행 지점장까지 승진한다. 그러나 박남수는 직장 업무보다는 문학에 관심과 가치를 두고 조선식산은행을 사임한다.

박남수는 정지용의 추천으로 〈문장〉에 시를 발표하여 문단에 등단한다. 박남수는 일제 식민치하에서 일본의 문학 말살 정책으로 〈문장〉〈인문평론〉 폐간으로 문학 활동과 거리를 두게 된다. 박남수는 8·15 광복을 맞이하여 공산주의와 자본주의의 이데올로기 대립과 역사와 현실을 초월한, 순수한 절대 자유 정신을 추구하게 된다. 민족의 비극적인 전쟁인 6·25동란을 겪으면서 박남수는 생명의 근원성에 관심을 두게 된다.

박남수는 1951년 1·4후퇴 때 국군을 따라서 처자를 데리고 남쪽으로 월남을 한다. 부산에서 문학 활동을 펼치면서 다양한 문인들과 교류를 하게 된다. 박남수는 1957년 박목월, 조지훈, 장만영, 유치환과 더불어 한국시인협회를 창립한다.

그는 〈갈매기 소묘〉〈다섯 편의 소네트〉 등을 발표하면서 제5회 아세아문학상을 받게 된다. 박남수는 왕성한 작품 활동으로 1958년에 두 번째 시집 〈갈매기 눈물〉을 발표를 한다. 일정한 간격을 두면서 1964년에는 〈신의 쓰레기〉를 발표하고 1970년에는 〈새의 암장〉을 발표를 한다.

박남수는 경제적으로 안정적인 생활을 하지 못하고 항상 고독과 불안의 세계를 넘나들게 된다. 조지훈의 소개로 대학 강사 자리를 맡지만 결국 10년 동안의 강사 생활에 만족하게 된다.

이런 박남수의 정신적, 경제적인 불안한 생활은 가족과 헤어져 있게 만든 결정적인 원인을 제공하게 된다. 그래서 박남수는 1975년 미국의 플로리다로 이민을 떠나게 된다. 박남수는 미국 이민 후에 약 10년 동안 문학의 공백을 맞이하게 된다.

박남수는 1981년에 다섯 번째 시집인 〈사슴의 관〉을 발표를 한다. 다시 박남수는 일절 문학 활동을 정지하고 미국 생활에 적응한다. 박남수는 1990년도 이후에는 국내 문예지에 시를 발표하게 된다. 1991년에 선시집 〈어딘지 모르는 숲의 기억〉을 간행하게 된다.

박남수는 1992년 고독한 삶의 유일한 동반자였던 아내의 갑작스러운 죽음을 겪게 된다. 아내의 죽음을 애도한 형식의 글인 〈그리고 그 이후〉를 발표한 책으로 공초문학상을 수상하게 된다. 박남수는 1994년 9월 17일 76세에 노환으로 세상을 떠나게 된다.

박남수의 〈초롱불〉은 1940년 〈문장〉에 발표한 최초의 시집에 발표한 시다. 일제강점기의 암흑기에 우리나라의 농촌을 배경으로 한 폭의 그림같은 서경적인 섬세한 감각이 돋보이는 시다.

〈초롱불〉은 어둠과 빛의 대립되는 모티브로 선명한 이미지를 표현하고 있으며 문명의 발달로 사라져 가는 옛 모습에 아쉬움과 그리움을 전해주고 있다. 〈초롱불〉은 대나무를 잘게 잘라서 살을 만들어 그 위에 종이를 붙여서 촛불을 넣으면 빛을 발하는 등이다. 걸으면서 이동하기 좋게 손잡이 나무 막대기를 달아놓은 이동식 등이라고 할 수 있다.

별 하나 없는 캄캄한 밤에 초롱불은 한 점의 희미한 불빛이 되어 꺼질 듯 말 듯 문명의 이기로 사라져 가는 심정을 상징적으로 표현해주는 대유라고 할 수 있다. 어둠 속을 걸어가면서 문명의 발전으로 그 옛 자취가 소리 없이 사라지듯이 초롱불은 그것을 지키려는 최후의 보루로 생각하면서 마음의 위안 삼으려고 한다.

바람에 꺼질 듯 말 듯, 하는 초롱불의 희미한 불빛이 작자의 심정을 상징적으로 표현하고 있으며 또한 사라져 가는 옛 자취에 아쉬움과 그리움이 짙게 묻어나고 있다.

박남수의 〈초롱불〉은 힘 없고 자취 없이 사라진 옛것에 대한 강한 아쉬움을 목가적이면서도 서경적인 필치로 묘사하고 있다. 서경적인 느낌이 드는 시에서 초롱불은 사라져 가는 옛 모습을 지키고자 하는 작자의 심정을 강하게 전해주는 하나의 소망이며 희망의 상징으로 사용을 하고 있다.

여기서 박남수의 〈초롱불〉을 소개하면 다음과 같다.

별 하나 보이지 않는 밤하늘 밑에
행길도 집도 아주 감초였다.
풀 짚는 소리 따라 초롱불은 어디로 가는가.

턱 원두막일 상한 곳을 지나
무너진 옛 성터일 쯤한 곳을 돌아
흔들리는 초롱불은 꺼진 듯 보이지 않는다.
조용히 조용히 흔들리던 초롱불…

우리는 최초라는 의미에 강한 애착을 갖는 민족성을 지니고 있다. 그래서 사물이 맨 먼저 시작되는 단어로 남상이라고 한다.
음식과 문학의 원류가 맨 처음 시작한 장소를 원조라고 말을 한다. 맨 처음이라는 단어는 만물이 맨 처음의 시작을 의미하듯이 가수에게도 데뷔곡을 소중하게 생각하고 기억을 한다.
나훈아가 가수에 대한 청운의 꿈을 안고 서울에 상경하여 맨 처음 취입한 곡이 1968년도에 발표한 심형섭 작사, 작곡의 〈내 사랑〉과 박진하 작사, 심형섭 작곡의 〈약속했던 길〉로 두 곡이 동시에 데뷔 앨범으로 발표를 한다.
나훈아의 노래를 몇 단계로 분류하여 설명하면 가수로서 최초로 정식 데뷔곡은 〈천리길〉이다. 〈천리길〉은 나훈아가 정식으 가수로서 대중에게 맨 처음 소개한 노래로 소중한 가치가 있다.
〈천리길〉이 히트할 즈음에 이 노래가 배호 노래인 〈황금의 눈〉의 표절 시비에 걸려 금지곡이 된다. 나훈아의 출세 곡은 〈사랑은 눈물의 씨앗〉으로 대중에게 나훈아라는 가수를 인식시켜주는 결정적인 노래로서 대중들의 사랑을 한몸에 받게 되는 노래라고 할 수 있다.
나훈아에게 요원의 불길처럼 활활 타오르며 대중들에게 확고한 사랑을 받게 만든 노래가 〈님 그리워〉이다.
이 당시에 가수가 곡을 히트곡의 반열에 올려놓으려면 대략

레코드 3~5만 장 정도 판매가 되어야 명함을 내밀 수가 있었다. 그러나 나훈아의 〈님 그리워〉는 약 10만 장 이상 판매가 된 노래로 지금으로 환산하면 약 100만 장 이상의 레코드가 팔린 것으로 계산된다.

우리나라 대중가요 시장에서 그 당시 10만 장 이상 레코드 판매는 가히 혁명적으로 밀레니엄셀러로 기넥스 북에 올라갈 만한 가치가 있다고 볼 수 있다. 나훈아의 노래에서 자료를 중심으로 분석을 하면 〈약속했던 길〉이 맨 처음 음반으로 출시된 노래로 유추해석을 할 수가 있다.

이 당시에 가수들은 한 장의 레코드에 가수 혼자 독점적으로 자기 노래를 삽입하여 제작하던 시대가 아니라 여러 가수가 한 두 곡씩 레코드판에 노래를 올리는 옴니버스 형식으로 제작하던 시대였다.

그래서 나훈아의 〈약속했던 길〉도 단독 레코드에 실린 노래가 아니라 옴니버스 형식을 취해 음반에 올려진 노래이다.

〈약속했던 길〉의 노래 가사를 보면 서정적이고 동요적인 색채가 맑고 청아하게 그려진 노래로서 부드러우면서도 산뜻한 느낌을 준다. 맑은 밤하늘에 떠있는 달이 강물에 비친 달빛을 파도가 출렁이는 모습으로 표현한 노래 가사는 한 폭의 그림을 보듯이 아름답고 부드러운 정감을 전해 준다.

달빛이 출렁이는 늦은 밤, 가로등 밑을 걷던 발이 자신도 모르게 예전에 사랑을 약속하던 장소로 걸어간다.

의식하고 걷는 발걸음이 아니라, 자아의식을 잃어버린 상태로 사랑이라는 약속의 무의식 세계를 향해 자연스럽게 움직이는 발길에서 처음 사랑을 약속했던 장소를 찾아가는 여정이 감상적이고 서정적인 분위기를 연출한다.

파도처럼 출렁이는 달빛과 가로등이 꺼진 배경에 자신도 모르게 터벅터벅 걸어가는 남자의 모습은 사랑에 대한 그리움을 영화의 한 장면처럼 리얼하게 표현하고 있다.

일반적으로 맨 처음 손가락을 끼고 사랑을 약속했던 길을 추억을 더듬으면서 그리움으로 찾아가는 노래 가사가 마치 동요 같은 느낌을 전한다. 〈약속했던 길〉은 나훈아가 음반으로 발표한 첫 노래로 소중한 가치가 있는 노래이다.

나훈아의 원초적인 미성으로 불러주는 〈약속했던 길〉은 가곡을 감상하는 느낌을 줄 정도로 차분하고 정적인 노래로, 나훈아에게 있어서 잊을 수 없는 보석 같이 소중한 회귀 곡이라고 할 수 있다. 전반적인 노래 분위기는 부드러운 면과 정적인 느낌을 주지만 그 속에 그리움이 파도처럼 밀려오며 사랑을 약속했던 길을 다시 찾아가는 여정을 적절하게 노래로 표현하고 있다.

나훈아의 맨 처음의 노래로서 가치뿐만이 아니라 나훈아의 감추어진 노래 스타일을 간접적으로 해석해 볼 수 있는 깊은 의미를 전해주는 노래로 손색이 없다.

여기서 나훈아의 〈약속했던 길〉의 가사를 소개하면 다음과 같다.

1절
달빛이 출렁이는 조그만 오솔길/그님은 간곳없고 가로등도 꺼졌네/한 발짝 두 발짝 발을 옮기면/어느새 나도 몰래 찾아오는 길/그님과 다시 만날 약속했던 길

2절

지난날 즐거웠던 약속했던 길/그리운 추억만이 신호등에 물드네/꽃잎이 하나둘 떨어지던 날/둘이서 주워가며 걸어가던 길/지금은 나 혼자서 찾아오는 길

김억과 가성 나훈아의 <천리길>에 관한 비교 연구

　김억은 1893년 11월 30일 평안북도 정주에서 출생한다. 김억의 호는 '안서'이며 본명은 희권이다. 김억은 오산중학교를 졸업하고 도일하여 일본 게이오의숙 문과를 중퇴한다. 김억은 귀국하여 모교인 오산중학교와 평양 숭덕학교에서 교편을 잡으면서 학생들을 가르친다.
　김억은 또한 언론계인 〈동아일보〉와 〈경성방송국〉에서도 근무를 한다. 김억은 1941년 국민총력조선연맹 문화부 문화위원, 조선문인협회 간사, 조선문인보 국회 평의원에서 친일활동을 하게 된다.
　김억은 8·15광복 후 출판사에 몸담고 있다가 6·25전쟁 때 북한으로 납북된다. 김억은 20세 때인 1921년부터 본격적으로 시를 발표하기 시작한다. 김억은 투르게네프, 베를렌, 구르몽 등의 시를 번역 소개하여 한국 시단에 많은 영향을 주게 된다. 김억의 최초의 번역시집인 〈오뇌의 무도〉는 베를렌, 보들레르 등의 시를 번연하여 한국 시단에 상징적, 퇴폐적 영향을 주는 촉매 역할을 한다.
　김억은 그밖에, 타고르의 〈기탄잘리〉, 〈원정〉, 〈신월〉 등도 번역하여 소개한다. 특히 김억은 A. 시몬즈의 시집인 〈잃어버린 진주〉와 한시 번역 시집인 〈꽃다발〉, 〈망우초〉, 〈중국 여류 시선〉

등도 번역하여 한국 문단에 영향을 준다.

1923년에 간행된 김억의 〈해파리의 노래〉는 근대 최초의 시집으로 인생과 자연을 7.4조, 4.4 등의 민요조 형식으로 담담하게 노래하는 형식으로 그리고 있다. 김억은 우리나라 최초의 에스페란토의 선구적 연구가로 명성을 얻게 된다.

김억은 1920년에 에스페란토 전파와 보급을 위한 상설강습소를 세워서 가르친다. 한성도서에서 간행된 〈에스페란토 단기강좌〉는 한국어로 번역된 최초의 에스페란토 입문서로 주목을 받게 된다. 특히 김억은 우리나라 최고의 서정시인 김소월을 오산학교에서 가르친 스승과 제자 관계로 만나 김소월을 시단에 등단시키는 공적을 남기게 된다.

김억의 〈봄은 간다〉는 우리나라 최초의 자유시로 평가받는 주요한 〈불놀이〉보다 두 달 먼저 〈태서문예신보〉에 발표한 첫 작품이다. 〈봄은 간다〉는 이 당시의 육당 최남선의 신시와 창가의 수준을 크게 넘지 못하나 그러나 이 시는 일반적이고 상식적인 내용의 수준을 벗어나고 있다. 개인의 정감 소리가 묻어나고 시적 대상에 대한 뚜렷한 의식을 발견할 수가 있다.

기존의 신체시는 계몽성 위주로 의식의 흐름이 주조를 이루고 있으나, 그러나 이 시는 그런 계몽성을 탈피하여 개인의 주관적 정서를 상징적인 수법으로 그려주고 있다. 어느 늦은 봄날 밤에 떨어지는 꽃을 바라보면서 상실의 슬픔을 여성적인 어조로 표현하고 있다.

정서적으로 우리나라 전통 시에 흐르는 애상과 비애를 바탕으로 한 상실과 체념의 미학을 계승하고 있다고 볼 수 있다. 시대적인 상황으로 어둡고 침울한 분위기를 자아내는 상징적인 단어가 밤과 늦은 봄으로 비유된다.

시간적 배경으로 설정된 밤은 당시의 현실을 상징하고 있으며 계절적인 배경으로 설정된 봄은 오는 봄이 아니라 가는 봄으로 세월이 덧없이 흘러가는 상실의 존재를 포괄하고 있다. 결국, 봄 밤은 모든 것을 상실한 고뇌를 표출하는 상징어라고 할 수 있다. 그러나 현실적인 상황을 치열하게 인식하지 못한 결과 적극적인 행동의 미학으로 표출되지 못하고 단지 수동적인 자세로 탄식적인 수준에 머무르고 있는 아쉬움을 주고 있다.

여기서 김억의 최초의 작품인 〈봄은 간다〉를 소개하면 다음과 같다.

밤이도다
봄이도다

밤만도 애달픈데
봄만도 생각인데

날은 빠르다
봄은 간다

깊은 생각은 아득이는데
저 바람에 새가 슬피운다

검은 내 떠돈다
종소리 빗긴다

말도 없는 밤의 설움
소리 없는 봄의 가슴

꽃은 떨어진다
님은 탄식한다.

　나훈아가 1969년 공식적으로 가수로 데뷔하여 출반한 노래가 손석 작사, 유현석 작곡의 〈천리길〉이다. 나훈아는 오아시스레코드사를 통해서 첫 음반을 출반하게 된다. 오아시스레코드사와 나훈아 관계는 어머니와 아들의 관계로 설정할 만큼 깊은 인연을 맺고 있다. 오아시스레코드사 사장 손진석은 새로운 얼굴의 가수를 선발하여 대형가수인 스타로 만드는 출중한 재능을 가진 사람이다.
　나훈아가 데뷔할 당시 오아시스레코드사의 사무실은 충무로 수도악기사 2층에 있었다. 이 당시 오아시스레코드사를 대표하여 간판급 가수로 인기를 한몸에 받으며 전성기를 구가하고 있는 가수로는 성재희가 있었다.
　성재희는 〈보슬비 오는 거리〉를 불러서 대중적인 인기와 더불어 오아시스레코드사를 대표하는 가수로 활동을 하고 있었다.
　이 당시 오아시스레코드사를 통해서 음반을 출반한 햇병아리 가수로 이영숙의 〈아카시아 이별〉과 박건의 〈두 글자〉라는 노래를 취입하고 있었다. 또한, 오아시스레코드사를 대표하는 유망주 그룹으로 회사의 지대한 관심과 애정을 지닌 신인가수 조미미, 박건, 김부자 등이 있었다.
　나훈아는 거의 동일한 시기에 송대관과 함께 오아시스레코드사를 통해서 공식적으로 가수 데뷔를 한다. 나훈아의 〈천리길〉이라는 노래가 출반하게 된 사연을 언급하면, 나훈아는 부산에서 가수가 되려는 청운의 꿈을 품고 무작정 서울에 상경한다. 나훈아는 혈혈단신으로 삭풍이 부는 허허벌판의 서울에서 쓸쓸하게 시간을 보내게 된다.

어느 날 나훈아는 우연히 오아시스레코드사 간판을 발견하고 사무실에 들어가 손진석 사장의 승낙으로 오아시스레코드사 사환으로 일을 하게 된다. 나훈아는 열심히 성실하게 사무실에서 청소와 심부름 등을 하면서 가수의 꿈을 키워가는 터전을 만들게 된다. 오아시스레코드사 직원들과 전속 작곡가가 장충동 레코드 녹음실로 이동하여 다른 가수의 음반 취입하는 날 나훈아도 함께했다.

그러나 그날 노래를 취입할 가수가 녹음실에 오지를 않아 직원들 권유로 나훈아가 대신 노래를 부르게 된다. 나훈아가 노래를 부르자 직원들과 손진석 사장은 나훈아의 노래 실력에 깜짝 놀라게 된다. 손진석 사장은 나훈아가 노래를 부르는 동안 손가락으로 OK 사인을 보내면서 음반으로 출반하여 나오게 된 노래가 바로 〈천리길〉이다.

〈천리길〉은 나훈아를 대중에게 알리는 최초의 노래였고 어느 정도 사람들에게 호응도 얻었다. 그러나 노래 가사가 배호의 노래 〈황금의 눈〉의 표절 시비에 걸려 금지곡이 되어 버린다.

〈천리길〉은 먼 옛날의 추억을 더듬으며 사랑하는 사람을 찾아가는 힘들고 험한 사랑의 여정을 그리고 있다. 그러나 옛 연인은 지난날 사랑했던 연인의 모습이 아니었다. 마음도 변하고 기억 속에 존재하지 않는 사람으로 해후하지 못하고 발길을 돌리는 사랑의 상심을 회고적, 서정적으로 묘사하고 있다.

즐겁고 환희에 찬 설렘으로 멀고 먼 길을 찾아가는 사랑의 기쁨과 사랑하는 사람의 변심으로 울고 돌아오는 사랑의 상대적, 이율배반적인 이별의 정서를 〈천리길〉의 노래는 가사에 담고 있다. 나훈아가 부르는 〈천리길〉은 초창기 나훈아의 자연적인 미성과 순박한 창법으로 은은하게 들려오는 노래의 세계를 느낄 수 있다.

〈천리길〉의 전반적인 슬로 리듬은 감정의 깊은 심연으로 빠져들게 만드는 특징을 가지고 있으며, 저음으로 부르는 나훈아의 창법은 사랑에 대한 애절한 그리움의 정서를 더욱 감상적으로 느끼게 해 청자를 추억으로 이끌고 있다.

〈천리길〉은 나훈아가 가요계에 공식적으로 데뷔하여 부른 첫 노래로 역사적 가치가 있고 대중에게 최초로 나훈아를 각인시킨 노래라고 할 수 있다. 그리고 〈천리길〉은 사랑에 대한 그리움과 만남의 정서를 담백하고 순수하게 담고 있는 사랑의 연가라고 할 수 있다.

여기서 나훈아의 〈천리길〉 가사를 소개하면 다음과 같다.

1절
돌부리 가시밭길 산을 넘어 천리길/반겨주실 임을 찾아 강을 건너 천리길/여울진 추억 속에 마음 변해 시든 사랑/울며 갈 길 왔던 내가 잘못이런가

2절
옛정을 생각하며 님을 찾아 천리길/슬픈 마음 달래주실 사랑 찾아 천리길/캄캄한 밤하늘은 아픈 사연 울리는데/울며 갈 길 왔던 내가 잘못이런가

가성 나훈아의 <사랑은 눈물의 씨앗>에 관한 연구

가수는 음성으로 노래를 불러서 팬들의 갈채와 환호로 먹고사는 사람이다. 노래는 입 밖으로 표출되면 기억되지 않고 바로 공기 중에 흩어진다. 그래서 노래를 영원히 듣고 감상하기 위하여 음반으로 제작하는 것이 자기의 노래를 대중에게 알리는 첫 단계이다. 가수와 음반의 관계는 바늘과 실의 관계인데, 가수가 음반을 내는 것은 소설가, 수필가, 시인 등이 책을 발간하여 독자들에게 알리는 것과 같다.

일류 가수, 삼류 가수, 무명 가수를 막론하고 가수로 데뷔하는 첫 단계는 자기 음반을 발표하는 것이다. 가수와 음반은 빛과 그림자처럼 뗄 수 없는 필연의 관계이다. 가수가 음반을 발표하지 않으면 가수로서 명함을 외부에 알릴 수가 없다.

우리나라는 일제강점기에 일본 사람이 운영하는 음반회사가 음반산업을 독점하였다. 일본 사람들은 풍부한 자본과 우수한 기술로 우리나라 가수가 부르는 대중가요와 민요, 동요 등을 자기들이 운영하는 음반회사에서 녹음하였다.

우리나라는 단순히 노동을 제공하는 수준에 불과했다. 일제강점기에 일본 사람들이 운영하는 음반회사로는 컬럼비아, 빅터, OK레코드, 태평레코드가 있었다. 이런 음반회사들이 우리나라 가수가 부르는 노래를 전부 녹음하여 음반을 출시하고 판매 수

익을 거의 착취했다.

 8·15 광복 이후에 군소 음반회사가 존재하여 명맥을 유지하다가 6·25동란 이후에는 전부 불타고 소실되어 음반회사는 전무한 상태가 되었다.

 가수의 노래는 대중이 부르는 인지도로 결정되는 것이 아니라 음반 판매량으로 히트곡이 결정되는 특성을 가지고 있다. 이것은 마치 소설가, 수필가, 시인 등이 책을 발간하여 책의 판매 부수로 그 명성이 결정되는 이치와 같다고 할 수 있다.

 가수의 히트곡은 음반 판매량으로 성적이 정해진다. 가성 나훈아가 가수로 데뷔하여 음반으로 발표된 음반 수는 약 200여 장이 조금 넘는다. 그리고 히트곡은 대략 55곡 정도로 총 음반 판매량은 2,200만 장 정도로 추정된다.

 현재 대한민국 남한 인구가 4,600만으로 인구센서스 조사에서 발표했는데, 산술적으로 계산하면 우리나라 인구 2.09명당 한 명꼴로 가성 나훈아의 음반을 소장하고 있었다고 볼 수 있다.

 가성 나훈아가 불러서 히트한 〈사랑은 눈물의 씨앗〉은 오아시스 음반회사와 밀접한 연관이 있다. 1960년대의 우리나라 음반회사는 대기업이 운영하는 체제가 아니라 몇몇 중소기업 수준 정도의 음반회사가 존재하는 빈약한 자본과 기술로 음반산업을 이끌어가는 상황이었다.

 서울 청계천에 있는 오아시스레코드사는 자금난으로 도산위기에 처해 있었다. 그러나 혜성같이 등장하여 오아시스레코드사에서 발표한 가성 나훈아의 〈사랑은 눈물의 씨앗〉은 선풍적인 인기를 얻으면서 천문학적인 판매량을 기록하게 된다. 이 〈사랑은 눈물의 씨앗〉의 음반 판매 수입으로 오아시스레코드사는 기사회생하게 된다.

그리고 연이어 발표된 가성 나훈아의 〈님 그리워〉〈가지마오〉는 공전의 히트가 계속 되어 오아시스레코드사를 반석 위에 완전히 올려놓는 계기가 된다. 오아시스레코드사는 지구레코드사와 더불어 우리나라 음반 시장을 주도하는 양대산맥의 음반회사로 자리를 굳건히 지키게 된다.

〈사랑은 눈물의 씨앗〉이 만들어진 배경을 설명하면, 어느 날 김영광 작곡가가 기차여행을 떠나는데, 열차의 차창에 비친 가을걷이가 끝난 허허벌판에는 내년 봄에 수확하기 위해서 농부들이 한가롭게 보리 씨앗을 뿌리는 풍경이 눈에 보였다. 김영광 작곡가는 사랑이라는 단어에 씨앗을 붙이면 멋있는 가사와 곡이 만들어진다는 사실을 발견한다.

사랑하는 남자를 위하여 헌신적으로 학비를 제공하고 힘든 일을 마다하지 않고 공장에서 일하는 청순한 여성들이 많았다. 사랑하는 남자가 고시에 합격하고 혹은 의대를 졸업하여 의사가 되어서 사회의 엘리트 계층에 들어간다.

그러나 남자는 지난날의 순정과 사랑은 잊고 사랑하는 여성을 헌신짝처럼 버리는 경우가 많았다. 이런 비련의 사랑을 대변하여 애절하고 가슴 아프게 만들어진 노래가 바로 〈사랑은 눈물의 씨앗〉이다. 나훈아의 〈사랑은 눈물의 씨앗〉은 1969년도 남국인이 작사하고 김영광이 작곡한 노래다.

가성 나훈아가 〈사랑은 눈물의 씨앗〉을 취입하게 된 과정을 설명하면 다음과 같다. 서울 정릉에서 〈님 그리워〉를 작곡한 심형섭은 음악학원을 경영하고 있었다. 가성 나훈아는 고등학교에 다니는 학생 신분으로 음악학원에 친구들과 자주 놀러 갔다.

거기서 가성 나훈아는 노래를 흥미 삼아 불렀는데, 작곡가 심형섭은 거기서 나훈아의 재능을 발견한다. 작곡가 심형섭은 오아시스레코드사 사장인 손진석과 두터운 친분을 지니고 있어 그에게 나훈아를 보여주기로 한다.

두 사람은 가성 나훈아 모르게 날짜를 잡고 오아시스레코드사 사무실에 그를 불러 노래를 듣게 된다. 손진석 사장은 가성 나훈아의 노래 실력에 탄복하여 무릎을 '탁' 치면서 노래를 취입하자고 제안한다. 그래서 불후의 명곡인 〈사랑은 눈물의 씨앗〉을 취입하게 된다.

〈사랑은 눈물의 씨앗〉의 가사를 살펴보면 첫 소절에 문답법으로 시작이 되고 그 중간 부분은 애절하게 가슴을 두드리고 후렴부에는 헤어지면 서로에게 상처만 남긴다는 간절한 철학적 메시지를 전해준다.

우리가 학교에 다닐 때 대학 강의실과 중고등학교 교실에서 수업 중에 분위기 전환을 위해서 교수님과 선생님들이 사랑이 무엇이냐고 질문을 던지면 사랑은 눈물의 씨앗이라고 학생들은 대답해본 경험이 있다.

〈사랑은 눈물의 씨앗〉은 우리 사회의 진정한 사랑이라는 정답을 가르쳐준 전도사 같은 역할을 한 노래라고 할 수 있다. 가성 나훈아의 젊은 시절의 미성을 띤 목소리의 진수를 마음껏 발휘하고 절규하듯이 리얼하게 부르는 〈사랑은 눈물의 씨앗〉 노래는 듣는 사람에게 애절하게 가슴 깊이 젖어드는 감정의 폭발을 느끼게 한다. 전형적인 트로트로 우리나라 대중가요에서 밤하늘에 반짝이는 샛별 같은 노래라고 할 수 있다.

여기서 〈사랑은 눈물의 씨앗〉의 가사를 소개하면 다음과 같다.

1절
사랑이 무어냐고 물으신다면/눈물의 씨앗이라고 말하겠어요/먼 훗날 당신이/나를 버리지 않겠지요/서로가 헤어지면 모두가/괴로워서 울 테니까요

2절
이별이 무어냐고 물으신다면/눈물의 씨앗이라고 대답할 테요/먼 훗날 당신이/나를 버리지 않겠지요/서로가 헤어지면 모두가/괴로워서 울 테니까요

〈사랑은 눈물의 씨앗〉의 노래는 우리나라 음반 산업을 파산 직전에 구해준 산업 부흥의 노래이며, 사랑이라는 의미를 다시 한번 음미하게 해준 철학적인 사랑 노래로서 손색이 없다.

시성 두보와 가성 나훈아의 <님 그리워>에 관한 비교 연구

　시대와 생활이 사람의 인생철학을 형성시키고 또한 사고방식을 결정짓는 중요한 역할을 한다. 시성 두보는 유년 시절인 7세부터 시를 지어서 주변 사람으로부터 찬사를 받으며 성장한다.
　평범한 유교 집안에서 태어나 문학을 숭상하고 남을 사랑하고 배려할 줄 아는 환경에서 시성 두보는 인간애와 동포애를 깨우치고 스스로 실행하려고 노력을 한다. 시성 두보는 타고난 자기의 소질을 연마하여 시를 창작하는 데 열과 성을 다하고 또한, 시대의 상황에 자기 본질인 정의를 잃어버리지 않았다.
　인간 근본을 지키려는 순수한 열정을 시라는 그릇에 담아서 있는 그대로 꾸밈없이, 정제된 단어로 민중들에게 희망과 꿈을 주려는 소박한 소망을 가진, 평범하고 소시민적이고 애민적인 위대한 시인이며 동시에 철학자인 한 사람이다. 시성 두보는 평생을 배고프고 추운 방랑 생활로 보낸다.
　현실에서 오는 고통과 시련을 우회적으로 도피하거나 일탈하여 자기의 안일을 생각하는 사람이 아니라 항상 남을 먼저 생각하고 동포의 고통을 자기의 고통으로 받아들여 모든 업보를 자기의 어깨에 지고 가려는 착하고 선한 사람이다.
　시성 두보에게 이상적인 꿈은 공자의 사상을 근본으로 한, 인과 덕을 중시하여 어떤 한 사람의 지혜보다는 여러 사람의 지혜를 모아 이상 국가를 건설하는 것이었다. 그렇게 모든 민중이 태평성대를 향유할 수있는 정치를 실현하는 국가를 세우는 것을 제일차적인 목표로 삼았다.

훌륭한 황제를 보필하여 요순시대의 태평성대를 꿈꾼 시성 두보에게는 이상과 현실 사이에 너무나 커다란 괴리가 있음을 깨닫는다. 이런 현실과 이상 사이에서 시성 두보는 번민과 고뇌의 시간을 보낸다.

진정으로 동포들에게 꿈과 희망을 줄 수 있는 유일한 방법은 시를 지어서 보답하는 방법밖에 없다는 사실을 알게 된다.

시성 두보는 인간애에 바탕을 두고 인간의 성실성에서 진정한 애민정신과 충효, 동포애를 실천하는 사상으로 무장을 한다. 인간의 성실성과 애민성, 진실성이야말로 시성 두보의 전체적인 철학 사상으로 보아도 무리가 아니다.

나이 사십이 되어 눈은 어둡고 머리는 잔설이 내려 희끗희끗한 노인 같은 육신과 집도 절도 없는 유랑과 방랑 생활, 제대로 입고 먹지 못한 비참한 생활환경에서도 시성 두보는 인간의 운명으로 자기 자신을 합리화하지 않았다.

조국에 대한 충절, 동포에 대한 애민정신, 현실을 바탕으로 남을 생각하고 배려하려는 뜨거운 열정은 시구에서 여실히 보여준다. 당나라 시대에 가장 커다란 역사적인 사건은 바로 안록산의 난이다. 이 난을 기점으로 시성 두보에게는 부모 형제와 이별 아닌 이별을 운명적으로 만들어 놓았고 사랑하는 가족과 일 년이라는 짧은 기간이지만 헤어짐을 겪게 된다.

시성 두보는 아내에게는 선량한 남편이자 자식들에게는 자애로운 아버지이며 형제와 누이에게는 우의가 돈독한 사람이었다. 성격이 착하고 소심한 면도 있지만, 불의를 보면 정의를 내세워 싸워서 이기려는 승부사적 기질이 강한 사람이다.

안록산의 난이 일어날 때 시성 두보는 정부군에 합류하기 위하여 장안으로 들어가다가 반군에 잡혀 일 년 동안 감옥생활을 하게 된다. 이 사건은 결혼하고 한 번도 부인과 떨어져 본 경험이 없는 두보에게 커다란 정신적 충격을 주었다. 부인과 가족의 면회도 사절되고 소식도 알 수 없는 감옥생활은 시성 두보에게는 참고 견디기 힘든 나날의 연속이었다.

시성 두보는 가정에서는 충실한 가장으로서 무척이나 부인을 사랑하였고 자식들을 뜨거운 정으로 감싸주는 평범한 아버지며 남편으로서 본분의 책임을 다하는 사람이었다.

감옥에서 영어의 몸이 된 시성 두보에게는 대화할 수 없는 절박한 상황에 놓이게 되었다. 그러나 부인과 대화를 할 수 있는 상대가 있었는데 바로 맑은 밤하늘에 뜬 달을 보고 무언의 대화를 할 수가 있었다.

사랑하는 남편과 아내가 밤하늘에 뜬 달을 보면서 가족의 소식과 집안의 근황을 물어보는 부부간의 대화는 정겨움보다는 애틋한 사랑 그 자체로서 달을 매개로 하여 수많은 대화의 시간을 갖는다.

시성 두보와 아내는 달이 뜨는 날에 하늘을 쳐다보고 서로의 그리움과 따스한 애정을 부드럽고 포근하게 전달한다. 감옥에서의 시성 두보는 참고 견디기 힘든 시간이었지만 사랑하는 부인과의 달을 통한 무언의 대화는 커다란 위안을 주는 즐거움 그 자체였다.

여기서 달을 소재로 하여 부인을 그리워하는 심정을 시로 표현한 글을 소개하면 다음과 같다.

〈월야〉

오늘 밤 부주에서 저 달을 아내는 혼자서 바라보리라. 가여
워라 멀리 있는 어린 자식들. 장안의 아비를 그리는 엄마의
시름을 모르리. 님이여 밤안개가 머리에 젖어들라. 밝은 달
빛 옥 같은 두 팔에 한기를 줄라. 그 언제나 창가 커튼에 기
대어 달빛 아래 마주 보며 눈물 자국 말릴 건고.

  조선 말기에 서양 열강인 외국의 침입과 일본의 한반도 지배
야욕에 불타고 있을 때 우리나라 대표적인 승려이며 민족 시인
인 만해 한용운 선생이 있다.
  충남 홍성에 태어나서 우리 민족의 격동기를 실제로 보고 겪
으면서 가슴 깊은 곳에 민족애가 자라게 된다. 조선 말기 농민이
주동이 되어 동학농민운동과 청일전쟁, 노일전쟁에서 민족이
고통을 받고 괴로움을 당하는 모습을 만해 한용운은 목격하게
된다.
  이런 상황에서 만해 한용운은 회의와 번민으로 수많은 시간을
보내면서 불교에 귀의하여 승려가 되기로 한다. 몇 날 며칠을 무
작정 걸어서 내설악에 있는 백담사에서 승려 생활을 하게 된다.
  귀의해서도 불교 자체의 교리에 만족하지 않고 새롭고 다양한
지식을 받아들여 불교를 개혁하려는 사상을 펼치기 위해 끊임
없는 마음의 수양과 정진을 하는 데 모든 노력을 경주 한다.
  일제강점기 민족 최대의 독립운동인 3월 1일 독립 만세 운동
은 우리나라가 자주독립 국가이며 세계에 동포가 평화를 누릴

수 있는 민족임을 세계만방에 알리는 계기가 된다.

이때 만해 한용운은 33인 중의 불교 대표자의 한 사람으로서 참가하게 된다. 만해 한용운의 정신세계는 우리 민족이 자주독립 국가를 쟁취하여 인간다운 삶을 영위하고 진정한 민족의 혼이 살아서 세계에 민족의 독립한 국가로서 우뚝하게 서서 민족번영을 누리기를 바라는 소망으로 간절히 염원하고 갈망을 한다.

민족의 시인이며 저항의 시인으로서 만해 한용운의 사상과 철학을 담은 시를 짓게 되는데, 이 시가 바로 〈님의 침묵〉이다. 만해 한용운의 님은 불교적인 관점에서 형상화하여 조국의 독립을 염원한 대상으로 님이라는 단어를 선택한다. 만해 한용운의 님은 조국과 민족의 독립을 의미하는 형이상학적인 뜻을 지니고 있다.

여기서 〈님의 침묵〉을 소개하고자 한다.

> 님은 갔습니다. 아아, 사랑하는 나의 님은 갔습니다. 푸른 산빛을 깨치고 단풍나무 숲을 향하여 난 적은 길을 걸어서 차마 떨치고 갔습니다. 우리는 만날 때에 떠날 것을 염려하는 것과 같이, 떠날 때에 다시 만날 것을 믿습니다. 아아, 님은 갔지마는 나는 님을 보내지 아니하였습니다. 제 곡조를 못 이기는 사랑의 노래는 님의 침묵을 휩싸고 돕니다.

가성 나훈아에게 결정적인 가수의 길로 인도해준 사람이 바로 〈님 그리워〉를 작곡한 심형섭이다. 나훈아가 형과 서울특별시 성북구 장위동에서 하숙하면서 고등학교에 다니게 된다. 나훈아는 학교 근처인 정릉에서 음악학원을 운영하는 심형섭을 알게 된다.

  나훈아는 친구와 자주 음악학원에 놀러 가 노래를 부르게 되는데, 이때 작곡가 심형섭은 나훈아가 보통의 노래 실력이 아니라는 사실을 알게 된다. 작곡가 심형섭은 나훈아가 노래를 취입하면 센세이션을 일으킬 수 있는 재목으로 나훈아를 점찍고 있었다.

  나훈아 본인에게는 알리지 않고 기회가 되면 오아시스레코드 사장인 손진석을 소개해주려고 마음을 먹고 있었다. 나훈아를 대중에 알린 노래가 〈천리길〉이다.

  이 노래는 전국 라디오에서 몇 주간 1위를 차지하는데, 배호의 〈황금의 눈〉의 표절 시비로 금지곡이 되었다.

  일반적으로 1960년대 후반이나 1970년대에는 한 가수가 독집앨범을 취입하는 추세가 아니라 레코드판에 몇 명의 가수가 한 곡씩 취입하는 형태를 취해서 음반을 내는 시대이다.

  작곡가 심형섭은 미리 히트할 것이라고 예견하여 작곡하였던 노래 〈님 그리워〉를 나훈아에게 주고 음반을 취입하게 한다. 그 당시의 녹음실은 채널이 다양하지 못하여 두 개의 채널을 이용해서 가수들이 음반을 취입하는 시기이다.

  가수가 녹음하다가 한번 틀리면 처음부터 다시 녹음해야 하는 번거로움이 고역이라고 할 수 있다. 나훈아는 곡을 받아 들고 한 번 연습하여 〈님 그리워〉를 취입한다. 다른 가수 같으면 몇 번의 시행착오와 연습을 통하여 하루 정도 걸리는 노래 취입을 단 몇 분 만에 녹음을 마치게 된다.

  나훈아의 노래 실력과 천부적인 재능을 엿볼 수 있는 일면이라고 할 수 있다. 나훈아의 님 그리워는 심형섭 작사, 작곡으로

1969년도에 발표된 노래작품이다. 그 당시에는 대중매체가 발달하지 않아서 일반 가정에서는 전축이나 라디오를 통해서 음악을 감상하는 시대였다. 그래서 음악을 듣기 위해서는 레코드를 구입하여 들을 수밖에 없었다.

보통 우리가 히트곡이라면 대략 5만 장 이상의 레코드가 팔려야 히트곡이라는 명함을 내밀 수가 있다. 대중들에게 자주 불리는 노래도 레코드가 팔리지 않으면 히트곡이라고 할 수가 없다.

사실 나훈아의 〈님 그리워〉는 첫 번째 히트곡인 〈사랑은 눈물의 씨앗〉보다 레코드가 훨씬 더 많이 팔렸고 또한, 대중에게 더 많이 불리는 노래라고 할 수 있다.

〈님 그리워〉는 남녀노소 할 것 없이 밤낮을 가리지 않고 전국 방방곡곡에 태풍처럼 휘몰아치는 히트곡이 되어 나훈아를 완전히 대중가수로서 우뚝 서게 한 노래이다. 〈님 그리워〉의 가사를 보면 첫 소절부터 다른 노래와 다르게 특이한 형태의 가사를 엿볼 수가 있다.

물어 물어 찾아 왔오 그 님이 계시던 곳…

님을 찾는 모습을 간절하게 애달프게 평범한 가사에서 함축적인 의미를 내포하고 있음을 알 수가 있다. 이런 특이한 가사 형태와 나훈아가 절규하면서 애조 띤 목소리에 실린 노래는 절묘한 영혼의 조화를 이루게 된다.

나훈아의 청순하고 울부짖는 애조와 한을 실린 목소리로 리얼하게 표현한 〈님 그리워〉는 시작부터 사자후를 내뿜듯이 힘이 실린 노래 마디는 가히 폭포수 같은 전율을 느끼게 한다. 밤하늘에 뜬 밝은 달을 쳐다보면서 노래하는 나훈아의 모습은 가히 보고 듣는 사람들에게 경이로움 그 자체라고 할 수 있다.

여기서 〈님 그리워〉가사를 소개하고자 한다.

1절
물어 물어 찾아왔오 그 님이 계신던 곳. 차가운 밤바람만 몰아치는데 그 님은 보이지 않네. 저 달 보고 물어 본다 님 계신 곳을 울며불며 찾아봐도 그 님은 간 곳이 없네.

2절
물어물어 찾아왔오 그 님이 계시던 곳. 차가운 밤바람도 멀어지는데 그 님은 오시지 않네.
저 별 보고 물어 본다 님 계신 곳을. 울며불며 찾아봐도 그 님은 간 곳이 없네.

시성 두보는 달을 통해서 아내와 애틋하고 사랑스러운 무언의 대화를 하였고, 만해 한용운은 조국의 독립이라는 열망을 님이라는 단어를 사용하여 사람들에게 의미와 교훈을 가르쳐 주었다.

가성 나훈아는 사랑하는 님을 찾아 밤하늘에 뜬 밝은 달을 나침반 삼아서 가슴에 담겨있는 그리운 님을 노래로써 사람들에게 정감을 준다. 님이라는 단어에서 이렇게 위대하고 훌륭한 메시지를 전달한다는 사실에서 시성 두보와 가성 나훈아는 영원 속에서 생명력을 잃지 않고 지금도 살아 움직이는 생명체가 되어 우리 곁에서 존재하고 있다.

김동인과 가섬 나훈아의 <잊을 수가 있을까>에 관한 비교 연구

　김동인은 1900년 10월 2일 평안남도 평양에서 출생한다. 김동인의 본관은 전주이고 호는 금동, 금동인, 춘사 등을 사용하였다. 김동인은 일본의 창씨개명에 동조하여 곤토 후미히토 일본 이름으로 개명을 한다.
　김동인은 일본 메이지학원을 졸업 후에 가와바타 미술학교를 중퇴하게 된다. 김동인은 1919년 우리나라 최초의 문학동인지 〈창조〉를 발간하였으며 처녀작 〈약한 자의 슬픔〉을 발표하고 귀국을 한다. 그러나 출판법위반협의로 일제의 경찰에 체포, 구금되어 4개월 동안 구금생활을 하게 된다.
　일본의 형무소에서 출옥 후에 김동인은 많은 작품을 발표하는데 대표적인 작품으로는 〈목숨〉, 〈배따라기〉, 〈광염 소나타〉 등의 단편소설이다. 김동인은 이런 단편소설을 통하여 간결하고 현대적인 문체를 사용하여 문장 혁신에 공헌한다.
　김동인은 이광수의 계몽주의적인 경향에 맞서 사실주의적 수법을 사용한다. 1925년대에 유행하던 신경향파와 프로문학에 맞서 예술지상주의를 표방하여 순수문학운동을 벌이게 된다.
　김동인은 1924년 그의 첫 창작집인 〈목숨〉을 출간을 하고 1930년 장편소설 〈젊은 그들〉을 동아일보에 연재한다. 김동인은 1931년 서울특별시 행촌동으로 이사하여 다양한 소설을 발표하는데 〈결혼식〉, 〈발가락이 닮았다〉, 〈광화사〉 등을 집필한다.

김동인은 극심한 생활고를 해결하기 위해 소설 등의 문학작품 집필에 전념한다. 극도로 쇠약한 몸과 정신은 마약중독에 빠지게 된다. 김동인은 1933년에 조선일보에 〈운현궁의 봄〉을 연재를 하고 조선일보 학예부장으로 입사한다.

그러나 얼마 후에 사임을 한다. 김동인은 다시 1935년부터 〈왕부의 낙조〉를 발표하고 〈야담사〉라는 출판사를 설립하여 월간지 〈야담〉을 출간한다. 김동인은 병마에 시달리는 심신을 이끌고 성전종군가로 참가하여 황조 위문을 하게 된다. 김동인은 1942년에 불경죄로 인하여 서대문 감옥에서 옥고를 치르게 된다. 김동인은 친일적인 성격이 강한 소설 〈성암의 길〉을 발표한다. 김동인은 1948년에 역사 장편소설인 〈을지문덕〉과 단편소설인 〈망국인기〉 등의 소설 집필에 착수하였으나 생활고로 작품을 중단하게 된다. 김동인은 소설뿐만 아니라 평론에도 일가견을 가지고 〈춘원연구〉라는 불후의 역작을 발표한다.

김동인은 6·25동란 중에 숙환으로 서울에서 작고한다. 김동인은 작중 인물의 호칭으로 he, she를 구분하지 않고 통칭하여 그로 호칭을 하는 특색을 가지고 있고 또한 용언에 과거 시제를 도입하여 문장에서 시간관념을 의식적으로 명백하게 그려 간결하고 짧은 문장으로 간결체로 승화를 시킨다. 1955년 사상계에서 김동인의 문학 업적을 기념하기 위해 〈동인문학상〉을 제정, 시상하였으나 지금은 1979년 조선일보가 인수하여 시상하고 있다.

김동인의 소설인 〈감자〉는 1925년에 발표된 작품으로 자연주의적인 관점으로 그려진 작품이다. 자연의 환경 요인에 의하여 인간 내면의 도덕이 지배되고 타락하는 자연환경 결정론적인 자연주의적인 분석과 관찰로 해석하여 그리고 있다. 자연주의가 말하는 환경 결정론에 의하여 인간의 삶이 지배되는 요인을 과학적 분석과 관찰을 통해 냉철히 제시하려는 의도가 보이는 작품이라고 할 수 있다.

여기서 김동인의 대표적인 소설인 〈감자〉의 내용을 요약하여 설명하면 다음과 같다.

이 세상의 온갖 비극과 활극이 난무하는 빈민굴인 칠성문 밖에 오기 전에 복녀는 가난하지만 정직한 농사꾼의 딸로 태어난다. 사농공상의 두 번째인 농사꾼의 딸인 복녀는 막연하나마 도덕적인 기품을 가지고 성장을 한다. 복녀는 열다섯 살 되는 해에 이웃의 이십 년 연상의 홀아비에게 팔십 원에 팔려 시집을 오게 된다.
홀아비의 아버지는 많은 땅과 재물을 가지고 있었으나 게으르고 나태하여 마지막 남은 금전으로 복녀를 사게 된다. 홀아비는 너무 게을러서 소작농으로 받는 소작도 떼인다. 몇 년 동안은 장인의 도움으로 그럭저럭 살아가게 된다. 복녀와 홀아비는 평양으로 들어가서 맞벌이를 한다. 그러나 그곳에서도 남의 집인 행랑살이마저 유지를 못 하고 칠성문 밖으로 쫓게 나온다. 복녀는 기자묘 송충이 잡이에 참가하여 열심인 송충이를 잡는다.
감독관의 눈에 띄어 엉뚱한 딴짓으로 몸을 허락한 복녀는 일을 하지 않으면서 점잖게 삯을 받는다. 복녀는 얼굴에 화장을 하고 더욱 예쁘게 변해 간다. 얼굴로 돈을 벌어오는 복녀를 남편은 좋아한다. 중국인 채마밭의 감자를 훔치는 일은 칠성문 밖의 사람들에게 가을 행사의 하나이다. 복녀도 종종 감자를 훔치곤 했다. 어느 날 복녀는 감자를 훔치다가 주인인 왕서방에게 잡혀 끌려가게 된다. 왕서방에게 끌려간 복녀는 돈 삼 원까지 받아 가지고 집으로 돌아온다. 왕서방은 수시로 복녀를 불러 함께 한다.

복녀가 가져오는 돈을 보고 남편은 자랑스럽게 생각을 한다. 복녀는 이젠 칠성문 밖에서 부자로 살아가게 된다. 왕서방은 이듬해 봄에 어느 처녀를 돈 백 원을 주고 데려온다. 복녀는 시기와 질투의 눈으로 쳐다본다. 새벽 두 시쯤에 복녀는 방안의 동정을 살피고 들어간다. 복녀는 누워있는 처녀의 머리를 발로 찬다. 그리고 왕서방을 다짜고짜 손을 잡고 자기 집으로 끌고 가려고 한다. 그 순간에 왕서방은 복녀의 손을 뿌리치자 복녀는 쓰러져 넘어진다. 일어나는 복녀의 손에 낫이 들려있다. 복녀의 손에 쥐어진 낫을 마구 휘두른다. 왕서방의 손에 넘어간 낫은 어느새 복녀를 죽게 만든다.

복녀가 죽은 지 사흘이 지나도 장례를 치르지 못한다. 왕서방은 복녀 남편을 몇 번 찾아간다. 사흘이 지난 후에 세 사람인 왕서방, 복녀 남편, 한의사가 복녀의 시체에 둘러앉는다. 왕성방은 복녀 남편에게 돈을 준다. 한의사에게도 돈을 준다. 한의사는 복녀가 뇌일혈로 죽었다는 진단을 내린다. 복녀의 시신은 공동묘지로 실려간다.

나훈아의 〈잊을 수가 있을까〉는 1969년 이호 작사, 작곡의 영화 주제가이며 제목 이름이다. 〈잊을 수가 있을까〉는 1970년에 서울 국도극장에서 개봉되어 상영된 영화이다. 〈형〉, 〈범띠 아가씨〉 등의 영화를 흥행시켜 주목을 받았던 감독인 이상언의 작품이다. 〈잊을 수가 있을까〉는 신성일과 문희 그리고 1969년 〈홍길

동〉이라는 영화로 데뷔한 신인배우인 장미화가 주연배우로 등장하여 출연한 영화이다.

한 남자를 놓고 두 여자가 벌이는 애정의 신파 멜로 영화로 그 당시에 사람들의 눈물샘을 자극하여 대성공을 거두었다. 그 당시 영화 극본은 한 남자를 두고 두 여자 사이에서 일어나는 사랑의 갈등을 그리는 경향이 많았다. 이때 영화 〈잊을 수가 있을까〉와 그 주제가가 동반 히트되는 진풍경이 연출된다. 나훈아의 〈잊을 수가 있을까〉는 영화의 흥행과 더불어 나훈아의 히트곡 반열에 오르게 된다.

일반적으로 라디오와 TV 일일연속극과 영화 주제가는 방송되고 상영되는 극의 내용을 압축하여 간접적으로 알려주는 역할을 한다. 연속극과 영화에 배경으로 삽입되어 불리는 주제가는 극의 내용을 알 수 있고 주제가를 통하여 이미지의 심상을 대중들의 뇌리에 강력하게 각인시켜주는 역할을 한다.

연속극과 영화 등의 주제가가 동시에 대중에게 히트되는 경우는 확률적으로 적다. 연속극과 영화는 히트하는데 삽입된 주제가는 히트를 못 하는 경우가 있고 연속극과 영화는 흥행의 실패를 하지만 반대로 삽입된 주제가는 대중에게 널리 불리어 히트되는 경우도 볼 수가 있다.

나훈아의 〈잊을 수가 있을까〉는 영화뿐만이 아니라 주제가로서 대히트 하게 된 사례라고 볼 수 있다. 연속극과 상영되는 영화가 하나의 장편소설이라면 삽입된 주제가는 정제된 수필이라고 할 수 있다. 결국, 주제가는 방영되는 연속극과 상영되는 영화의 내용을 암시적으로 나타내어 주제를 전개하고 알려주는 최전위의 홍보 기능을 한다. 〈잊을 수가 있을까〉의 가사 내용을 유추하여 배경을 간략하게 나열하면 다음과 같다.

한 남자를 가운데에 놓고 두 여인이 벌이는 애정의 질시와 증오는 남자를 갈등의 기로에 서게 한다. 사랑하는 두 여인을 놓고 한 여자를 선택하여 결혼을 전제로 사랑을 아름답게 승화를 시키려는 미학이 담겨있다. 그러나 두 여인을 사랑하는 남자 입장에서 어쩔 수 없이 한 여인과는 이별을 선언하여야 한다. 눈물과 아쉬운 이별의 설움을 가슴에 묻어두고 사랑하는 사람과의 헤어짐을 맞이하여야 한다.

길고 긴 세월은 아니지만 짧은 시간의 행복을 잊을 수가 없을 정도로 진흙 속에 감추어진 보석처럼 찬란하게 빛나는 사랑의 추억을 간직하고 있다. 짧은 순간에 급속도로 이루어진 사랑하는 여인을 떠나보내야 하는 아쉬운 이별의 슬픔과 아픔이 피어오르는 자욱한 안개 속 새벽, 마지막 인사를 하고 헤어짐의 발길을 돌린다. 송곳처럼 가슴을 찌르는 사랑의 상처를 마음의 비석에 새기고 돌아온다. 〈잊을 수가 있을까〉의 가사는 사랑하는 여인과 이루어질 수 없는 이별의 아픔을 서정적, 애상적으로 리얼하게 담고 있다.

노래 〈잊을 수가 있을까〉는 전체적인 멜로디의 흐름이 애잔한 선율과 더불어 나훈아의 초창기의 미성의 목소리가 한데 어우러져 만개한 백합처럼 청순한 맛을 전달해주는 노래라고 할 수 있다. 슬픔과 헤어짐의 아픔을 외부로 표출하는 내면의 잠재적인 고통을 한 줄기 빛처럼 나훈아의 호소력 짙은 창법과 완벽한 감정 처리로 깔끔하게 마무리하여 불러주는 〈잊을 수가 있을까〉는 대중들에게 사랑을 받는 매력의 포인트라고 볼 수 있다.

중반부에 나훈아 특유의 미성의 창법은 〈잊을 수가 있을까〉의 노래를 일반 사람들이 접근할 수 없는 절대 고도의 음률의 세계라고 할 수 있다. 이별의 슬픔과 아픔을 새롭게 노래로 승화하여 표현한 〈잊을 수가 없을까〉의 노래는 아리랑 가요의 평범한 진리 속에 꿈틀거리는 대중문학의 한 장르라고 할 수 있다.

여기서 나훈아의 〈잊을 수가 있을까〉 노래 가사를 소개하면 다음과 같다.

1절
잊을 수가 있을까 잊을 수가 있을까
이 한밤이 새고 나면 떠나갈 사람
기나긴 세월 속에 짧았던 행복
서로가 그 사랑을 아쉬워하며
이별이 서러워서 우는 두 연인

2절
잊을 수가 있을까 잊을 수가 있을까
새벽안개 짙은 길을 울며 갈 사람
지나온 긴 세월에 뜨겁던 사랑
서로가 그 사랑을 아쉬워하며
미련에 흐느끼며 우는 두 연인

오상순과 가성 나훈아의 <너와 나의 고향>에 관한 비교 연구

오상순은 1894년 8월 9일 서울에서 출생한다. 오상순은 많은 호가 있는데 공초, 탄운, 상현, 선운 등으로 불리고 있으며 하루 200개비의 줄담배를 피우며 일생을 독신으로 외롭게 살다 세상을 떠난다.

담배를 너무 피워 공초가 꽁초라는 별칭의 호로 불렸다. 공초 오상순은 변영로와 함께 <폐허> 동인으로 활동하면서 기독교를 버리고 입산과 환속을 거듭하는 숱한 기행으로 화제를 일으켰던 시인 중의 대표적인 사람이라고 할 수 있다. 오상순은 전국을 떠돌며 일제 식민치하의 삶을 허무와 세속의 일탈로 대부분 영위한다.

오상순은 1900년 서울의 어의동학교에 입학을 하고 다시 경신중학교를 졸업하고 일본으로 유학을 떠난다. 오상순은 일본 도시샤대학 종교철학과를 졸업한다. 오상순은 1920년 김억, 남궁벽, 염상섭, 황석우 등과 <폐허> 동인지를 발간한다.

오상순은 처음으로 <폐허> 동인지에 첫 작품인 <시대고와 그 희생>이라는 글을 발표한다. 오상순은 그 이후 계속하여 <폐허>를 통해서 그의 작품들을 발표하는 계기를 마련한다.

오상순의 초기 시들은 주로 운명을 수용하려는 순응주의와 동양적 허무와 사상이 주류를 이루며 내면에 면면히 짙게 깔려있다. 오상순은 1924년 보성고등학교 교사를 역임하고 1930년에는 동국대학교 전신인 불교중앙학림 교수로 근무를 한다.

오상순은 1954년 예술원 종신회원으로 선출되고 이어서 1956년 예술원 상과 1962년 서울시 문화상을 수상하게 된다. 오상순의 주요 작품으로는 〈아시아의 마지막 밤 풍경〉, 〈방랑의 마음〉, 〈첫날밤〉, 〈해바라기〉 등 50여 편의 작품들이 있다.

오상순의 시적인 업적을 후대 사람들이 만들어 놓은 시비가 서울 강북구(전 도봉구) 수유동 빨래골에 세워져 있다. 사람들은 자신이 지니지 못한 것을 그리워하게 된다. 자신이 처한 현실이 불안할수록 더욱 안정된 세계를 희구하고 갈망을 한다.

그러나 그것이 현실사회에서 현실화하기란 어려운 일이다. 〈방랑의 마음〉의 시에서 동양적 유심의 세계에서 현대인들의 근본적인 존재 문제를 해결하고자 고뇌하는 시인의 정신세계를 발견할 수가 있다. 그것을 해탈한 일여의 세계를 시적 화자는 바다로 표출하고 있다.

시적 화자가 동경하는 바다는 내면 의식 속에서 그리워하는 세계이며 안주할 수 있는 마음의 고향이다. 현실 속에 부재하는 어떤 동경의 세계를 향해 인간은 끝없이 떠돌 수밖에 없는 존재이며 그 세계는 현실이 아니라 마음속에서 그리는 세계이다.

오상순의 〈방랑의 마음〉은 일제 치하라는 현실의 질곡을 벗어나 이상향을 그리워하며 정처 없이 떠도는 마음이다. 그러나 그곳은 망망한 푸른 해원으로 눈을 감으면 마음속에 그려지는 바다이다. 현실의 바다가 아니라 시적 화자의 이상 속에서 존재하는 바다이며 현실의 모든 고뇌로부터 일탈한 자유와 안식의 바다다.

  이상의 바다를 마음속에 그리고 마음의 눈으로 볼 수 있고 가까이에서 바다의 내음을 마음의 후각으로 맡을 수 있는 바다이다.

  여기서 오상순의 대표적인 시인 〈방랑의 마음〉을 소개하면 다음과 같다.

    방랑의 마음

    흐름 위에
    보금자리 친
    오 — 흐름 위에
    보금자리 친
    나의 혼(魂)…

    바다 없는 곳에서
    바다를 연모(戀慕)하는 나머지에
    눈을 감고 마음속에
    바다를 그려 보다
    가만히 앉아서 때를 잃고…
    옛 성(城) 위에 발돋움하고
    들 너머 산 너머 보이는 듯 마는 듯
    어릿거리는 바다를 바라보다
    해지는 줄도 모르고…

바다를 마음에 불러일으켜
가만히 응시하고 있으면
깊은 바닷소리
나의 피의 조류(潮流)를 통하여 오도다.

망망(茫茫)한 푸른 해원(海原)…
마음 눈에 펴서 열리는 때에
안개 같은 바다의 향기
코에 서리도다.

고향이라는 단어는 아름답고, 포근하고, 따스하고, 부드럽고, 모든 것을 감싸주고 포용하는 추억의 안식처이며 휴식처이다. 고향은 사전적 의미로 내가 태어나고 자란 곳이며 광의의 의미로는 조상 대대로 삶의 터전을 유지하며 육신이 정지될 때까지 그곳에 빈 육신과 추억을 묻고자 하는 장소이다.

우리 민족처럼 고향에 대한 열망과 풍부한 애정, 애착이 있는 민족을 찾아보기가 힘들다. 곧 고향은 우리 민족의 정신적인 혼이며 얼이라고 할 수 있으며 현실의 작은 이상향이라고 할 수 있다.

서구 문명의 유입과 2, 3차, 산업의 발달로 현대인들은 고향을 떠나 수십 번을 자의 반, 타의 반 이사를 하면서 힘들고 고통스럽고 어려울 때 어릴 적 고향에 대한 추억으로 위로와 위안을 받으며 살아가고 있다.

고향은 정처 없이 떠돌아다니는 사람들에게 정신적인 영양을 제공해주는 안식처이며 휴식처이며 충전소로서 자리를 잡고 있다. 조상의 숨결이 묻어나고 자자손손 고향에 함께 묻히고자 하는 열망은 우리 민족의 작은 정신적인 혼이며 얼로서 현실의 아름다운 파라다이스이며 꿈속의 유토피아라고 할 수 있다.

나훈아의 〈너와 나의 고향〉의 노래는 1969년도에 정진성 작사, 작곡으로 만들어진 작품이다. 우리나라는 농업을 기반으로 하는 농수산물로 구성된 1차 산업이 주축을 이루는 산업구조를 가진 나라이다.

제조산업으로 전환되는 과정에서 시골의 젊은 사람들은 고향을 떠나 도시로 유입되고 주야로 산업의 일꾼으로 활동을 한다. 무작정 고향을 떠나 정처 없이 돌아다니는 외롭고 힘든 현실에서 오는 고뇌를 고향이라는 정점으로 자신의 처지를 위로받고 달래는 노래로 많은 사람에게 사랑을 받은 노래가 〈너와 나의 고향〉이다.

구름처럼 바람처럼 정착할 곳을, 찾지 못하고 물설고 낯선 타향 땅에서 고향 하늘을 바라보면서 자신의 처지를 눈물로 흘려보내고 한잔 술로 설움을 달래보고 흘러나오는 노랫소리에 고향의 부모 형제에 대한 애끓는 정서를 소박하게 담고 있다.

고향을 떠나 정착할 곳도 없고 반겨줄 사람도 없지만, 그 현실을 부정하지 않고 낙천적, 적극적으로 수용하려는 삶에 대한 철학을 발견할 수가 있다.

나훈아는 1960년대 후반에 발표하는 노래마다 히트곡의 반열에 올려놓게 되는데 〈너와 나의 고향〉의 노래도 나훈아의 노래 역사에서 영롱하게 빛나는 히트곡 중의 하나라고 할 수 있다. 빠른 템포의 리듬과 간략 명확하고 평이하게 구성된 가사는 그 당시의 현실을 반영하고 간접적으로 대중들의 심리를 절묘하게 표현을 하고 있다.

〈너와 나의 고향〉의 노래는 현실에서 오는 힘들고 고통스러운 처지를 절망하지 않고 자연적으로 순응하면서 삶을 비관적, 염세적인 관점에서 바라보지 않고 여유와 넓은 마음으로 수용하면서 낙천적인 사고와 철학을 반영하는 서민적, 토속적, 향수적 노래의 맛과 멋을 보여주고 있다.

고향이라는 정신적인 혼과 얼을 구심점으로 하여 현실의 고통과 어려움을 절망하지 않고 달관하면서 낙천적으로 순응하고 적응하는 가정적인 노래라고 볼 수 있다.

여기서 나훈아의 〈너와 나의 고향〉의 노래 가사를 소개하면 다음과 같다.

1절
미워도 한세상 좋아도 한세상
마음을 달래며 웃으며 살리라
바람 따라 구름 따라
흘러온 사나이는
구름 머무는 고향 땅에서
너와 함께 살리라

2절
미움이 변하여 사랑도 되겠지
마음을 달래며 알뜰히 살리라

정처 없이 흘러온 길
상처만 쓰라린데
구름 머무는 정든 땅에서
오손도손 살리라

가성 나훈아의 <바보 같은 사나이>에 관한 연구

밤하늘에 뜬 무수한 별들은 고정된 것처럼 보인다. 그러나 별과 별 사이로 움직이는 별이 있는데 이 별을 행성이라고 한다. 선조들은 유난히 반짝이는 이 행성에 명칭과 의미를 부여하여 사용하였다.

행성 중에서 5 행성을 목성, 화성, 토성, 금성, 수성으로 크게 구분하여 별도로 행성마다 뜻을 가미하는 지혜로운 발상을 한다. 음양오행설의 기원의 근원의 원류가 된다. 5 행성은 방향과 계절로 나누어볼 수 있는데, 목성은 방향은 동쪽이고 계절은 봄이고 화성은 방향은 남쪽이고 계절은 여름이다. 토성은 중앙의 방향이고 계절은 여름과 가을 사이의 경계의 과도기 계절을 말한다. 금성은 방향은 서쪽이고 계절은 가을이고 수성은 방향은 북쪽이고 계절은 겨울이다.

나훈아 초창기의 히트곡을 크게 구별하여 보면 오행성과 같다고 할 수 있다. 1968년부터 1970년까지 5곡으로 나누어 볼 수 있는데 첫 히트곡인 사랑은 눈물의 씨앗, 두 번째, 님 그리워, 세 번째, 강촌에 살고 싶네, 네 번째 바보 같은 사나이, 다섯 번째, 두 줄기 눈물이다.

사랑은 눈물 씨앗은 나훈아가 가요계에 등장하여 최초로 대중에게 널리 알린 샛별 같은 노래이다. 님 그리워는 나훈아가 탄탄하게 대형가수의 입지를 확실하게 굳혀준 노래이다. '강촌에 살고 싶네'는 새로운 창법의 변화를 주는 가교 역할인 노래로서 중요한 역할을 한다.

바보 같은 사나이는 데뷔 이후의 창법의 완성도를 극대화하는 노래로서 나훈아 창법의 모태 노래이다. 두 줄기 눈물은 나훈아의 고유한 개성이 고스란히 녹아있는 창법의 완성도가 최고의 정점을 이룬 결정체이다.

나훈아의 노래를 오행성으로 비유를 하면 사랑은 눈물의 씨앗은 목성, 님 그리워는 화성, 강촌에 살고 싶네는 토성, 바보 같은 사나이는 수성, 두 줄기 눈물은 금성이라고 할 수 있다.

1970년대 발표한 나훈아의 바보 같은 사나이는 아픈 사연을 간직하고 있는 노래이다. 박정희 유신독재 시절에 방송 금지 목록에 올라서 순풍에 돛단배처럼 가수로서 잘 나가던 나훈아를 잠깐 주춤하게 하였다.

방송 금지의 이유는 바보 같은 사나이의 바보라는 명칭과 비탄조 짙은 왜색적인 요소가 들어간 노래이기 때문이었다. 일반적으로 가수들이 방송금지곡 목록에 올라가면 가수로서 노래를 부를 기회를 박탈당하게 된다. 그래서 가수들은 큰 상실감과 허탈감으로 인하여 가수의 길을 포기하고 전업하거나 해외로 나가서 방황하게 한다.

방송 금지로 가장 피해를 본 가수가 바로 이미자이다. 이미자의 노래 중에서 초창기 노래들인 〈동백 아가씨〉, 〈섬마을 선생님〉, 〈기러기 아빠〉 등 대 히트곡들이 줄줄이 방송금지 목록에 올라간다.

나훈아의 바보 같은 사나이는 1970년대 박성규 작사, 작곡의 노래작품이다. 바보는 보통사람보다 어리석고 멍청하다는 의미의 단어이다. 첫사랑의 이별에서 오는 슬픈 상실감에서 마치 자신을 비하하여 바보 같다는 의미를 내포하여 현재 상황을 비유적으로 사용한 단어이다. 바보 같은 사나이는 히트곡으로서 영화로 제작하여 상영하게 된다.

1971년 상영된 바보 같은 사나이의 영화감독은 편거영, 주연배우는 박노식, 이대엽, 독고성, 최봉, 최선자 등이 출연하여 연기를 펼친다. 특히 아역으로 출현하여 연기한 이승현은 제9회 청룡영화제에서 아역 상을 받는데 '바보 같은 사나이'가 기여한다.

나훈아의 바보 같은 사나이는 전반적으로 전주곡보다 후반부까지 리듬이 경쾌한 노래이다. 사랑하는 연인과의 이별에서 오는 상실감의 비애를 빗물로 비유를 하는데 하늘에서 내리는 빗물처럼 흐르는 사나이의 눈물로 큰 실연의 아픔을 담고 있다.

이별의 슬픔은 세월이 가고 또 흘러가면 잊히는 심정을 스스로 위안하는 매개체로 세월을 인용하고 있다. 그러나 잊으려 해도 잊을 수 없는 가슴 아픔을 그리워 그리워를 반복하여 잊을 수 없다는 사실을 강조하고 있다.

나훈아의 바보 같은 사나이는 나훈아 창법이 온전히 품고 있는, 나훈아의 창법의 완성도의 척도를 볼 수 있는 보물 같은 노래이다.

여기서 나훈아의 〈바보 같은 사나이〉 노래 가사를 소개하면 다음과 같다.

1절
사랑이 빗물 되어 말없이 흘러내릴 때

사나이는 울었다네 빗물도 울었다네
세월 가면 잊혀질까 세월아 말을 해다오
그리워 그리워서 가슴만 태우는
바보 같은 사나이

2절
사랑이 빗물 되어 서럽게 흘러내릴 때
사나이는 울었다네 빗물도 울었다네
세월 가면 잊혀질까 세월아 말을 해다오
못 잊어 못 잊어서 가슴만 태우는
바보 같은 사나이

노천명과 가성 나훈아의 <두 줄기 눈물>에 관한 비교 연구

　노천명은 시사적인 의미에서 현대시의 최초의 여류시인으로 유명한 사람 중의 한 사람이다. 1930년대 이후 모윤숙과 함께 여류시인으로 우리나라를 이끌어온 현대시의 대표적인 주자라고 할 수 있다. 노천명은 흔히 사슴의 시인, 고독의 시인, 5월의 시인으로 대중들의 입으로 회자하고 잘 알려진 여류시인이다.
　노천명은 1912년 황해도 장연군 순택면에서 계일의 2녀 중 둘째로 태어난다. 아버지가 돌아가시고 곧바로 1920년대 서울로 이사를 한다. 원래 노천명의 아명은 기선으로 남자의 이름을 사용한다.
　노천명의 집안은 아들이 없어서 남장 여자로서 부모는 노천명이 아들로 태어나기를 마음속으로 바랐던 것이다. 노천명은 서울 진명여고보를 거쳐 1934년대 이화여자전문학교 영문학과를 졸업한다. 노천명은 1935년 〈시원〉 창간호에 〈내 청춘의 배는〉를 처음으로 발표한다. 우리에게 사슴의 시인으로 각인시켜주는 처녀시집 〈산호림〉이 1938년에 출간을 한다. 〈산호림〉에서 사슴을 포함한 49수의 시가 실려있다. 그래서 우리는 노천명을 흔히들 최초의 여류시인, 한국의 사포, 사슴의 시인, 물의 시인, 고독의 시인, 자제의 시인, 향수의 시인으로 부르게 된다.
　노천명은 일제강점기 친일 행적과 6·25 부역 혐의로 육체적,

정신적인 고통을 받는다. 특히 6·25동란 때 극예술동맹에 가입하여 9·28 수복 후 감옥에 갇혀서 이듬해 문학예술인들의 탄원으로 석방하게 된다.

1945년 2월 제2 시집 〈창변〉이 더욱 도시적이고 인간적인 성숙한 면을 보여주는 제3집 〈별을 쳐다보며〉을 출간한다. 노천명은 시집 〈산호림〉 출간으로 보성전문학교 김광진 교수와 인연이 되어 교류한다. 김광진과의 편지를 주고받는 연애는 노천명의 정신세계와 시적 사상에 지대한 영향을 준다.

노천명은 1951년 천주교 영세를 받고 세례명 베로니카를 받는다. 그리고 노천명은 남색 치마와 흰 저고리를 즐겨있고 골동품을 수집하는 취미를 가진 전형적인 한국인의 여성상을 보여주는 소박한 사람이며 동시에 평범한 시인이다. 노천명은 1956년 〈이화 70년 사〉를 집필하는 동안 몸이 극도로 쇠약해져 3월 청량리 위생병원에서 재생불량성 뇌빈혈로 48세의 나이로 1957년 생을 마감한다.

노천명은 여자의 몸으로 결혼하지 않고 독신으로 48년을 살아오면서 현실과 타협하지 않고 이상을 동경하면서 고독하고 고귀한 삶을 시로 승화시킨 시인이라고 볼 수 있다. 현실과 이상에서 오는 괴리감, 일제강점기 친일행적의 동조와 6·25 부역 혐의 참가하여 현실에서 오는 회의는 노천명을 더욱 고독과 고귀한 사상적인 존재로 만들어준다.

사슴은 노천명을 상관적인 매개물로 등장시켜 노천명 자신을 직간접적으로 표현한 대표적인 시라고 할 수 있다. 노천명은 또한 시와 수필, 소설을 발표한다. 대표적인 수필집으로 〈산딸기〉, 〈나의 생활백서〉 등이 있고 소설로서는 단편소설로 〈사월이〉 등이 있다. 노천명을 대표하는 〈사슴〉은 자신을 관조하고 비추어 주는 시로서 현실과 이상에서 오는 괴리감, 그리고 과거의 향수에 젖어서 지난 옛날을 동경하고 물속에 나타나는 자기의 모습을 보는 과거, 현재, 미래가 상호 대립과 모순의 갈등으로 시로서 표현한다.

〈사슴〉의 시는 바로 노천명 자신을 간접적으로 나타내고 또한 감정이입을 시켜서 고독과 고귀, 애수 및 선민의식이 짙게 배 있는 시라고 할 수 있다.

〈사슴〉은 나르키소스 적인 자기 관조의 시적인 그리스 신화적인 모티브를 동원하여 한층 더 표현의 강도를 뚜렷하게 표현을 한다. 그리스 신화에 나타나는 산의 요정인 에코의 사랑을 받는 그리스 청년인 나르키소스는 흘러가는 물속에 비추어진 자신의 아름다운 모습을 보고 물에 빠져 죽어 수선화가 되었다는 신화를 인용한다. 사슴은 고독하고 외롭고, 쓸쓸하고, 고귀한 짐승으로 인식을 한다.

노천명은 마치 사슴을 자기의 모습으로 대변하는 매개물로 인용하여 현실에 적응하지 못하는 부적응과 과거에 대한 향수의 그리움, 미래에 대한 동경 등을 아주 유효적절하게 시로서 승화시켜 자신의 모습을 사슴과 같다고 인식을 한다. 사슴이 대자연의 품으로 돌아가고 싶은 심정을 노천명은 갈구하고 이상으로 파악을 한다. 관이 향기로운 너는 과거를 나타내고 슬픈 모가지를 하고 먼 데 산을 바라보는 표현은 현실을 나타내고 있다. 현실과 과거가 대립과 모순을 점철되어있다고 볼 수 있다.

물속의 제 그림자를 들여다보고는 미래를 나타낸다. 사슴을 통해서 노천명은 과거, 현실, 미래를 유효적절하게 시간적인 배

열을 잘 이용을 한다.

  일제강점기의 시대적인 고통과 아픔, 여자의 몸으로 혼자 사는 기구한 삶, 그리고 현실에서 오는 고독과 애수는 노천명으로 하여 사슴을 더욱 리얼하게 그려져서 사람들에게 어필한다. 사슴은 결국 대자연의 품으로 돌아가서 마음껏 뛰어놀기를 소망하는 대상물로서 노천명은 자기의 인생의 삶과 과정, 동경 등을 표현해준 대표적인 시로서 자리매김한다.

  여기서 〈사슴〉의 시를 소개하면 다음과 같다.

    모가지가 길어서 슬픈 짐승이여
    언제나 점잖은 편 말이 없구나
    관(冠)이 향기로운 너는
    무척 높은 족속이었나보다

    물속의 제 그림자를 들여다보고
    잃었던 전설을 생각해내고는
    어찌할 수 없는 향수에
    슬픈 모가지를 하고 먼 데 산을 바라본다

  나훈아의 〈두 줄기 눈물〉의 작사, 작곡가 진남성은 하사와 병장이 부른 〈목화밭〉의 작곡가이다. 하사와 병장은 원래 더벅머리라는 가수 명을 사용하다가 대구 기독교방송 김원상 PD의 소개로 진남성을 만나게 된다. 진남성은 그 당시 대구에서 달구벌 음악학원을 운영하고 있었다. 하사와 병장은 〈목화밭〉이라는 노래를 대구에서 발표하지만, 대중들의 이목을 얻지 못한다.

진남성은 〈목화밭〉 노래를 들어보고 컨트리송에 가까운 느린 멜로디로 된 것을 파악한다. 멜로디 자체가 진남성은 마음에 들었다. 그래서 진남성은 멜로디를 스윙 풍으로 바꿔 〈목화밭〉을 세상에 발표한다.

컨트리송에 가까운 노래에 스윙 풍의 멜로디로 장착한 〈목화밭〉은 대중들의 이목을 사로잡아 하사와 병장이라는 가수를 일약 대중에게 알리게 된다. 진남성은 송대관이 부른 〈우리 순이〉 작사, 작곡가이다. 일반적으로 진남성의 노래작품의 성향은 부드럽고 포근한 멜로디를 주로 작사, 작곡한 사람이다.

진남성의 노래작품으로 볼 때 두 줄기 눈물의 작품은 상당히 돌연변이라고 볼 수 있다. 전통 트로트를 맨 처음 작사, 작곡한 노래가 나훈아의 〈두 줄기 눈물〉인데 중후하면서도 애조를 띤 노래 분위기는 진남성의 일반적인 작품 개념으로 볼 때 특이한 노래라고 할 수 있다.

나훈아는 〈사랑은 눈물의 씨앗〉, 〈님 그리워〉, 〈가지마오〉, 〈잊을 수 있을까〉 등 취입하는 곡마다 연속하여 히트한다. 그러나 〈바보 같은 사나이〉에서 나훈아의 계속되는 히트곡에 제동이 걸린다.

〈바보 같은 사나이〉가 표절 시비에 걸려서 나훈아의 인기가 잠시 주춤하게 된다. 나훈아에게 다시 히트의 재기 발판을 마련해 준 노래가 바로 〈두 줄기 눈물〉이다. 나훈아의 〈두 줄기 눈물〉의 노래는 월남전에 파병된 군인들에게도 인기를 얻는데, 군인들이 전투에 참전하고 돌아와 부대에서 장비를 점검하고 군복을 세탁할 때 통조림통이나 탄피통으로 박자를 맞추어가면서 노래를 부른다.

라디오에서 흘러나오는 나훈아의 〈두 줄기 눈물〉은 국내의 대중들뿐만 아니라 월남전에 파병된 군인들에게 정신적인 감정을 달래주는 청량제 역할을 한 노래로서 손꼽을 수가 있다. 〈두 줄기 눈물〉의 노래 배경에는 지난 시절에 사귀던 여인과 헤어져 이별의 슬픔을 가슴에 안고 잊으려고 노력해도 잊을 수가 없었다. 비 오는 저녁에 여인과 손을 잡고 걸었던 길을 혼자서 비를 흠뻑 맞으면서 여인의 얼굴을 그려 보고 생각을 한다. 잊을수록 여인의 모습은 뚜렷이 나타나고 사나이의 두 눈에는 뜨거운 눈물이 볼을 타고 흘러내린다. 사나이는 혼자서 비가 내리는 밤에 터벅터벅 걸으면서 지난날의 추억을 생각하고 연인의 모습에서 그리움과 보고 싶은 사나이의 애절함과 처절함이 가슴 깊이 새겨진다.

〈두 줄기 눈물〉의 가사는 지난 시절 사랑하던 연인과 헤어짐을 가슴으로 울고 눈물 흘리는 이별의 고통을 리얼하게 표현한 노래라고 볼 수 있다. 〈두 줄기 눈물〉은 전통 트로트로서 오케스트라 같은 중후한 멋과 선이 굵은 노래이다. 나훈아의 노래에서 빼놓을 수 없는 수작이다. 〈두 줄기 눈물〉은 1970년도 진남성 작사, 작곡 노래작품이다. 〈두 줄기 눈물〉은 일반 가수나 보통사람들은 흉내 낼 수 없고 노래의 맛을 살릴 수가 없는 노래이다. 이 노래는 가창력과 곡 해석력이 매우 뛰어난 작품으로 나훈아의 진가를 확실하게 각인시켜주는 노래라고 할 수 있다.

〈두 줄기 눈물〉은 멜로디가 애조 띠고 슬로 풍의 느낌을 주는 정적인 트로트이지만, 노래 속에 들려오는 가사와 멜로디는 동적이면서 다이내믹한 핵폭탄 같은 폭발력이 강한 인상을 주는 노래이다.

첫 소절에는 지난날을 생각하면서 애조 띤 목소리로 부른다. 중반부에는 그리움과 보고 싶은 감정이 넘쳐 숨이 멎을 듯이 들려온다. 후렴부에 고음 처리는 가히 탱크가 지축을 흔들듯이 부르는 나훈아의 가창력은 신의 경지에 올랐다고 볼 수 있다.

〈두 줄기 눈물〉은 중후한 남성적인 분위기와 탱크의 힘찬 고동을 느끼게 해주는 노래로서 손색이 없다. 원래 〈두 줄기 눈물〉은 가사가 3절로 만들어진 노래이다. 일반적으로 노래를 2절까지 부르는 관례로 3절의 가사는 잊히게 된다.

두 줄기 눈물의 가사는 다음과 같다.

1절
이슬비 내리던 밤에 나 혼자 걸었네
정든 이 거리 그대는 가고
나 혼자만이 거니는 밤길
그리워 그리워서 흘러내리는
두 줄기 눈물 속에
아련히 보이는 것은 희미한 옛사랑.

2절
그대는 가고 없어도 나 혼자 걸었네
눈물의 거리 참을 수 없는
상처만 안고 거니는 밤길
보고파 보고파서 흘러내리는

두 줄기 눈물 속에
아련히 보이는 것은 희미한 옛사랑.

3절
이슬비 밟히는 길을
나 혼자 걸었네 지난 이 거리
걷고 걸어도 떠나지 못해 거니는 밤길
빗속에 비에 젖어 흘러내리는
두 줄기 눈물 속에
아련히 보이는 것은
흐릿한 옛사랑

II

이육사와 가성 나훈아의 <해변의 여인>에 관한 비교 연구

일제 암흑시대의 우리나라 민족 시인과 저항 시인으로 두 사람이 있는데, 윤동주와 이육사이다. 이육사는 경북 안동의 원촌리에서 이퇴계 14대손으로 태어난다. 이육사는 본명이 이원록이고 가끔은 활이라는 이름을 사용하기도 한다.

이육사는 1927년에 장진홍의 조선은행 대구지점 폭파사건에 연루되어 대구형무소에 수감이 된다. 대구형무소에서 받은 수인번호가 64번으로 배정을 받는다. 그래서 이 번호의 취음을 따서 이육사로 불리게 된다. 이육사는 독립운동 투사인 동시에 시인으로서 유명한 사람이다.

이것은 개인적인 자질과 능력의 소질보다는 이육사 집안의 혈통의 영향을 절대적으로 받았다고 할 수 있다. 이육사의 조부인 이중식 옹은 안동의 유생들과 다르게 선각적인 혜안을 가지고 손자에게 신학문을 배우도록 권유를 한다. 그래서 할아버지가 설립한 보문의숙에서 이육사는 한문과 신학문을 배우게 된다. 그리고 이육사는 조국 광복을 위해 독립운동에 목숨을 바친 외가의 생생한 이야기를 어머니에게 듣게 된다. 어머니 허 씨는 육형제를 낳았는데 이육사는 둘째로 태어난다.

형 원기와 바로 아래 동생인 원일과 함께 의열단에 가입하여 독립투사로서 일생을 바치게 된다. 이육사는 1904년 음력 4월 4

일 탄생하여 북경 감옥에서 옥사한 날인 1944년 양력 1월 16일까지 39년 7개월의 짧은 일생을 모두 조국 광복을 위해 바쳤다.

이육사는 1935년에 신조선에 〈황혼〉이라는 시를 발표하여 문단에 등단한다. 1937년에는 시 전문 동인지 〈자오선〉을 신석초, 윤곤강, 김광균과 함께 발간한다. 〈자오선〉은 상징적이면서도 서정성이 풍부한 목가풍의 시를 발표하는 계기가 된다.

이육사는 1935년부터 1942년까지 약 30편 미만의 시를 발표하는데 그 시속에는 민족의식과 조국 광복의 염원을 담은 시들이 주류를 이룬다. 특히 중국의 만주와 한국을 왕래하면서 커다란 만주대륙의 음울한 정조를 느낀 시를 발표한다.

이육사의 대표적인 시 〈절정〉〈광야〉 등이다. 서정성과 순수성을 내포한 아름답고 맑은 시를 발표하는데 바로 〈청포도〉이다. 이육사는 짧은 시작(詩作)의 기간에 일본의 감시로 많은 작품을 발표하지 못하였다. 더불어 조국의 광복을 위해 목숨을 걸고 짧은 일생을 독립운동으로 보낸다.

조국의 독립운동을 위해 중국과 한국을 자주 왕래한다. 1943년에 서울에 잠시 들른 이육사는 일본 관헌에 체포되어 중국 북경으로 이송된다. 그다음 해에 이육사는 북경 형무소에서 옥사하게 된다.

이육사는 짧은 일생에 17번을 형무소와 유치장에서 시간을 보내게 된다. 이육사의 생애는 조국 광복의 염원으로 점철된 삶을 살아온 투사이며 혁명가라고 할 수 있다. 이육사의 대표적인 순수성과 서정성, 순결성이 짙게 묻어있고 내면에는 민족의식이 살아 숨 쉬는 시가 바로 〈청포도〉이다. 한여름 7월에 뜨거운 햇살에 익어가는 고향의 청포도를 통해서 이육사는 풍요롭고 아름다운 세계를 표현하고 또한, 조국 광복의 염원을 향토적인 시어로 작품으로 형상화한다.

이육사는 청포도의 신선한 감각과 선명한 색체의 영상미를 소재로 삼아 아름답고 깨끗한 순수성의 시를 탄생시킨다. 이육사는 〈청포도〉에서 과거는 청신한 느낌을 주는 푸른빛의 이미지로 미래는 순결한 느낌을 주는 흰빛의 이미지로 대비시켜 형상화하여 시를 만든다.

이와 함께 고향의 맑고 깨끗한 이미지로써 조국이 광복된 평화로운 세계를 그려내고 있기 때문에 더욱 감동을 준다.

우리는 7월 한여름이 되면 애송하고 읽게 되는 이육사의 〈청포도〉를 소개하면 다음과 같다.

    내 고장 칠월은
    청포도가 익어가는 시절.
    이 마을 전설이 주저리주저리 열리고
    먼 데 하늘이 꿈꾸며 알알이 들어와 박혀,
    하늘 밑 푸른바다가 가슴을 열고
    흰 돛단배가 곱게 밀려서 오면
    내가 바라는 손님은 고달픈 몸으로
    청포를 입고 찾아온다고 했으니,
    내 그를 맞아 이 포도를 따 먹으면
    두 손을 함뿍 적셔도 좋으련,
    아이야, 우리 식탁엔 은쟁반에
    하이얀 모시 수건을 마련해 두렴.

대중가요는 그 나라의 지형, 언어, 문화, 민족 정서, 사회 구조, 정치 상황을 민감하게 영향을 받는 문학 장르의 하나라고 볼 수 있다. 특히 대중가요는 거울처럼 투명하게 반사되어 하나의 영상처럼 노래 속에 깃들어있다.
　노래 제목은 사람의 인체 중에서 제일 중요한 뇌와 같이 그 노래에 대해서 응축적, 함축적으로 압축되어 간접적으로 노래의 특성을 인지할 수가 있다. 대중가요의 노래 제목은 대중에게 알리는 최 전위 홍보수단이라 해도 과언이 아니다.
　〈해변의 여인〉의 맨 처음 노래로 만들어졌을 때의 노래 제목은 〈호수의 여인〉이다. 이 노래 제목은 전적으로 우리나라의 지형적인 특성과 무관하지 않은 실예를 볼 수가 있는 사실이다. 북유럽의 스칸디나비아 3개국은 노르웨이, 스웨덴, 핀란드를 말한다. 이 중에서 북극에 있는 핀란드는 강대국인 스웨덴과 러시아에 둘러 싸인 약소국이다.
　원래 핀란드는 호수의 나라라는 의미를 내포하고 있다. 핀란드는 지형 구조상 빙하시대의 지질과 호수, 숲으로 덮인 나라이다. 국토 대부분이 산림과 호수, 숲으로 이루어져 있고 북극에 위치하여 여름과 겨울만이 존재하는 나라이다.
　백야현상으로 여름에는 밤이 없고 낮이 70여 일 동안 지속하고 겨울에는 50여 일 동안 낮이 없고 어슴푸레한 밤이 지속되는 나라이다. 핀란드는 전 국토에 자작나무와 침엽수 수림이 울창하게 뻗어있어서 임업 산업이 발전된 나라이다.
　그리고 핀란드는 60,000여 개가 넘는 아름다운 호수를 가진 나라로 산 정상에 쌓인 흰 눈이 호수에 비치는 정경은 한 폭의 그림과 같다. 흰 눈 위로 달리는 개가 끄는 썰매는 이 나라의 유일한 교통수단이고 산타클로스 할아버지를 만들어 전 세계에 전파하여 성탄절에 선물을 주는 이미지를 만들어 놓은 나라이다. 클래식의 거장인 시벨리우스의 감미롭고 아름다운 선율이 사람의 심금을 울리는 음악을 만든 나라 또한 핀란드이다.

핀란드는 사우나의 나라라고 할 수 있다. 일주일 동안 열심히 땀을 흘리고 호수 주변과 집안에 설치된 사우나 시설에서 모든 스트레스를 해소하는 나라이다. 핀란드는 지형 구조상 호수가 전국 각지에 산재해있어서 핀란드 국민들은 호수와는 밀접한 관련을 맺는 나라이다.

만약에 나훈아의 〈해변의 여인〉의 노래 제목이 핀란드에서 만들어졌다면 당연히 〈호수의 여인〉으로 명명되었으리라 보인다. 〈해변의 여인〉의 노래를 작사, 작곡한 박성규에 관하여 설명을 하고자 한다.

우리나라에 거주하는 중국 사람들을 화교라고 부른다. 화교 출신의 가수로 대표적인 가수가 주현미이다. 주현미는 중앙대학교 약학과를 졸업하여 약국에서 일하는 무명의 일반 화교였다. 그러나 주현미를 일약 스타의 가수로 키워낸 사람이 바로 박성규이다. 박성규는 20대부터 머리에 탈모 증상으로 머리숱이 적다. 그래서 박성규는 검고 긴 머리카락을 지닌 사람을 보면 흠모와 존경의 대상으로 삼아서 따라다녔다. 일반적으로 우리가 알고 있는 나훈아가 부른 박성규의 작품은 〈바보 같은 사나이〉, 〈고향의 어머니 = 꿈속의 어머니〉 〈해변의 여인〉 등이다. 우리는 잠시 1970년대의 오아시스와 지구레코드사 그리고 나훈아의 관계를 설명하기로 한다. 나훈아가 지구레코드사로 넘어간 전적인 영향을 준 사람이 김영광이다.

김영광은 나훈아를 일약 대중에게 각인 시키고 히트를 한 〈사랑은 눈물의 씨앗〉의 작곡가이다. 이때 김영광은 지구레코드사에 전속된 작곡가였다. 지구레코드사로 전속을 옮겨 노래를 부른 나훈아의 노래는 전부 히트가 되는 시대였다. 3시간 동안 28곡을 취입하여 부른 노래가 히트되는 진풍경이 발생한다. 〈가지마오〉, 〈머나먼 고향〉 등 이루 헤아릴 수 없을 만큼, 부르는 노래는 전부 히트 된다.

오아시스레코드사는 지구레코드사에 빼앗긴 나훈아를 못내 아쉬워하며 또한 지구레코드사에 대한 조바심을 느끼게 된다. 그래서 이 전에 나훈아가 부른 노래들을 선별하여 새롭게 단장하여 지구레코드사에 맞대응한다. 이런 의도는 나훈아가 지구레코드사에서 부르는 신곡을 희석하려는 의도가 잠재적으로 깔려있기도 하였다.

사실 나훈아의 〈해변의 여인〉은 앨범의 타이틀곡이 아니라 부속 곡으로 삽입된 노래이다. 그 당시에 작곡, 작사가인 박성규는 무명의 이름이 없는 사람에 불과하여 유명세에 밀려서 앨범의 타이틀곡으로 올려놓지 못하는 이유가 된다.

오아시스레코드사는 이전에 부른 나훈아의 노래를 선별하여 새롭게 포장하여 앨범으로 출시를 한다. 이 출시된 앨범에 순서만 앞으로 바꾸어 내놓은 노래가 바로 〈해변의 여인〉이다. 이 앨범을 시장에 출시하자마자 대 히트를 하게 된다. 〈해변의 여인〉은 지각생처럼, 진흙 속에 파묻힌 진주처럼 뒤늦게 영롱하게 빛을 내면서 대중 앞에 선 보이게 된다.

〈해변의 여인〉의 노래를 만들게 된 사연과 노래 제목을 바꾸게 된 일화를 설명하면 다음과 같다. 1969년도 오아시스레코드사에 소속된 가수, 작사가, 작곡가 등이 경기도 가평에 있는 남이섬으로 야유회를 간다. 박성규도 오아시스에 전속된 작사, 작곡가로서 동참한다. 지금처럼 저작권법에 따라 발표되는 곡의 수에 따라서 작사료와 작곡료를 받는 것이 아니라 노래 작사, 작곡 수와 관계없이 일반 회사의 직원같이 월급을 받는 셀러리맨이었다.

박성규는 성격상 여러 사람과 어울리는 장소를 싫어했다. 그래서 박성규는 야유회 집단에서 이탈하여 강으로 혼자 걸어 나왔다. 강을 쳐다보다 문득 강 건너 커다란 바위에 검은 긴 머리카락을 살랑살랑 부는 바람에 휘날리면서 앉은 여인이 박성규의 눈에 들어왔다. 검은 긴 머리를 휘날리는 여인은 조용히 강줄기를 바라보면서 미동도 없이 한참 바위 위에 앉아있었다.

박성규는 오선지를 꺼내서 데생하듯이 떠오르는 악상을 그려 넣어 곡을 만들기 시작한다. 야유회를 마치고 서울로 돌아온 박성규는 집에 돌아가지 않고 곧바로 청계천 5가에 있는 오아시스레코드사 사무실로 들어간다. 밤을 하얗게 지새워가며 박성규는 작곡을 마치고 다시 개인적으로 작사까지 하고자 하는 욕심을 가지고서 작사를 하기 시작한다. 밤을 꼬박 새워 만든 〈호수의 여인〉이라는 악보를 아침에 오아시스레코드사에 찾아온 나훈아에게 준다.

나훈아는 악보를 받아보고 속으로 중얼거리면서 제목을 바꾸면 어떻겠냐고 박성규에게 제안한다. 우리나라는 호수가 별로 없고 삼면이 바다로 에워싸여 있어서 해변에서 수많은 사연과 추억의 이야기가 많으니 노래 제목을 〈해변의 여인〉으로 바꾸자고 제안을 하게 된다.

박성규도 좋다고 하여 맨 처음의 노래 제목인 〈호수의 여인〉은 나훈아의 제안으로 〈해변의 여인〉으로 개명을 하게 되는 이유가 된다. 처음 노래 제목인 〈호수의 여인〉은 1969년도에 발표되지만 대중들의 호응을 얻지 못한다. 다시 노래 제목을 1971년도에 〈해변의 여인〉으로 개명하여 앨범으로 발표를 한다.

대중가요는 가수의 가창력과 노래의 작품성 그리고 시대의 취향에 맞아떨어져야 히트를 한다. 〈해변의 여인〉은 지각 히트곡으로 우리 곁으로 다가오는 불후의 여름 명곡이 된다. 사계절이 뚜렷하게 구분되어 진행되는 우리나라의 계절 특성상 나훈아의 〈해변의 여인〉의 노래는 여름을 대표할 수 있는 태양과 같은 존재의 노래라고 해도 과언이 아니다.

〈해변의 여인〉의 노래는 단순한 선율과 간편하게 이미지를 심어주는 노랫말이 대중에게 어필한다. 나훈아는 초반부에는 강물이 잔잔하게 흘러가는 물결처럼 조용하게 속삭이듯이 부른다.

중반부에서는 증기 배가 연기를 분출하듯이 강력하고 파워 있게 휘몰아쳐 부르는 노래는 가히 백미라고 할 수 있다. 후반부에 이르러서는 선착장에 닻을 내리는 듯이 달콤하게 노래를 마무리한다.

여기서 나훈아의 〈해변의 여인〉의 가사를 소개하면 다음과 같다.

물 위에 떠 있는 황혼의 종이배
말없이 바라보는 해변의 여인아

바람에 휘날리는 머리카락 사이로
황혼 빛에 물들은 여인의 눈동자
조용히 들려오는 조개들의 옛이야기
말없이 거니는 해변의 여인아

박인환과 가성 나훈아의 <찻집의 고독>에 관한 비교 연구

　우리나라 당대의 최고의 멋쟁이며 댄디 보이라고 할 수 있는 시인이라면 박인환을 말한다. 훤칠한 키와 수려하고 잘생긴 얼굴과 더불어 항상 정장을 좋아하고 몸에 액세서리를 지니고 다니는 핸섬한 사람이다. 여름에도 정장을 차려입고 겨울에는 트랜치코트 재킷 깃을 세우고 머플러를 목에 두르고 겨울바람에 펄럭이며 걷는 세련되고 감수성이 강한 사람이다.

　박인환은 강원도 인제군 인제면 상동리에서 1926년 8월 15일에 태어난다. 아버지는 중등교육을 받고 면사무소에 다니는 사람이었으며 인제에 상당한 토지를 가진 부유한 가정에서 박인환은 성장한다. 박인환은 인제보통학교에 입학하여 학교생활을 시작한다. 그러나 아버지는 박인환의 교육을 위해서 모든 가족이 서울로 이사를 온다.

　서울로 이사를 온 박인환은 경기보통중학에 학교에 다니면서 세계문학과 영화에 몰입하고 또한 일본 상징파 시인들이 지은 번역판 시집을 밤새워 섭렵한다. 경기보통중학에 다니던 박인환은 수업 중에 몰래 영화관으로 영화를 보러 가다가 학교 교칙을 위반하여 다른 학교로 다시 옮긴다.

　아버지는 박인환을 평양의학전문학교 입학을 시키지만 결국, 졸업하지 못하고 8·15광복 후에 중퇴하고 서울로 돌아온다. 서울로 돌아온 박인환은 오장환이 운영하던 서점을 아버지와 이모에게 돈 5만 원을 빌려서 서점을 인수한다.

마리서사라는 이 서점은 우리나라 모더니즘 시의 본거지가 된다. 그 당시의 시인, 소설가, 미술가 등이 이 서점에 모여들고 마리서사는 예술가들에게 만남의 장소가 되었다. 마리서사에 오는 문학인들과 예술인들로 김광균, 이봉구, 김기림, 오장환, 장만영, 정지용, 김광주 등이 있었다.

〈신시론〉 동인인 김수영, 양병식, 김병욱, 김경린 등도 마리서사에 와서 문학인들과 만남의 교류를 가진다. 특히 김수영과 박인환은 동년배로서 매우 친한 사이로 가장 인간적인 교류가 많았던 사이라고 할 수 있다.

김수영과 박인환은 〈새로운 도시와 시민들의 합창〉이라는 동인지에서 함께 활동을 한다. 그러나 그들 사이도 사고와 성격 차이에서 오는 괴리감으로 인해 소원한 관계가 된다. 그래서 김수영은 박인환을 진보주의자이며 서구적인 새로운 것에 경도된 값싼 유행의 숭배자라고 몰아붙이며 경멸하고 박인환은 김수영을 세속적이고 눈치만 보는 속물이라고 비난한다. 박인환은 술을 좋아하고 성격이 깔끔하여 결벽증을 가질 정도로 세심한 사람이다. 술을 좋아하여 폭음과 혼자서 거리를 걷는 일이 많았다.

1956년 이른 봄에 서울의 명동에 있는 〈경상도집〉이라는 술집에 몇 명의 문인들과 박인환은 술을 마신다. 서로 술잔이 오고 가는 가운데 취기가 오른 박인환은 호주머니에서 종이를 꺼내 즉흥적으로 시를 짓는다.

그리고 함께 술을 마신 이진섭은 악보를 만들어 나애심에게 준다. 프랑스 샹송 풍의 노래로 나애심이 불러서 우리가 잘 알고 있는 〈세월이 가면〉이 탄생된다. 박인환의 대표적인 시 〈목마와 숙녀〉와 더불어 낭만적인 시의 정수라고 할 수 있다.

6·25는 3년이라는 장기간 도시의 건물들을 파괴하고 사람들의 목숨을 잃게 한다. 절대자인 신의 상실과 사람들의 가치관의 혼란으로 인하여 개인주의가 팽배하는 시기에 박인환은 인간 내음이 나는 정신적인 안식처를 찾고자 갈구하며 허무주의에 빠져든다.

〈세월이 가면〉의 시는 전쟁을 통해서 맛본 비운과 불안함에서 비롯되는 좌절감과 상실감을 노래한다. 잃어버린 기억을 더듬어 보헤미안처럼 고뇌하고 방황하는 시인의 찢긴 삶의 모습이 도시적 이미지를 통해 간결하게 나열이 된다.

사라지고 잊혀 가는 것들에 대한 그리움과 상실의 슬픔을 과거에 사랑했던 사람에 대한 추억을 도시적 감각과 서정으로 표현한 시라고 할 수 있다. 세월이 흘러갈수록 더욱 황폐해가는 전후 도시적 분위기에서 그의 가슴은 점점 서늘해질 수밖에 없고, 그 사람 이름은 잊혀지고 우리들 사랑이 사라진다 해도 애틋한 그리움과 추억은 영원히 현대인들에게 신선한 감동을 준다. 또한 가을비 같은 서정성은 우리들의 마음을 촉촉이 적셔 주는 감정을 자극하게 만드는 영원한 시라고 할 수 있다.

여기서 〈세월이 가면〉 시를 소개하면 다음과 같다.

지금 그 사람 이름은 잊었지만,
그의 눈동자 입술은
내 가슴에 있어,

바람이 불고 비가 올 때도
나는 저 유리창 밖,
가로등 그날의 밤을 잊지 못하지
사랑은 가고
과거는 남는것
여름날의 호수가
가을의 공원
그 벤치 위에
나뭇잎은 떨어지고
나뭇잎은 흙이 되고
나뭇잎에 덮여서
우리들의 사랑이 사라진다 해도
지금 그 사람 이름은
잊었지만
그의 눈동자 입술은 내 가슴에 있어 내 서늘한 가슴에 있건
만.

  우리나라에 맨 처음 커피를 마신 사람은 고종황제라고 할 수 있다. 조선 말기 외국의 이권 다툼과 열강들의 한반도 침탈로 인해 지금으로부터 약 1백여 년 전인 1896년에 아관파천이 일어난다. 러시아 공사 베베르는 고종황제에게 귀한 음료인 커피를 제공한다.
  고종황제는 덕수궁으로 돌아올 때쯤 커피 마니아가 된다. 고종황제는 국사의 혼란한 신음을 잊어버리려고 커피를 즐겨 마셨다. 우리나라 최초의 다방은 러시아 공관 맞은편에 있는 손탁

이라는 독일 여인이 운영하는 손탁호텔 안에 있던 정동구락부가 한국 최초의 다방이라고 할 수 있다.

그리고 1927년에는 영화감독 이경손이 '캬캬듀'라는 다방을 차렸는데 이 다방이 최초로 한국 사람이 경영하는 다방이었고 30년대에 접어들면서 문인들도 다방 경영에 참여한다. 소설가 이상이 대표적이라고 할 수 있는데, 그는 33년 명륜동에 '제비'라는 다방을 차렸다.

이상은 이때 체험을 토대로 쓴 대표작인 '날개'를 쓰게 된다. 우리나라에서 커피가 대중 음료로 발전되게 만든 기폭제 역할을 담당한 사람들은 6·25동란 이후에 한국에 주둔한 미군 부대라고 할 수 있다. 미군 부대를 통해서 원두커피와 인스턴트커피가 급속도로 보급이 되어 커피는 대중 음료로 자리를 잡는다.

커피와 다방은 자연발생적으로 실과 바늘처럼 연관이 되어 6, 70년대 다방은 사람들의 대화 장소와 만남의 장소로서 사랑을 받게 된다. 사랑하는 사람, 친구들, 사업상 만나는 사람, 문인들은 잔잔하게 흐르는 음악을 들으면서 우리나라의 대표적인 명소로 각광을 받게 된다.

시대의 흐름과 조류에 따라서 자연발생적으로 대중가요도 만들어지게 되는데 대표적인 노래로서 나훈아의 〈찻집의 고독〉이라고 할 수 있다.

박정웅 작사, 작곡가는 일반적으로 조용하고 애잔한 슬로 풍의 노래를 많이 만들어 낸 사람이다. 그리움과 추억, 고향의 향수에 대한 노랫말이 주로 들어가는 가사를 만들어 대중들에게 사랑을 받는 작사, 작곡가라고 할 수 있다. 박정웅이 작곡한 노래들은 초반부에는 조용한 슬로 풍의 리듬으로 시작되어 중간부에 이르러서는 강한 비트를 사용하는 기법을 많이 사용을 한다.

조용한 리듬에 강한 엑센트가 들어가는 노래들은 듣는 사람에게 심장의 박동 소리를 더욱 강렬하게 자극하는 요인으로 작용을 하게 된다. 작사가들은 보통 노랫말을 만들 때 본인의 직접 체험한 사실로 가사를 만드는 경우와 간접적인 주변 이야기, 책을 통해서 얻은 영감으로 가사를 만들게 되는 세 가지 경우가 주류를 이룬다.

박정웅은 어느 날 사랑하는 여인을 다방에서 만나기로 약속한다. 엽차를 시켜놓고 사랑하는 여인을 기다린다. 약속 시각이 지나도 사랑하는 여인은 보이지 않고 자꾸 시간은 흘러가고 있었다. 박정웅은 다방으로 들어오는 여인을 보면 자기하고 만나기로 약속한 여인으로 착각을 하여 눈을 비벼보기도 한다.

몇 시간이 지나도 결국 사랑하는 사람은 다방에 나오지를 않는다. 박정웅은 그 사람을 잊기로 하고 다방을 문을 박차고 나온다. 집에 돌아와서 그 여인을 잊으려 해도 도저히 잊을 수가 없어서 책상에 종이를 펼쳐놓고 다방에서 있었던 그 여인을 상상하면서 노랫말을 쓰게 된다.

박정웅은 노랫말 위에 곡을 붙여서 다방에서 느꼈던 자기의 기다림의 시간을 여과 없이 노래로 표현하게 된다. 바로 이 노래가 나훈아가 불러서 히트한 〈찻집의 고독〉이다. 이 노래는 1971년도 박정웅 작사, 작곡, 노래작품이다.

나훈아는 초창기 시절의 감미로운 음성으로 〈찻집의 고독〉을 불러 완벽한 가창력과 소화력으로 듣는 사람으로 하여금 노래 속의 주인공이 된 기분이 들게 한다. 나훈아가 부르는 〈찻집의 고독〉은 대중가요가 아니라 하나의 장편 소설같아 듣는 사람에게 정서적인 감흥을 불러일으켰다.

초반부에 슬로 풍으로 시작되는 노래는 아늑하고 아담한 다방의 분위기를 연상시키면서 사랑하는 사람을 기다리는 모습을 리얼하게 부른다. 마지막 후렴부에 이르러서는 가슴에서 피를 토하듯이 강렬한 엑센트를 주어 파워 있게 부르는 부분은 잠시 정전되어 적막이 느껴진다.

〈찻집의 고독〉은 나훈아의 존재를 더욱 확실하게 굳건히 만들어 준 노래이며 대중의 만남의 장소로 사랑을 받았던 다방에서 있었던 지난날의 아름다운 그리움과 추억을 회상하는 노래로서 손색이 없다고 할 수 있다.

이 〈찻집의 고독〉은 나훈아에게 평생 잊을 수 없는 사건을 제공한다. 지금으로부터 30년 전인 1972년 6월에 나훈아가 서울 시민회관인 지금의 세종문화회관에서 공연하고 있었다. 나훈아가 〈찻집의 고독〉이라는 노래를 부르고 있을 때 객석에서 사람이 올라왔다.

이 사람은 이 병을 들고 노래를 부르는 나훈아의 얼굴에 상처를 입히게 되는 사건이 발생한다. 그래서 나훈아는 아주 특별한 공연이 아니면 절대로 〈찻집의 고독〉을 부르지 않는다. 그 이유는 이 노래를 부르면 그 당시의 모습이 떠올라서 부르지 않는다고 사적으로 말을 한다.

여기서 나훈아가 부른 〈찻집의 고독〉의 가사를 소개하면 다음과 같다.

그 다방에 들어설 때에
내 가슴은 뛰고 있었지
기다리는 그 순간만은
꿈결처럼 감미로웠다.
약속 시간 흘러갔어도
그 사람은 보이지 않고
싸늘하게 식은 찻잔에
슬픔처럼 어리는 고독
아~ 사랑이란 이렇게도
애가 타도록 괴로운 것이라서
잊으려 해도 잊을 수가 없어
가슴 조이며 기다려봐요
루 - 루루 - 루루 - 루루 - 루 .

이희승과 가성 나훈아의 <헤어져도 사랑만은>에 관한 비교 연구

　이희승은 1896년 6월 9일 경기도 개풍에서 출생을 한다. 이희승은 호가 일석이고 자는 성세이다. 이희승은 1930년에 경성제국대학 조선어학과를 졸업하고 1932년 이화여자전문학교 교수로 재직을 한다. 이희승은 같은 해 조선어학회 간사와 한글학회 이사로 취임을 한다.
　이희승은 일본으로 건너가 1940년 일본 도쿄대학에서 언어학을 연구한다. 이희승은 1942년 조선어학회 사건과 관련되어 8·15해방이 될 때까지 복역하게 된다. 이희승은 8·15광복 후 모교인 서울대학교 문리대 교수로 취임을 한다. 이희승은 교육과 언론에 종사하게 되는데, 1952년 서울대학교 대학원 부원장에 취임하고 또한, 1954년 대한민국 학술원 종신회원으로 선임되어 활동한다.
　이희승은 1957년 서울대학교 문리대학장으로 재직하고 1960년 서울대학교 정년퇴임 후 명예교수 직위를 부여받는다. 이희승은 언론계의 첫발을 1963년 동아일보 사장으로 취임하면서 시작이 된다. 이희승은 1965년 대구대학 대학원장에 취임 후 얼마 후 다시 성균관대학교로 옮겨 교수와 대학원장을 역임하게 된다.
　이희승은 1968년 학술원 부원장에 선임되어 활동하다가 1971

년 단국대학교 동양학연구소장을 맡게 된다. 이희승은 정부로부터 1962년 건국훈장 국민장을 받았으며 또한, 학술원 공로상을 받게 된다.

이희승의 대표적인 저서로 〈국어대사전〉, 〈역대 국문학 정화〉, 〈국문학 연구초〉 등이 있고 시집으로는 〈박꽃〉, 〈심장의 파편〉과 더불어 수필집 〈벙어리 냉가슴〉, 〈소경의 잠꼬대〉 등이 있다. 이희승의 〈벽공〉은 1936년 〈현대문학〉에 〈낙엽〉, 〈남창〉과 함께 추삼제라는 제목으로 된 연시조의 한 편이다.

이희승은 가을 하늘의 티 없이 맑고 깨끗함을 감각적으로 표현한 서정적인 시조라고 할 수 있다. 명경지수 같은 가을 하늘을 촉각, 시각, 청각적인 이미지를 동원하여 한 폭의 수채화 같은 회화미로 그려주고 있다.

가을 하늘의 티 없이 맑고 깨끗함을 손톱으로 툭 튀기면 쩽하고 깨질 것 같은 투명함으로 표현했다. 또한 새파란 가을 하늘을 만지면 출렁이며 넘칠 것 같은 풍요로움으로 그려주고 있다.

결국, 맑고 풍요로움을 이상의 세계로 바라보지만 맑으면 풍요로움이 없고 풍요로움이 있으면 맑음이 없다는 현실을 한탄하고 있다. 맑고 깨끗한 사회가 도덕적으로 타락하고 이기적인 욕심으로 인하여 혼탁해지고 더러워지고 있다고 무언으로 탄식하고 있다.

〈벽공〉은 시각, 청각, 촉각적인 이미지를 사용하여 섬세하고 감각적으로 표현해주고 있으며 시조 형식의 특징인 간결한 형식과 맛을 전해준다.

여기서 이희승의 대표적인 시조인 〈벽공〉을 소개하면 다음과 같다.

손톱으로 툭 튀기면
쨍하고 금이 갈 듯
새파랗게 고인 물이
만지면 출렁일 듯
저렇게 청정무구(淸淨無垢)를
드리우고 있건만.

 나훈아의 〈헤어져도 사랑만은〉은 1969년도 백결 작사, 나규호 작곡의 작품이다.
 이 노래는 1969년도 라디오 연속극 〈약한 자여 그대는〉 연속극 주제가이다. 여기서 작곡가 나규호는 1935년도 함경도에서 출생한다. 나규호는 서울로 상경하여 연세대학교 음대 종교 음악과를 졸업한다.
 나규호는 1960년대 중반 문화방송 음악프로 전문 PD로 방송 활동한다. 나규호는 우리나라 효시의 CM 송 작곡가로 유명하며 처음으로 만든 CM 송은 〈대관령 머루 아가씨〉가 있다.
 나규호는 PD 방송 활동 중에 틈틈이 대중가요 작곡가로 활동하면서 약 40여 곡의 작품을 작곡하게 된다. 특히 나규호는 전우 작사가와 손을 잡고 배호에게 불후의 노래를 만들어주는데 대표곡으로 〈누가 울어〉, 〈안개 속으로 가버린 사랑〉, 〈당신〉, 〈안녕〉 등으로 대중들에게 많은 사랑을 받은 노래라고 할 수 있다.
 나규호는 아름답고 격조 있는 멜로디로 한국의 슈베르트로 불릴 정도로 실력 있는 작곡가로 인정을 받는다. 나규호는 작곡가로서 대성할 수 있는 뛰어난 아름다운 클래식한 멜로디를 만드는 천재적인 재능에도 부업, 작곡가로 그쳐 아쉬움을 준다. 특히 가요 전문가와 가요 애호가들은 그의 재능을 높게 평가하고 있다. 나규호는 미국으로 도미하여 오랜 기간 사업을 하다가 귀국하여 지금은 방송 관련 사업에 종사하고 있다. 사람은 인연이라는 끈으로 얽히고설킨 실타래와 칡넝쿨로 비유를 하여 인간관계와 남녀 간의 사랑을 일반적, 포괄적으로 표현을 한다. 사랑이라는 인연의 끈으로 맺어진 젊은 청춘의 남녀가 아름답고 고귀한 사랑으로 열매를 맺지 못하고 이별이라는 아픔을 눈물로 지새우고 한의 여운으로 가슴에 묻어두고 살아가는 모습을 〈헤어져도 사랑만은〉의 노래 가사에 담고 있다.

사랑으로 맺어진 관계가 이별이라는 아픔과 슬픔의 그림자로 남고 힘들고 어려운 환경에서도 참고 인고의 고통으로 승화시켜 사랑의 꽃으로 다시 피우고 싶은 애절한 연심을 표현하고 있다. 인연이라는 씨앗이 눈비 속에서도 시들지 않고 아름다운 사랑을 피워보고 싶지만 단지 한 번의 인연으로 만난 사랑이 어찌 죄가 되는가? 라는 의문 부호는 사랑의 순수함과 맑음, 그리고 투명성을 바로 보여주고 있다.

한번 맺은 인연을 헤어지지 말고 영원히 함께하고 싶지만, 사랑하는 사람과 헤어져도 절대로 지고지순한 사랑과 정으로 살아가고자 하는 간절한 열망을 담고 있다.

〈헤어져도 사랑만은〉 노래 가사는 간결성과 명료성으로 인하여 더욱 가슴에 파고드는 애절한 인연의 사랑이 숨 쉬고 있다.

나훈아가 부르는 〈헤어져도 사랑만은〉 노래는 작곡가 나규호의 애조 띤 리드미컬한 리듬과 배호의 가슴 깊이 저음에서 배 나오는 한의 목소리가 혼합되어 피맺힌 절규의 소리로 불러주고 있다.

슬픈 애조 띤 저음의 소리로 초반부에 들려주는 나훈아의 창법은 가슴으로 울고 있는 애절한 헤어짐의 슬픔을 전달하고 중반부의 고음으로 처리하는 창법은 금세 붉은 선홍색의 핏빛으로 멍든 아픈 사연을 송곳으로 찌르듯이 절규의 소리로 소화하고 있다. 나훈아의 〈헤어져도 사랑만은〉 노래는 헤어짐의 슬픔을 가슴에 담고 살아가는 간절한 애달픈 비련의 노래라고 할 수 있다.

　여기서 나훈아의 〈헤어져도 사랑만은〉의 노래 가사를 소개하면 다음과 같다.

1절
부끄럽지 않으려고 울지도 않으려고
눈비 속에 피는 꽃을 당신은 아십니까
긴긴 세월 엉킨 사연 단 한번 맺은 인연
아~ 아~ 어찌하여 죄인가요
어찌하여 죄인가요

2절
헤어져도 사랑만은 놓치지 않으려고
눈비 속에 피는 꽃을 당신은 아십니까
긴긴 세월 엉킨사연 단 한번 맺은 인연
아~ 아~ 어찌하여 죄인가요
어찌하여 죄인가요

계용묵과 가성 나훈아의 <임도 물고 나도 물고>에 관한 비교 연구

계용묵은 1904년 평안북도 선천에서 아버지 향교와 어머니 죽산박씨의 1남 3녀 중 장남으로 태어난다. 계용묵은 대지주의 환경에서 태어나 할아버지의 영향을 받으면서 성장을 한다. 할아버지는 한학에 관심과 조예가 깊어 계용묵의 인격적인 자질과 소설 속의 글을 쓰는 데 절대적인 영향을 주게 된다.

계용묵은 향리의 공리보통학교에 다니면서 순흥안씨 정옥과 결혼을 한다. 고향을 떠나 서울로 상경하여 1921년 중동학교와 1922년 휘문고등보통학교에 다니지만, 그 기간은 잠시의 학교 생활로 마감한다. 계용묵은 고향에서 홀로 4년 동안 외국 문학 서적을 탐독하면서 고향에서 보낸다.

그리고 일본으로 유학길에 올라 도요대학에서 공부하게 되는 데 가산의 파탄으로 1931년에 귀국한다. 계용묵은 조선일보에서 잠시 근무를 하고 작가로서 성실한 글을 쓰기 시작한다. 계용묵은 1945년 정비석과 함께 잡지〈대조〉를 발행하고 또한, 1948년 김억과 함께〈수선사〉를 창립하게 된다.

계용묵은 소설가로서 1925년 5월〈조선문단〉제8호에 단편소설인〈상환〉이 당선되어 문단에 등단하게 된다. 문단 등단 이후에 약 40여 편의 단편소설을 남기는데 그의 작품 성향은 사실주의적이면서 경향 주의인 성향이 강한 인생 문학을 창작하게 된다.

계용묵의 문학 시기를 세 단계로 나누어서 설명하는데,

첫 번째 시기는 1927년의 〈최서방〉 1928년의 〈인두지주〉가 대표되는 작이다. 이 시기의 작품의 흐름은 지주와 소작인의 갈등을 그리고 있으며 경향파 적인 흐름을 엿볼 수가 있고 적극적인 투쟁의식의 결여가 되어있다. 그러나 고통받는 서민에 대한 따뜻한 관심을 반영하는 관점을 살필 수가 있다.

두 번째 시기는 약 몇 년간 공백의 침묵 끝에 1935년 〈조선문단〉 제4권 제3호에 〈백치 아다다〉를 발표를 한다. 이 시기가 계용묵의 문학활동 중에서 황금기로서 초기의 미숙함에서 벗어나 세련된 문장기교로서 그의 문학적 특징을 보여주는 시기라고 할 수 있다. 이 당시의 대표적인 작품들은 1936년의 〈장벽〉, 1936년의 〈병풍에 그린 닭이〉, 1938년의 〈청춘도〉, 1940년의 〈신기루〉 등이다.

세 번째 시기는 광복 후의 격동과 혼란 속에 살아가는 사람들의 이야기를 소재로 한 소설을 창작한다. 1946년의 〈별을 헨다〉, 1947년의 〈바람은 그냥 불고〉 등이 이 당시의 대표적 작품들로서 계용묵의 말기의 소설 세계를 읽어볼 수가 있다.

계용묵의 문학 세계를 함축적으로 요약하여 평가하면 그의 소설은 1930년대 한국문학의 언어적 미감이 세련된 단편 양식에 관한 관심을 확장했다는 점에서 문학사적 의의를 지니고 있다. 그러나 적극적인 현실감각, 역사의식의 부재, 서민에 대한 관조적 시선이 빚은 현실감각의 결여는 계용묵 문학세계에서 문제점으로 지적이 된다.

또한, 계용묵의 작가적 태도는 소설가라기보다는 수필가, 철학자의 모습과 비슷하다고 할 수 있다. 그래서 계용묵은 다른 작가들처럼 필사적인 의지로 글을 쓰는 것이 아니라 어느 정도 떨어진 위치에서 관조하며 여유 있게 글을 쓰는 경향이 강하다. 그러나 계용묵은 그의 세련되고 깔끔한 문장은 우리나라 소설사에 공헌하고 있다.

여기서 계용묵의 대표작이며 출세작인 〈백치 아다다〉의 내용을 소개하면 다음과 같다.

벙어리며 백치인 아다다는 노총각에게 시집을 간다. 아다다는 시집을 갈 때 논 한섬 지기를 가지고 시댁에 들어간다. 돈이 한 푼 없는 시댁에서 약 5년 동안 아다다는 행복한 시간을 보내게 된다. 남편은 투기에 손을 대, 많은 돈을 벌게 되며 다른 여자와 다시 장가를 가게 된다.
아다다는 남편에게서 구박을 받으며 시댁을 떠나게 된다. 그리고 친정마저 아다다를 받아 주지를 않는다. 아다다는 수룡이를 찾아간다. 수룡이는 부모 형제가 전혀 없는 30이 넘은 노총각이다. 수룡이는 아다다를 끔찍하게 사랑을 해주고 살아간다. 둘은 시골의 마을을 떠나 신미도라는 섬에 정착한다. 어느 날 돈이 한 푼도 없는 줄로 알고 있는 아다다에게 수룡이는 150환의 돈을 보여준다. 이 돈으로 논과 밭을 사자고 수룡이는 아다다에게 말을 한다. 그러나 아다다는 소스라치게 깜짝 놀란다. 이 돈으로 논과 밭을 사서 많은 돈을 벌면 전 남편처럼 자기를 쫓아낸다는 선입감에 아다다는 밤에 잠을 이루지 못한다.

잠을 이루지 못하고 뒤척이다가 아다다는 벌떡 일어나서 수룡이가 가지고 있는 돈을 바다로 나가 바닷물 위에 뿌린다. 아다다를 뒤쫓아온 수룡이는 바닷물을 따라서 흘러가는 돈을 주으려고 하지만 돈을 건질 수가 없었다. 수룡이의 돈을 주워 담으려고 벌벌 떨며 바라보고 있는 아다다를 수룡이는 마구 아다다를 때린다. 결국, 바닷물에 빠진 아다다는 죽고 만다.

  나훈아의 〈임도 울고 나도 울고〉의 노래는 1971년에 발표된 노래이다. 이 노래는 김정호 작사, 이인권 작곡으로 만들어진 작품 노래이다. 〈임도 울고 나도 울고〉의 노래를 작사한 사람은 가수 김정호이다.
  김정호는 1952년 3월 27일 광주광역시에서 부친 조재영과 모친 박숙자 사이에서 2남 2녀 중 장남으로 태어난다. 김정호의 본명은 조용호이다. 김정호의 부친인 조재영은 여수경찰서장을 역임하고 출판사를 경영한다. 모친인 박숙자는 동일창극단원으로 명창 김소희와 함께 공연할 정도로 소리에 재능을 가지고 있는 유명한 국악인이다.
  김정호의 음악의 재능은 친가보다는 외가 쪽의 영향을 절대적으로 받게 된다. 특히 김정호는 국립국악원 수석단원으로 아쟁을 연주하고 서울예전과 전남대에서 후진 양성에 몰두한 외삼촌인 박종선의 아쟁 소리는 그의 노래와 작품에서 절대적으로 영향을 받는다.
  김정호가 어릴 적에 외삼촌의 아쟁 소리에 빠져 모든 것을 내팽개쳐 버릴 정도로 국악의 소리에 심취한다. 김정호의 목소리는 어둡고 애절한 한이 짙게 밴 소리는 염세적인 느낌을 줄 정도로 강한 필링을 담고 있다.

　김정호는 가수로 데뷔하기 전에 노랫말을 만드는 작사가로서 활동한다. 그 이유는 본인이 만든 노래가 다른 가수가 불러서 히트하게 되면 가수로 데뷔를 한다는 마음속으로 생각을 한다. 그래서 그는 1973년에 스스로 자작곡 한 노래인 〈이름 모를 소녀〉의 노래를 가지고 정식으로 가수로 데뷔를 한다. 이 노래는 부인인 이영희 씨를 3년 동안 혼자 짝사랑한 사연을 노랫말에 담고 있다. 김정호의 대표곡들은 〈하얀 나비〉〈사랑의 진실〉〈작은 새〉〈나그네〉〈세월 그것은 바람〉〈날이 갈수록〉〈고독한 여자의 미소는 슬퍼〉 등이다.

　김정호는 자기의 죽음을 예견이라도 하듯이 〈님〉이라는 노래를 발표한다. 결국, 김정호는 1985년 11월 29일 33년 8개월이라는 짧은 인생을 폐결핵으로 사망을 한다. 김정호가 죽은 후에 〈님〉이 실린 유고 앨범과 추모의 앨범들이 잇달아 발표된다.

　〈임도 울고 나도 울고〉의 노랫말은 인연으로 맺어진 사랑이 행복하게 끝을 맺지 못하고 피치 못할 사정으로 이별의 순간을 그리고 있다. 노랫말 자체가 헤어짐의 격앙된 감정이 심장에서 피가 솟구쳐올라 온몸으로 퍼질 듯이 초고압의 전류가 흐르듯이 이별의 아픔을 눈물로 그리고 있다.

　노랫말 속에 절대로 이루어질 수 없는 사랑의 종말을 간단한 가사 속에 강한 필링과 감정이 묻어나는 내용은 대중가요가 가질 수 있는 특징과 장점을 내포하고 있으며 다시 만날 날을 수백 번 다짐하지만, 기약 없이 눈물을 삼키고 헤어져야 하는 사랑과 이별의 순간을 절묘하게 그리고 있다.

가사가 전달해주는 응집된 함축적인 내용은 사고무친 사랑의 한이며 또한 이별의 한이라고 할 수 있다. 〈임도 울고 나도 울고〉의 노래는 약한 사랑이 아니라 진정으로 사랑을 하고 헤어짐에서 오는 절규와 같은 의미를 내포하고 있다. 이 노래는 한의 노래이며 애련의 노래라고 지칭해도 부족함이 없는 노래라고 볼 수 있다.

나훈아가 부르는 〈임도 울고 나도 울고〉는 노래 자체가 울부짖음 그 자체라고 할 수 있다. 나훈아만이 가지고 있는 창법이 다른 가수가 흉내 내지 못할 고유한 전매특허 같은 나훈아만의 창법이 고스란히 담긴 노래로 슬프고 애달프고 가슴으로 우는 가창력은 가히 군계일학이라고 할 수 있다.

첫 소절부터 애달프게 들려오는 노래는 깊은 심연의 슬픔이 감정의 물줄기가 흐르는 소리처럼 들려온다. 중반부에 들려오는 나훈아의 창법은 밤하늘에 뜬 샛별처럼 나훈아의 노래의 진면목을 볼 수 있는 아주, 보기 드문 부분으로서 나훈아가 현재까지 최고의 가수로서 존재할 수 있는 타고난 가수라는 사실을 발견할 수가 있다.

마지막에 이르기까지 울부짖음의 이별의 슬픔이 여전히 꺼지지 않는 불씨처럼 남아서 강한 여운을 남기고 있다.

〈임도 울고 나도 울고〉의 노래는 강한 비트의 음과 더불어 애절한 한이 눈물이 되어 쏟아지는 피눈물 같은 노래에 압도된다. 노래 속에서 숨 쉬고 있는 이별의 의미를 군더더기 없이 구어체로 간단하면서도 응축된 노랫말은 듣는 사람에게 진한 감정의 샘을 자극하는 노래로 분류를 할 수가 있다.

여기서 나훈아의 〈임도 울고 나도 울고〉 가사를 소개하면 다음과 같다.

1절
맺지를 않았다면 울지 않을 너와 나
이럴 줄 알았다면 내가 먼저 가는 것을
이별만이 남아있는 우리 사랑 끝나는 날
임도 울고 나도 울고 아~~~~아~
목을 놓고 울었소

2절
사랑이 아니라면 속지 않을 너와 나
다시 만날 기약 없이 몸부림을 치고 가네
열백번 단념해도 조바심에 잠긴 마음
임도 울고 나도 울고 아~~~~아~
목을 놓고 울었소

가성 나훈아의 <고향역>에 관한 연구

라이벌은 어떤 목적과 분야에서 서로 경쟁하는 관계를 말한다. 재계에서 라이벌 관계는 삼성과 현대 대학 라이벌 관계는 유명한 연고전을 빼놓을 수가 없다. 라이벌의 의식은 서로 간에 선의의 경쟁을 하면서 보이지 않는 많은 시너지 효과를 발휘하는 긍정적인 요소로 작용한다. 상대방으로부터 한발이라도 앞서가려는 승부 의식은 현재에 안주보다는 미래로 활기차게 돌진하는 추진제의 역할을 한다.

오아시스와 지구레코드는 우리나라의 레코드회사를 양분하는 메이저의 레코드회사로서 양대산맥을 이루며 선의의 경쟁을 하는 라이벌 관계로 유명한 가수와 전속 작곡가들이 포진하여 헤아릴 수 없는 주옥같은 노래를 양산하는 산실의 본부라고 할 수 있다. 오아시스레코드사 사장은 손진석 그리고 지구레코드사 사장은 임정수가 맡아 운영을 한다.

두 사람은 각자 상이한 성향의 회사 경영의 마인드로 양보 없는, 보이지 않는 혈투의 경쟁을 한다. 레코드회사는 사장과 전속 가수와 전속 작사, 작곡가, 음반 제작하는 공장으로 세 분야로 구성되어 모든 노래의 탄생 배경과 음악의 정보교환 그리고 음반 발매 등 총 관장하는 본부이다.

1970년대 오아시스와 지구레코드사는 전속 작곡가들이 양분

되어 주옥같은 노래를 만드는 데 참여한다. 오아시스의 전속 작곡가는 김학송, 민인설, 이호, 박성규, 박정웅, 심형섭, 정주희, 정진성, 진남성 등이 포진하고 있었고, 지구레코드사 전속 작곡가는 고봉산, 김인배, 김희갑, 박춘석, 백영호, 이재현, 홍현걸 등이 자리를 잡고 있었다.

나훈아는 오아시스레코드사 전속 가수이고 남진은 지구레코드사 전속 가수로서 황금의 라이벌 관계로 서로 양보 없는 가수로서 진검의 승부의 벌이는 라이벌 관계로 발전을 하게 된다. 고향역의 작사, 작곡가 임종수는 전북 순창 출신의 사람으로 원래 가수의 청운의 꿈을 가슴에 품고 고등학교를 졸업하고 서울로 상경을 한다.

타관객지 서울은 고달프고 힘든 고생의 여정으로 풍찬노숙 같은 생활이라고 할 수 있다. 가수로서 성공하려고 마음을 품고 있었지만, 자신의 음색이 다른 가수와 비교하여 특색이 없다는 것을 발견하고 가수의 꿈을 포기하고 작곡가의 길로 분야를 전환한다. 무명의 작곡가로서 자신의 입지를 바꾸려면 유명한 가수에게 자신이 작사, 작곡한 노래를 취입하는 방법을 인식하고 나훈아에게 노래를 전하려고 마음을 굳힌다. 오아시스레코드사 전속 가수인 나훈아를 만나기 위해서는 청계천 오아시스 사무실을 찾아가서 부탁하는 방법에 이외는 없었다.

임종수는 3개월 동안 나훈아를 만나려고 오아시스레코드사 사무실을 찾아간다. 3개월 동안 기다리는 순간 어느 날 영화 촬영을 마치고 나훈아가 오아시스레코드사 사무실에 방문하게 된다. 임종수는 천재일우의 간절한 마음으로 기다리고 기다리던 만남을 가질 수 있는 절호의 기회를 맞게 된다.

나훈아가 사무실에서 나오는 순간 임종수는 자신은 무명의 작곡가라고 이름을 밝히고 간단하게 자신의 소개를 마치고 나훈아에게 5분 정도 시간 여유를 달라고 사정을 한다. 나훈아는 좋다는 의사표시를 하고 임종수가 피아노를 치면서 자신이 만든 노래를 1절만 연속하여 세 번 정도 더 부르도록 나훈아는 요구한다.

나훈아는 임종수가 세 번 부른 노래를 자신이 즉석에서 부르게 된다. 임종수는 나훈아가 부르는 노래를 듣고 노래를 어떻게 저렇게 잘 부를 수가 있을까 온몸에 소름이 끼칠 정도로 전율을 느낀다. 여기서 나훈아의 타고난 천재적인 음악성을 발견할 수가 있다.

예술 분야는 후천적인 노력도 중요하지만, 선천적으로 부여받은 재능의 바탕 없이는 성공하기에 어렵다는 사실을 간접적으로 알 수가 있다. 그리고 나훈아는 임종수가 작사, 작곡한 '차창에 어린 모습'과 '그 사람을 버린 죄로'의 악보에 사인한다. 악보에 사인한다는 의미는 이 노래를 부르겠다는 약속인 동시에 인증서라고 할 수 있다. 나훈아는 임종수가 만든 노래 '차창에 어린 모습'과 '그 사람을 버린 죄'를 1971년도에 불러서 앨범으로 발표를 한다.

1970년대 박정희 군사독재 시절은 국민의식의 개혁 차원에서 리듬과 노랫말이 건전한 시대의식의 흐름과 역행하면 방송금지곡으로 지정하여 방송하지 못하게 했다. 임종수의 차창에 어린 모습의 노래가 너무 슬프고 애조 띤 노래 가사가 심의에 걸려 방송금지 노래로 지정되어 방송 한번 타지 못하는 비운을 맞게 된다.

임종수는 나훈아가 부른 노래가 히트되어 무명의 작곡가를 탈피하고자 하는 소망의 기회는 산산이 무너져 상당한 시간 동안 낙담의 우울한 시간을 보내게 된다.

잠시 차창에 어린 모습의 노래 가사를 소개하면 다음과 같다.

떠돌다 머무는 낯선 타향에
단 한번 정을 준 그 사람을 홀로 두고서
혼자만 몸을 실은 열차는 외로워
눈감아도 떠오르는 차창에 어린 모습

우연한 인연에 만난 그 사람
이별이 있을 줄 알면서도 잊지 못하고
기적에 작별인사 열차는 무정해
멀리 가도 떠오르는 차창에 어린 모습

노래의 전반적인 가사가 이별의 슬픔과 비애로 점철되어있고 또한, 애조의 리듬은 임종수 자신의 처량하고 슬픔을 표현하고 있다. 기차역은 만남과 이별이 공존하는 장소이다. 차창에 어린 모습은 떠나보내야 하는 이별의 가슴 아픔을 열차라는 매개체로 인용하여 이별의 아픔을 비애적, 애상적으로 표현을 하고 있다.

나훈아가 부른 차창에 어린 모습은 우연한 기회에 임종수는 나훈아를 만나게 된다. 나훈아는 차창에 어린 모습의 노래를 가사와 리듬을 전부 바꾸자고 제안을 한다. 이것은 나훈아가 미래를 내다보는 혜안의 안목인 동시에 신의 한 수로서 고향역이 탄생하게 되는 기폭제가 된다. 임종수는 나훈아가 제시안 의견의 제안을 받아들여 노래 제목은 고향역으로 정하고 리듬은 트로트에서 고고의 경쾌한 리듬으로 수정을 한다. 그리고 노래 가사도 전면적으로 새롭게 노랫말을 만드는 작업을 시작한다.

제목이 정해지면 노래 가사는 쉽게 만들어진다. 임종수는 중고등학교 시절에 작은형님 집에 기거하면서 열차를 타고 통학하던 시절을 떠올리면서 가사를 쓰게 된다. 황등역에서 익산역까지 가는 열차 길은 철도 옆에 코스모스 피어있는 정경을 생각하고 고향에 계시는 보고 싶은 그리운 어머님을 떠올리면서 일필휘지로 고향역의 노래 가사를 완성한다.

나훈아가 고향역 노래를 취입하지만 처음의 의도와는 다르게 타이틀의 곡명이 아니고 후 순위로 밀리는 아픔을 겪게 된다. 고향역은 앨범으로 발표되지만, 대중들에게 알려지지 않고 존재의 가치를 상실하게 된다. 그리고 나훈아가 전속을 오아시스에서 지구레코드사로 옮겨가 새로운 노래를 발표한다.

지구레코드사에서 나훈아는 녹슬은 기찻길, 감나무골, 어머님의 영광을 노래를 불러 히트곡으로 명망을 얻게 된다. 그래서 오아시스레코드사는 위기 속에 나훈아가 부른 히트되지 않은 타이틀곡 제목의 노래를 제외한 노래들을 전국, 방송국 PD들에게 설문지를 돌리게 한다. 고향역은 방송국 PD들의 10곡 중에서 선호도 1위를 차지하게 된다. 오아시스레코드사는 고향역의 노래를 선곡하여 1972년도에 타이틀곡 제목으로 앨범으로 제작하여 야심 차게 발표를 하게 된다.

요원의 불길처럼 대 히트곡으로 전국을 고향역의 노래로 도배를 하게 된다. 고향역의 노래가 만들어진 사연의 배경의 과정은 인동초 같은 고난의 시간을 이겨내고 화려하게 꽃을 피우게 된다. 1970년대는 우리나라의 산업구조가 농업사회에서 공업화와 산업화, 사회로 넘어가는 시대이다. 고향에서 떠나 타관객지의 도시 생활은 고향 생각과 보고 싶은 그리운 부모님은 타향살이의 서러움을 달래주는 안식처이다.

고향역의 노래는 첫 소절부터 코스모스가 등장한다. 가을에 길가와 들판에 피어있는 코스모스는 정감이 있는 꽃이다. 코스모스 꽃은 가을을 연상하게 하는 계절이고 다양한 색상의 꽃잎은 친근감 가는 다정한 시각적인 이미지로 사람들로부터 고향에 대한 정경을 그려준다. 자식들이 도시에서 공부하고 방학 때 고향을 찾아오거나 군대에서 휴가를 받고 찾아오는 날은 어머니는 사립문을 열고 맨발로 자식을 얼싸안고 반가움에 눈물을 흘리며 얼굴을 비비면서 좋아한다.

어머니는 자식에 대한 사랑은 끝없는 사랑이며 아가페적인 현실의 진실한 사랑이다. 고향역의 노래는 향수적, 향토적인 정서가 짙게 묻어나고 서정적이고 정감적인 친근감 가는 노랫말이 고향에 관한 생각과 어머님의 품처럼 따스하게 느껴지는 포근함을 전해준다.

나훈아의 고향역의 노래는 전 국민의 애창곡이며 동시에 나훈아가 불러준 수많은 히트곡 중에서 다섯 손가락 안에 들어가는 명곡 중의 하나라고 볼 수 있다.

여기서 나훈아의 고향역 가사를 소개하면 다음과 같다.

코스모스 피어있는 정든 고향역
이쁜이 곱분이 모두 나와 반겨 주겠지
달려라 고향 열차 설레는 가슴 안고
눈 감아도 떠오르는 그리운 나의 고향역

코스모스 반겨주는 정든 고향역
다정히 손잡고 고갯마루 넘어서 갈 때
흰머리 날리면서 달려온 어머님을
얼싸안고 바라보았네 멀어진 나의 고향역

가성 나훈아의 <머나먼 고향>에 관한 연구

　가수는 노래를 부르는 사람이며 또한 그것을 직업으로 하는 사람이다. 가수의 생명력은 히트곡의 존재 여부에 따라서 가수 활동의 길고 짧음이 판가름 된다.
　유명가수와 신인가수는 노래를 몇 개월 혹은 1년 이상 준비를 하여 앨범으로 발표한다. 마치 수험생이 시험을 보고 합격 여부를 기다리는 초조함이 밀물처럼 밀려오며 상당한 고뇌의 압박감을 받게 되는 시간이다.
　발표한 노래가 대중들의 열화와 같은 호응으로 반응을 얻어 히트곡 반열에 오르면 가수로서 존재를 확실하게 알리는 신호가 된다. 그러나 가수들이 헤아릴 수 없이 많은 노래를 발표하지만, 히트곡으로 불리는 노래는 낙타가 바늘구멍으로 들어가기처럼 어렵고 험난한 시련이다.
　노래가 히트곡이 되려면 세 가지의 전제조건이 반드시 충족되어야 한다. 세 가지 필요충분조건은 가사, 작곡, 가수이다. 가사는 노랫말이며 작곡은 멜로디 가수는 직접 노래를 부르는 사람이다.
　위 세 가지 조건이 유기적인 삼위일체가 되어야 반짝이는 별처럼 히트곡의 노래가 된다. 노래의 가사는 평이하면서도 듣는 사람에게 쉽게 뇌리에 입력되어 바로 기억되고 메시지 전달이 확실하게 되어야 한다. 멜로디는 리듬인데 가사의 내용과 조화와 균형을 이루며 일치가 되어야 한다.

만약에 가사와 리듬이 괴리가 생기면 두 개의 수레바퀴에 한 쪽 바퀴가 없어 수레는 굴러가지 못하는 이치와 같다. 가사와 리듬이 충족된 노래의 작품성, 완결성, 음악성이 갖추어진 상태는 오선지로 표시된 악보가 된다. 가수는 오선지에 그려진 노래의 메시지를 전달하는 최종의 선수라고 할 수 있다.

가수의 창법이 노래를 판결하는 법원의 판사와 같다. 고요한 음색, 넓고 깊은 음폭, 배에서 우러나오는 폐활량, 리듬의 강약을 조절하는 기교는 노래를 꽃으로 피우냐 아니면 죽은 꽃으로 만드는 사람이다. 결국, 노래는 가사와 작곡이 완벽하게 작품성으로 구성되면 최종적으로 가수가 용의 그림에 점을 찍는 화룡점정 역할을 하는 사람이 바로, 가수이다.

1970년대의 우리나라는 18세기 영국에서 일어난 산업혁명과 같은 시기라고 할 수 있다. 정부의 공업화와 산업화의 정책으로 경제구조가 개편되어 조국 근대화의 기치 아래 수출주도산업으로 급속한 경제성장의 토대의 발판으로 도시로 사람들을 유입하는 기회의 제공을 하게 된다.

고향을 떠나 도시로 향하여 밀물처럼 들어오는 사람은 고향을 잃은 유랑인 같은 물설고 낯선 타관의 도시 생활하게 된다. 평상시에도 가고 싶고 그리워하고 가족들을 생각하면서 서글픈 도시 생활에 위안을 주는 현실의 이상향이 바로, 고향이다.

나훈아의 〈머나먼 고향〉을 작사, 작곡한 사람은 박정웅이다. 박정웅은 밀양 출신으로서 성공이라는 꿈을 가슴에 품고 서울로 20대 중반에 상경한다. 서울 생활은 정말 힘들고 어려운 고행의 시간으로 친구의 하숙집에서 생활하게 된다. 서울에 올라와서 추석 명절날 고향에 갈 수 없는 자신의 처지를 서글프게 생각한다.

추석 전날, 1968년 10월 6일 박정웅은 하숙집에서 기타를 치며 노래 가사를 일사천리로 만들게 된다. 바로 〈머나먼 고향〉이 명곡으로 탄생하는 출발점이 된다. 〈머나먼 고향〉을 처음으로 부른 가수는 나훈아가 아니다. 유지성이라는 가수가 1969년도에 발표하지만 대중에게 반응을 얻지 못하고 전락하고 만다.

〈머나먼 고향〉에 등장하는 가수가 세 사람이 있는데 조영남, 김동아, 나훈아이다. 조영남은 〈머나먼 고향〉에 관심을 갖고 박정웅에게 자신이 부를 수 있도록 간곡하게 부탁을 한다. 조영남은 충남 출신의 가수로서 이미 고장의 향토적인 노래를 부른 경험이 있어서 더욱 애착을 갖고 〈머나먼 고향〉을 요청을 하지만 결국 수포로 돌아가게 된다. 나훈아보다 먼저 〈머나먼 고향〉의 노래를 부른 가수가 화재 사고로 가요계를 떠난 김동아라는 가수이다. 그러나 김동아가 부른 〈머나먼 고향〉 음반과 테이프 등의 믿을 만한 물증이 없어서 그냥 사람들 사이에 소문으로 구전되어 내려오고 있었다.

박정웅은 1971년도 〈머나먼 고향〉을 다시 리메이크하여 나훈아에게 부를 수 있도록 허락한다. 그런데 박정웅은 나훈아에게 몇 가지 조건을 제시한다. 첫째, 맑고 청명한 소리로 불러라. 두 번째, 애조 띤 슬픈 음색으로 부르지 마라. 세 번째, 기교가 들어가지 않게 불러라 등을 요구했다.

나훈아는 박정웅이 제시한 조건을 무조건 모두 수용하고 1971년도에 〈머나먼 고향〉을 앨범으로 발표를 한다. 일반적으로 고향에 관련된 노래들은 슬프고 애조 섞인 노래들이 주류를 이루지만 나훈아의 〈머나먼 고향〉의 노래는 경쾌하고 밝고, 명랑한 리듬으로 구성된 노래이다. 나훈아의 고유한 창법이 새롭게 시도되어 〈머나먼 고향〉의 노래는 전국을 태풍처럼 강타하는 대공전의 히트곡으로 수많은 사람이 애창하는 노래가 되었다.

〈머나먼 고향〉의 노래 가사는 짧고 간결하며 쉽고 평이한 쉬운 일상의 단어로 구성되어 있다. 한마디로 정의를 하면 단순성, 간결성, 평이성이 조화되어 불후의 명곡으로 만들어진 표본 사례의 노래라고 할 수 있다. 설날과 추석의 명절이 돌아오면 고향을 떠나 물설고 낯선 도시의 타관 객지의 유랑인 같은 생활은 고향에 대한 그리움으로 눈물을 자아내게 한다.

〈머나먼 고향〉의 노래는 고향을 떠난 사람들을 위로하고 어머니의 따스한 품처럼 감싸주는 노래로서 영원한 밤하늘에 반짝이는 샛별처럼 나훈아 노래, 역사에 남아있게 된다.

여기서 나훈아의 〈머나먼 고향〉의 노래 가사를 소개하면 다음과 같다.

머나먼 남쪽 하늘 아래 그리운 고향
사랑하는 부모 형제 이 몸을 기다려
천리타향 낯선 거리 헤매는 발길
한잔 술에 설움을 타서 마셔도
마음은 고향 하늘을 달려갑니다.
천리타향 낯선 거리 헤매는 발길
한잔 술에 설움을 타서 마셔도
마음은 고향 하늘을 달려갑니다.

가성 나훈아의 <녹슬은 기찻길>에 관한 연구

어린 시절 읽었던 이솝 이야기에 이런 글이 있다. 개구리와 어린이라는 제목의 글은 강자와 약자의 관계를 빗대어 써놓은 글이다. 어느 날 어린이는 연못가에서 머리를 내놓고 울음을 우는 개구리를 보게 된다. 어린이는 연못가에 앉아서 무심코 개구리를 향하여 돌을 던진다. 돌을 던지면 개구리는 울음소리를 멈추고 수면 아래로 몸을 숨긴다. 어린이는 개구리를 맞추기 위해 재미로 돌을 던지지만, 개구리는 돌에 맞으면 생사의 갈림길에 선다.

나라와 개인도 이와 마찬가지로 고대국가로부터 현대의 국가까지 적용되는 약육강식 힘의 원리이다. 강자는 약자의 배려 없이 자기들의 의도대로 약자를 통제하고 지배하려고 한다. 그러나 약자는 강자에게 자신의 의지와 상관없이 의견 개진조차 할 수 없는 피압박의 고통을 감내해야 한다. 그것이 약육강식의 원리가 적용되어 남북 분단이라는 초유의 휴전선이 한반도를 분단국가로 만들어 놓은 비애의 현장이다.

휴전은 전쟁이 끝난 것이 아니라 잠시 전쟁을 멈추고 있다는 의미이다. 종전은 한반도가 진정으로 남북통일이 되어 원래의 하나의 민족으로 돌아가는 것이 한민족인 염원하는 통일국가이다. 1950년 6·25동란 이후 남과 북은 대화 없이 군사력 강화에만 매진하는 냉전 상태가 존속된다. 20년이 지난 후 1971년도

민간교류인 남북적십자회담이 논의되기 시작한다. 남북 이산가족 찾기 사업을 주 안건의 의제로 남북당국자는 판문점에서 처음으로 대화의 물꼬를 트는 기폭제 역할을 한다. 남북적십자회담의 결과로 평화통일원칙과 제반 협의 사항 이행합의로 1972년도 7·4 남북공동성명을 도출하게 된다.

국민은 평화적인 대화의 결과에 도취하여 전국은 환호의 절정의 분위기로 전환된다. 그러나 남한은 1972년 반영구적인 유신집권 체제를 공고히 하기 위해 10월 유신의 헌법을 제정한다. 북한도 1972년 연말에 사회주의 헌법을 채택하여 서로 정치적인 의도의 목적으로 타오르던 화해 모드의 불길에 물을 붓는 형국이 되어 냉전 체제로 남북은 극한의 대결로 대치를 한다.

나훈아의 〈녹슬은 기찻길〉은 1972년도 김관현 작사, 홍현걸 작곡의 노래작품이다. 작사가 김관현은 대중가요 작사가 아니라 한국일보기자의 신분으로 나훈아의 〈녹슬은 기찻길〉의 노랫말을 만든 주인공이다. 1972년도 남북적십자회담을 위해서 김관현 한국일보 기사는 언론인의 자격으로 남북적십자 버스에 동행하게 된다.

버스를 타고 가던 김관현은 임진각을 바라보는 순간 남북의 철도가 단절된 상징인 '철마는 달리고 싶다'라는 짧은 글귀에 눈길을 멈추게 된다. 남북을 이어주는 철길은 서울과 신의주의 경의선과 서울과 원산을 이어주는 경원선이 있다. '철마는 달리고 싶다' 글귀의 입간판은 현재 경원선의 마지막 종착역인 백마고지역과 신탄리역 사이에 현존하고 있다. 김관현은 버스 안에서 철마는 달리고 싶다의 글귀를 보는 순간 메모지를 꺼내어 자기가 느낀 감정을 기록하기 시작한다. 판문점 취재를 마치고 귀사하여 사무실에서 그날 취재 내용을 송고하고 그는 명동으로 발걸음을 옮긴다.

김관현은 명동의 맥줏집에서 작곡가 홍현걸과 합석하여 맥주를 마시면서 철마는 달리고 싶다는 글귀를 보는 순간의 느낌을 홍현걸에게 이야기해 준다. 그리고 우리가 서로 협조하여 노래를 만들자고 김관현은 제안을 한다. 시간은 자정 무렵이 넘어서 노래를 만들기로 합의를 본다. 김관현은 가사를 만들고 홍현걸은 작곡에 몰입한다. 김관현은 늦은 밤에 〈녹슬은 기찻길〉 가사 작업을 완료하고 홍현걸은 그다음 날 9시간만에 〈녹슬은 기찻길〉 작곡을 완료한다.

1972년도 최고의 가창력과 인기를 얻고 있는 나훈아에게 〈녹슬은 기찻길〉을 10일 만에 취입하여 앨범으로 발표를 하게 된다. 나훈아의 〈녹슬은 기찻길〉은 남북화해 분위기, 남북으로 흩어져 가족을 만나지 못하는 실향민, 나훈아의 절묘한 가창력이 일치되어 대 히트곡으로 애창되는 노래로 사랑을 받게 된다.

나훈아의 〈녹슬은 기찻길〉 가사를 보면 두 동강으로 단절된 철길은 오랜 세월이 흘러서 녹슨 철길로 변해있는 사실을 직설적, 리얼하게 묘사를 하고 있다. 기차가 왕래하지 못하는 상황은 이산가족의 아픔을 비유적으로 비애의 슬픔을 우회적, 간접적인 어감으로 전달하고 있다. 북한의 대동강과 남한의 한강은 서해에서 매일 바다에서 합류한다. 모든 동식물 중에서 제일 영악하고 똑똑하다고 자부하는 사람은 자신의 인위적인 족쇄로 왕래하지 못하는 어리석고 우매한 존재로 파악을 할 수 있다. 말없이 유유히 흘러가는 강물도 서로 만나고 휴전선을 자유롭게 넘나드는 새도 마음대로 왕래한다. 그러나 사람이 자신들이 그려놓은 휴전선을 자유롭게 넘나들 수 없는 현실을 인식하고 스스로 감내하는 일은 고통스러운 업보이다.

나훈아의 〈녹슬은 기찻길〉 가사는 평이하고 간단명료하며 쉽게 사람들의 마음에 다가오는 노래로 구성되어 있다. 노래에 영혼의 생명력을 불어넣는 사람은 바로 가수이다. 나훈아의 피를 토하듯 한 절규의 짙은 감정처리, 꺾고 뒤집는 나훈아만의 창법의 특성이 스며있는 노래가 〈녹슬은 기찻길〉이다. 한반도에 진정한 통일이 오는 날 나훈아의 〈녹슬은 기찻길〉이 역사에 길이 남는 노래로 기억되었으면 한다.

여기서 나훈아의 〈녹슬은 기찻길〉의 노래 가사를 소개하면 다음과 같다.

1절
휴전선 달빛 아래 녹슬은 기찻길
어이해서 핏빛인가 말 좀 하려마
전해 다오 전해 다오 고향 잃은 서러움을
녹슬은 기찻길아
어버이 정 그리워 우는 이 마음

2절
대동강 한강은 서해에서 만나
남과 북의 이야기를 주고받는데
전해 다오 전해 다오 고향 잃은 서러움을
녹슬은 기찻길아
너처럼 내 마음도 울고 있단다

나도향과 가성 나훈아의 <물레방아 도는데>에 관한 비교 연구

나도향은 1902년 3월 20일 한의사인 아버지 나성연의 6남매 중 장남으로 서울 청파동에서 출생한다. 할아버지인 조부도 한의원을 운영하면서 집안 살림을 전적으로 도와준다. 아버지는 한의사 자격증을 가지고 있지만, 경제활동에는 참여하지 않고 서생처럼 책과 시간을 보내는 한가한 사람이었다.

나도향의 본명은 나경손이고 글을 쓸 때 명칭인 필명은 빈으로 사용한다. 나도향은 서울에 소재하는 배재고보를 다니고 할아버지의 권유로 경성의전에 입학한다. 그러나 나도향은 의학보다는 문학에 관심이 있어서 어느 날 할아버지가 출타한 틈을 타 장롱에서 돈을 훔쳐 일본으로 떠난다.

일본 와세다대학에서 영문학 공부를 하지만 서울에 계시는 할아버지가 학비를 송금해 주지 않아서 1년 만에 한국으로 돌아온다. 나도향은 한국에 돌아와 잠시 경북 안동에서 교편생활을 한다.

나도향은 처녀작으로 <배재학보>에 <출학>이라는 작품으로 문단에 등단한다. 초기에는 감상적이고 낭만적이면서도 영탄적인 글을 주로 집필을 하게 된다. 1922년에 문예동인지 <백조>는 낭만주의를 나타내는 문예지라고 할 수 있는데 그 당시에 함께 참가한 사람은 홍사용, 현진건, 박종화, 나도향이다.

점차 낭만주의를 탈피하면서 자연주의 경향으로 흘러서 많은 작품을 집필하게 된다. 대표작으로 〈별을 안거든 울지나 말걸〉, 〈젊은이의 시절〉, 〈옛날 꿈은 창백하더이다〉, 〈전차 차장의 일기 몇 절〉 등이다.

나도향은 1922년 11월 22일부터 〈동아일보〉에 연재된 장편 소설인 〈환희〉는 우리나라 신문연재소설의 효시로서 기록으로 남게 된다. 이 〈환희〉는 조선도서주식회사에서 간행본으로 책으로 발간이 된다.

나도향은 다시 일본으로 건너가 문학 수업을 받지만, 폐렴을 얻어서 젊은 나이에 요절한다. 나도향은 날카롭고 예리한 필체로 탁월한 작품을 많이 집필한다. 낭만주의에서 자연주의로 그리고 사실주의 작품으로 흐름의 경향을 볼 수가 있다.

나도향의 사실주의 대표작으로서는 〈여 이발사〉, 〈17원 50전〉, 〈뽕〉, 〈벙어리 삼룡이〉, 〈행랑 자식〉, 〈자기를 찾기 전〉 등이다. 나도향의 〈뽕〉, 〈벙어리 삼룡이〉, 〈물레방아〉는 사실주의 경향의 작품으로서 최고의 문학적인 가치를 지닌 작품으로 사람들에게 널리 알려진 소설이라고 할 수 있다.

소개하고자 하는 〈물레방아〉는 사회 계급의 대립과 갈등, 있는 자와 없는 자의 경제 구조, 없는 자의 박약한 윤리 의식과 물레방아를 배경으로 표현한 작품으로 나도향을 대중에게 많이 읽히고 접한 소설의 하나라고 볼 수 있다. 여기서 〈물레방아〉의 줄거리를 간단히 소개하면 다음과 같다.

한 마을의 부자이며 세력 있는 신치규라는 사람이 있었다. 자기 집 막실에서 사는 이방원의 아내에 신치규는 눈독을 들인다. 오십

줄 넘긴 나이에 슬하에 자식이 없어 갓 스무 살을 넘긴 이방원의 아내에게 감언이설로 귀를 홀깃 하게 한다. 자식을 낳게 해주면 모든 재산을 주겠다는 꼬임으로 둘은 물레방앗간으로 들어간다. 물레방앗간에서 나오는 둘을 본 이방원은 직감적으로 둘의 행동을 눈치를 챈다. 아내와 싸우는 이방원은 자기 아내를 감싸는 신치규를 구타한다. 이방원은 상해죄로 감옥에 들어가 3개월을 살고 나온다. 신치규는 젊고 예쁜 여인을 얻었다는 만족감으로 보낸다. 그러나 이방원은 둘을 죽이려고 복수의 칼날을 간다. 다시 아내를 설득하여 도망가서 다른 곳에서 살기를 간청하지만 이미 아내는 그의 설득을 거절한다. 이방원은 아내를 죽이고 자기도 자살을 한다.

물레방아는 우리나라 시골 동네에서 흔히 6, 70년대에 접할 수 있는 농기구의 일종이라고 할 수 있다. 물레방아는 시냇물이 흐르는 수류를 이용하여 박달나무와 철로 만든 물레바퀴처럼 커다란 바퀴를 돌려서 벼와 보리를 찧는 기구이다. 물레방아 이전에는 절구통, 맷돌, 연자방아, 디딜방아로 곡식과 메주, 고추를 찧고 빻았던 기구들이었다.

그러나 물을 이용한 물레방아는 노동력을 절감시키는 획기적인 농기구로써 우리나라 시골 동네에서 사랑을 받았던 기구라고 할 수 있다. 물레방아는 한적한 시골 동네의 정취를 물씬 풍기는 도구의 이미지를 가지고 있고, 또한, 젊은이의 만남의 장소와 아름다운 사랑을 나누는 장소로 추억을 주는 영상물로 우리 기억 속에 남아있다.

물레방아도 농기계 보급과 전력 설치로 지금은 학교나 유원지에서 볼 수 있는 전시물이 되었다. 우리나라의 대중가요와 문학 소설에서 물레방아는 노랫말과 소설의 배경을 설정해주는 도구로 등장한다. 대중가요의 노랫말과 제목에서 물레방아 돌고 도는 정든 땅에서, 물레방아 도는 내력, 물방앗간 뒷전에서 맺은 사랑 그리고 나도향의 대표적인 소설인 물레방아에서 알 수가 있다.

우리나라는 전형적으로 논과 밭농사를 노동집약적으로 농사를 지으면서 살아온 민족이다. 농사는 자급자족, 의식주를 해결해주는 유일한 방법과 수단이라고 할 수 있다. 그러나 박정희 대통령의 경제개발 5개년 계획으로 국토는 협소하고 인구는 많은 국가에서 부유하고 윤택하게 살 방법은 외국으로 수출하는 방법뿐이었다.

제1차 산업인 농산물과 수산물, 산림자원은 국가의 부국강병을 이루기 위해서는 역부족이었다. 박정희 대통령의 제3공화국은 제1차 산업에서 제2차 산업인 제조업으로 산업 구조로 눈을 돌리게 된다.

우리나라에서 만들어지는 모든 상품은 수출 드라이브 정책으로 외국으로 수출되어 한국 경제의 밑거름이 된다. 한마디로 한국의 산업혁명이 시작되는 출발선이라고 할 수 있다. 농촌에 있는 젊은이들은 서울과 대도시로 유입되어 신발공장, 가발공장, 가방공장에서 밤낮으로 일을 하여 수출산업의 역군으로 일조한다. 자연히 시골의 농촌은 이농 현상이 발생하고 황폐하여 쓸쓸하고 적막한 농촌으로 바뀌게 된다.

낯설고 물선 객지에서 일하는 젊은이들은 고향의 향수와 옛날의 풋사랑을 그리워하게 된다. 시골 출신의 젊은이들이 타지에서 고향을 그리워하며 부모 형제를 떠올리는 것은 그들에게 큰 위안이 되고, 답답한 마음을 정화하는 카타르시스이기도 하다.

자연히 1970년대 초반에는 고향의 향수와 사랑과 연관된 대중가요가 많이 발표되어 즐겨 부른 시기라고 할 수 있다. 이 당시에 향수를 주제로 하여 부른 김상진의 〈고향이 좋아〉, 〈이정표 없는 거리〉, 〈고향 아줌마〉 등을 발표하여 스타덤에 올라서게 된다.

1972년에 발표된 〈물레방아 도는데〉 노래도 이런 농촌의 물레방아를 배경으로 만들어진 대중가요의 하나로 볼 수가 있다.

1972년에 나훈아는 오아시스레코드사에서 지구레코드사로 소속을 옮긴다. 지구레코드사에서 나훈아는 박춘석 작곡가와 인연을 맺게 된다. 박춘석 작곡가와 나훈아는 주옥같은 히트곡을 양산하는 결정적인 계기가 된다.

현재 우리나라 작곡가 중 가장 많은 작곡을 한 사람으로 박춘석을 꼽을 수가 있다. 박춘석은 이미자, 나훈아, 패티김과 동고동락하면서 이루 헤아릴 수 없는 수많은 히트곡을 만들게 된다. 박춘석은 피아노를 잘 쳐서 경기고등학교에 다니며 밤에는 나이트클럽에서 피아노를 치는 아르바이트를 했다.

이때부터 박춘석은 음악가의 길을 걷게 된다. 1950년대에는 부유한 가정이나 나이트클럽에서도 피아노를 볼 수가 없었다. 마치 기타를 치는 사람이 기타를 가지고 다니듯이 박춘석도 트럭에 피아노를 싣고 다니면서 피아노 연주를 하게 된다.

악기는 외부의 물리적 힘을 가하면 음의 선율이 변하여 음악가들은 악기를 옮기는데 세심한 주의를 요하게 한다. 1950년대에는 더욱 피아노는 귀중한 악기로 박춘석에게는 생명과 같은 존재라고 할 수 있다.

1960년대 말부터 일기 시작한 나훈아와 남진과의 용호상박의 경쟁은 1970년대에 이르러서는 최고의 관계를 유지한다. 1972년에 지구레코드사는 나훈아의 스타성과 상품성에 회사의 모든 전력을 다하여 기념비적인 노래를 만들기 위해 노력을 한다.

1972년에 발표된 나훈아의 〈물레방아 도는데〉와 더불어 전후에 발표된 〈고향 역〉, 〈감나무골〉, 〈녹슬은 기찻길〉, 〈해변의 여인〉 등이 연속적으로 히트를 하게 된다.

이런 노래들은 나훈아의 대중가요 목록에서 첫 번째에 등장할 수 있는 주옥같은 곡들로 등재된다. 라이벌인 남진도 〈님과 함께〉를 불러서 나훈아와 남진의 라이벌 구도는 활화산처럼 우리나라의 대중가요를 한 단계 업그레이드시키게 된다.

〈물레방아 도는데〉를 작사한 정두수는 경남 하동 출신이다. 경남 하동은 다른 고장보다 지형적으로 물레방아를 이용하기 편리한 지형 구조를 가졌다. 그래서 경남 하동의 마을 어귀에는 그 마을을 상징하는 조형물로 물레방아를 설치하여 사람들의 이목을 끌게 한다.

〈물레방아 도는데〉 작사가 정두수의 고향은 경남 하동군 고전면 성평리이다. 정두수는 고향의 금오산, 자락에서 발원하여 흘러가는 주교천이라는 시냇물이 있다. 주교천은 사람들이 시냇물을 건널 때 징검다리가 놓여있고 그 아래 물레방아를 이용하여 곡식을 가공하는 방앗간이 있다. 〈물레방아 도는데〉가 만들어진 연도는 1972년이다.

이때는 나훈아가 오아시스레코드사에서 지구레코드사로 전속을 옮긴 해이다. 지구레코드사는 나훈아에게 기념비적인 노래를 만들어주려고 전속 작사가와 작곡가들이 심혈을 기울여 작업하도록 했다. 정두수는 고향을 떠나 서울에서 정착 생활하던 6년 만에 집을 구매한다. 예술 분야에 종사하는 사람들은 재테크의 능력도 없고 관심도 없다.

정두수는 재물을 모으는 재주에 관심이 없는 사람 중 한 사람이다. 오로지 아내의 피눈물 나는 알뜰한 살림으로 처음 집을 장만하게 된다. 아내는 집을 산 기쁨으로 내부를 예쁘게 장식하여 가족의 편안한 방을 만들었다. 아내는 거실에 장난감같은 작은 물레방아와 물고기를 기르는 어항을 설치한다.

정두수는 나훈아에게 전해줄 노래 가사를 만들어주려고 온통 신경을 집중하는데 한 줄의 가사도 떠오르지 않아서 초조한 시간을 보내게 된다. 노래 가사를 만들어 나훈아에게 주려는 약속 날짜가 임박할수록 노래 가사는 더욱 난감한 상태에 봉착하게 된다.

정두수는 거실에 설치된 어항의 물레방아와 물고기가 숨을 내뿜는 모습을 어느 날 우연히 보게 된다. 정두수는 어항 속의 물레방아와 물고기를 보는 순간 돌아가신 삼촌 모습을 생각하면서 일필휘지로 가사를 만드는데 그것이 명곡 〈물레방아 도는데〉 가사가 탄생하는 시발점이다. 여기서 〈물레방아 도는데〉 가사가 만들어진 배경이 되는 사연을 간단히 소개하면 다음과 같다.

정두수의 삼촌 이름은 정순식이다. 정두수의 삼촌은 일본 동경제국대학을 다니는 대학생으로서 영리하고 총명하여 집안의 희망인 사람이다. 일본은 제2차 세계대전을 일으킨 주범 국가로서 전쟁 막바지에 일본은 패전 위기에 몰리게 된다.

조선의 젊은 사람들을 학도병이라는 이름으로 우리나라와 전혀 상관없는 전쟁터에 강제로 동원된다. 정두수의 삼촌도 학도병으로 강제 징집되어 고향을 떠나게 된다. 삼촌이 고향을 떠나는 날 가족들과 헤어지면서 주교천의 징검다리를 건너면서 몇 번이고 뒤돌아보면서 인사를 하며 고향을 떠나게 된다.

  정두수의 할아버지는 학도병으로 징집된 아들이 무사하게 집으로 돌아오기를 기다리면서 사립문을 매일 쳐다보고 금오산에 올라가 산신령님께 무사 기원, 소원, 정성의 기도를 한다. 그러나 감나무의 감꽃이 한없이 떨어지는 날 돌아오기를 학수고대하던 정두수의 삼촌은 흰 천으로 싼 유골로 돌아오고 만다.

  정두수의 삼촌은 고향으로 돌아오지 못하고 젊은 청춘의 꽃을 피우지 못한 채 죽음으로 생을 마감한다. 정두수의 할아버지도 아들의 죽음으로 충격을 받고 시름시름 앓다가 돌아가시고 만다. 학도병으로 강제 징집되어 3년 만에 죽음으로 돌아온 삼촌은 민족의 비극이며 가슴 아픈 한민족의 역사이다. 〈물레방아 도는데〉는 지구레코드사의 기념비적인 노래로서 나훈아를 상품화, 대중화하고 스타성을 발휘시킨 노래로 대중들의 사랑을 한 몸에 받는다. 1971년에 불기 시작한 포크송의 붐으로 트로트가 위축될 즈음에 우리나라 트로트의 최후의 방파제로 파수꾼 역할을 한 노래이다.

  〈물레방아 도는데〉의 전주곡과 간주곡에서 연주되는 만돌린 소리는 물레방아가 돌고 있는 모습을 연상시키는 묘한 뉘앙스를 풍긴다. 나훈아의 노래 중에서 가장 나훈아답게 나훈아의 체취와 가창력이 물씬 나는 노래가 바로 〈물레방아 도는데〉라고 할 수 있다. 다른 사람들이 이 노래를 부르면 나훈아가 부른 맛을 상실한다.

물레방아를 배경으로 사랑하는 사람과의 헤어짐을 애절하고 간절하게 아쉬움을 남기면서 전해주는 노랫말과 애잔하면서도 터질듯하게 절규하듯이 부르는 나훈아의 가창력은 어떤 미사여구를 사용하여도 부족함이 없다 여기서 〈물레방아 도는데〉 가사를 소개하면 다음과 같다.

1절
돌담길 돌아서며 또 한 번 보고
징검다리 건너갈 때 뒤돌아 보며
서울로 떠나간 사람 천리타향 멀리 가더니
새봄이 오기 전에 잊어버렸나
고향의 물레방아 오늘도 돌아가는데

2절
두 손을 마주 잡고 아쉬워하며 골목길을 돌아설 때 손을 흔들며 서울로 떠나간 사람 천리타향 멀리 가더니 가을이 다 가도록 소식도 없네 고향의 물레방아 오늘도 돌아가는데

고려가요와 가성 나훈아의 <가지마오>에 관한 비교 연구

　우리나라는 시대마다 가요라는 명칭으로 불리는 노래들이 있는데 신라 시대 향가, 고려 시대 고려가요 즉 속요, 여요, 장가라는 다른 별칭으로 불리는 노래가 있으며 또한, 경기체가가 있다. 조선 시대에는 창가로 발전하여 현재의 대중가요로 명맥을 이어 오고 있다.
　고려 시대를 대표하는 노래들은 고려가요와 경기체가가 그 당시의 평민과 귀족층을 중심으로 불린 노래라고 할 수 있다. 고려가요는 전자에 말했듯이 별칭으로 속요, 여요, 장가라는 다른 별칭으로 불리고 있다. 고려가요는 고려 시대의 평민들이 불린 노래들로서 주 내용은 남녀 간의 사랑, 이별의 한, 삶의 고뇌 등을 진솔하게 표현하고 있다.
　어떤 고려가요는 남녀 간의 사랑을 너무 적나라하게 애정 행각을 표현하여 조선의 유학자들이 남녀상열지사라 매도하여 문헌에서 삭제하여 고려 시대의 가요들이 많이 전해오지 못하는 원인이 되었다. 고려가요는 평민들의 진솔한 삶을 아주 유려한 율조로 우리글로 만들어진 평민 계급의 대표적 표현의 문학이라고 할 수 있다.
　고려가요는 분절체와 분연체로 구성되어 있으며 율조는 대개 3음보의 리듬으로 되어있다. 자음인 ㄴ, ㄹ, ㅁ, ㅇ으로 되어있어서 소리가 매끄럽고 부드러운 특성으로 되어있다. 고려가요는 한마디로 평민의 삶의 애환, 사랑, 이별을 아주 꾸밈없이 있는 그대로 담아놓은 고려 시대의 평민문학의 대표라고 할 수 있다.

현재 전해오는 고려가요의 작품들은 〈정과정곡〉, 〈동동〉, 〈서경별곡〉, 〈청산별곡〉, 〈정석가〉, 〈가시리〉, 〈정읍사〉 등이 있다. 고려 시대는 평민 문학을 대표하는 고려가요가 있고 그와 반대로 귀족층의 문학을 대표할 수 있는 경기체가가 있다. 경기체가는 귀족 문인들의 호사스러운 삶과 기상을 생경한 한문으로 쓰여 있어서 고려가요와는 완전히 구별되어 귀족 문학을 대표하는 문학으로 자리 잡고 있다.

경기체가는 고려 중엽부터 조선 초까지 발전을 이어져 귀족의 삶과 기상 등을 담은 귀족 문학으로 고려 시대의 문학적 특징이라고 할 수 있다. 고려 시대는 평민 계층의 삶과 사랑, 애환, 고뇌 등을 담은 고려가요와 귀족의 호사스러운 삶, 기상 등을 담은 경기체가로 두 계층의 문학으로 고려 시대의 가요를 특징 지을 수 있다.

고려 시대의 민족의 보편적 정서와 민요풍으로 노래한 대표적인 이별의 한을 그린 노래가 가시리이다. 이 노래는 민요의 〈아리랑〉, 황진의 시조, 김소월의 〈진달래꽃〉과 맥을 같이하고 있다. 가시리는 님을 떠나보내는 이별의 한과 애이불비의 사랑을 바탕으로 한 별리의 최고의 걸작이라고 할 수 있다.

아프고 고통스럽고 서러운 이별을 노래한 고려가요의 정수라고 할 수 있으며 함축적이고 짧은 형식에 이별의 정한을 담은 노래로서 샛별과 같은 존재라고 할 수 있다. 한 여인이 사랑하는 임을 떠나보내는 서글프고 아픈 이별의 고통을 아주 짜임새 있는 구성의 형식에 함축적인 언어로 정갈하게 그려져 있으며 리듬이 매끄럽게 이루어져 있어서 고려 시대 전통 이별의 한을 전해주고 있다.

가시리는 한 여인이 사랑하는 임을 떠나보내는 이별의 한을 애원과 하소연, 기다림, 당부의 뜻을 내포하고 있고 보내고 싶지 않지만 떠나보내야 하는 마음을 다시 돌아오라는 당부의 내용은 여인의 이별의 아픈 마음을 이중의 부정을 사용하여 더욱 강조하고 있다.

가시리는 고려가요의 다른 작품들에 비해서 월등히 수준이 높고 고려 시대 이별의 한을 노래한 걸작 중의 걸작이라고 할 수 있다. 가시리의 마지막 결구를 보면 서러운 임을 보내 드리며 '가시면 곧 오십시오'라는 내용에는 두 가지의 의미가 있다.

하나는 노래하고 있는 자기 자신의 하소연이며 또 하나는 무언가 드러나 있지 않은 사연 때문에 서럽게 떠나는 임이기에 붙잡지 못하고 당부할 수밖에 없다는 애절하고 아픈 서러운 마음을 너무 진솔하게 그리고 있다.

이 노래가 이별의 정을 국문학의 여성적 정조의 원류가 되어 민요의 아리랑, 황진이의 시조, 김소월의 진달래꽃 등과 면면히 전통의 맥을 이어오고 있다고 볼 수 있다. 사랑하는 임을 떠나보내는 한 여인의 아프고 서럽고 고통스러운 이별의 한을 노래한 가시리는 짧은 구성의 형식과 함축적인 언어로 이별의 한의 의미를 전달해주는 고려 시대 전통사회의 평민들의 사랑하는 임을 보내는 노래로써 중요한 역할을 한다고 볼 수 있다.

여기서 〈가시리〉의 원문을 소개하면 다음과 같다.

가시리 가시리잇고 나는
바리고 가시리 잇고 나는
위 증즐가 태평성대

날러는 엇디 살라 하고
바리고 가시리잇고 나는
위 증즐가 태평성대

잡사와 두어리마나난
선하면 아니올세라
위 증즐가 태평성대
셜온 님 보내 옵나니 나는
가시는 듯 도셔오쇼셔 나는
위 증즐가 태평성대

다시 위의 〈가시리〉 원문을 현대문으로 해석하여 풀이한 가사를 소개하면 다음과 같다.

가시겠습니까 (진정으로 떠나) 가시겠습니까?
(나를 버리고) 가시겠습니까?
나더러는 어찌 살라 하고 버리고 가시렵니까?
붙잡아 둘 일이지마는
행여 서운하면 아니 올까 두렵습니다.

(떠나 보내기) 설운 임은 (어쩔 수 없이) 보내옵나니.

　우리나라의 정서를 고스란히 담고 있는 노래가 민요이다. 민요는 한민족의 철학과 사상, 정서를 노래로 표현한 음악으로서 한국 사람들 영혼의 핏속에는 민요가 꿈틀거리고 있다. 민요는 우리나라를 대표하는 노래로서 가사와 리듬, 창법은 가장 확실한 한국적 창법이라고 할 수 있다.
　한국인의 창법을 대중가요에 자연스럽게 도입하여 민요의 창법을 바탕으로 자기만의 창법으로 응용하여 독특한 창법을 고안한 가수가 바로 나훈아라고 할 수 있다. 나훈아의 뒤집고 꺾는 창법의 원류는 본인이 말했듯이 민요의 창법을 응용한 것이다. 한국인의 정서가 고스란히 표출되는 민요 창법은 한국인들의 정신과 한을 표현하는 유일한 수단이라고 볼 수 있다.
　일반적으로 가장 확실한 한국인의 민요의 창법과 나훈아의 창법은 거의 동일한 의미를 전달해주며 또한, 대중가요에 도입 응용하여 한국인의 정서에 맞게 노래하는 가수 나훈아의 창법과 일맥상통한다고 볼 수 있다.

　나훈아 이전의 가수들은 대중가요를 전형적인 트로트 리듬과 맑고 고운 목소리의 천편일률적인 창법으로 불렀다고 볼 수 있다.
　나훈아는 어릴 적에 부모님의 손에 이끌려 민요를 듣고 구경하는 가운데 자신도 모르게 나훈아의 독특한 창법에는 민요의 창법이 바탕이 되어 인위적인 창법이 아닌 자연스럽게 나훈아만의 창법이 창안되었다고 볼 수 있다.
　그래서 나훈아의 창법에는 우리 민족의 정신과 정서가 담긴 내용을 밖으로 표출되어 절대적인 사랑을 받는 나훈아만의 창법으로 한국 대중 가요사의 한 획을 긋고 있다고 할 수 있다.

십 대 후반에 가요계에 데뷔하여 혜성처럼, 나훈아가 발표하는 노래들은 거의 히트 되어 많은 대중의 사랑을 받았고 나훈아는 현재까지 스타로 존재하고 있다. 나훈아를 대중들에게 알린 최초의 히트곡은 〈사랑은 눈물의 씨앗〉으로서 나훈아에게는 잊을 수 없는 노래라고 할 수 있다. 일반 가수들이 첫 곡을 히트하는 데 성공하면 두 번째 곡의 불발로 대중가요계에서 유성처럼 사라져 가는 것을 볼 수가 있다.

가수에게 첫 번째 히트곡이 중요하다는 것은 익히 알고있지만, 자리를 굳힐 수 있는 두 번째 히트곡이 매우 중요한 것은 아무리 강조해도 지나침이 없다. 나훈아의 두 번째 히트곡인 〈님 그리워〉는 나훈아가 대중에게 스타로서 화려하게 꽃을 피운 곡으로 남아있고, 열렬한 환영을 받은 노래로 많은 사람에게 사랑을 받은 곡이다.

세 번째 히트곡인 〈가지마오〉는 나훈아에게 대중가요의 자리를 철옹성같은 불멸의 곡으로 자리를 잡게 된다. 고려 시대의 가시리, 조선 시대의 황진이 시조, 현대 김소월의 진달래꽃과 맥락을 같이하는 노래로 이별의 한을 내포한 나훈아의 독특한 창법이 잘 표현된 노래다.

〈가지마오〉가 히트될 당시에 동네에서 열리는 콩쿠르 대회가 많이 개최되었다. 기타 한 대와 드럼만으로 연주되고, 나무로 만든 엉성하기 짝이 없는 가설무대에서 봄, 가을에 콩쿠르 대회가 열렸다. 수상자에게 주는 경품으로는 양은그릇. 대야, 가정용 가재도구 등이 전부였다.

나훈아의 〈가지마오〉는 박철이라는 가수가 먼저 노래를 취입을 한다. 1년여 준비 기간을 갖고 노래를 발표하지만, 대중들로부터 호응을 얻지 못한다. 작곡가 남국인은 〈가지마오〉가 사장 위기에 놓여있을 때 나훈아에게 부르게 하여 대 히트곡으로 명성을 얻게 된다.

나훈아의 〈가지마오〉는 고향 작사, 남국인 작곡으로 1970년도에 앨범으로 발표된다. 동네에서 열리는 콩쿠르 대회는 한마디로 동네잔치였을 뿐만이 아니라 이웃 동네도 함께하는 잔치가 되었다.

냇가의 둔치 혹은 논이나 밭에 설치된 가설무대에서 열리는 콩쿠르 대회에서 약방의 감초처럼 불린 노래가 바로 〈가지마오〉이다. 이 당시 동네의 콩쿠르 대회에서 열리는 노래 대회는 한 마디로 나훈아의 〈가지마오〉는 절대적인 노래로서 많은 대중이 듣고 불린 노래라고 할 수 있다.

민요의 창법을 바탕으로 나훈아의 독특한 창법이 리얼하게 표현된 노래가 〈가지마오〉이다. 전반부에 아리랑의 민요처럼 애잔하게 서글픈 느낌을 주고 중반부에 이르러서는 폭약이 폭발하듯이 나훈아의 파워와 민요의 창법이 믹스된 나훈아 고유의 창법인, 뒤집고 꺾는 노래는 나훈아만이 할 수 있는 전매특허의 창법으로 노래한다.

마지막 절부에 이르러서는 민요의 후렴부처럼 한을 달래듯이 허공을 가르듯이 노래를 마무리한다. 〈가지마오〉는 나훈아만의 고유한 창법이 고스란히 배 있는 노래 중에서 최고의 걸작품이라고 할 수 있다.

여기서 〈가지마오〉의 가사를 소개하면 다음과 같다.

1절

사랑해 사랑해요 당신을 당신만을

이 생명 다바쳐서 이 한 목숨 다바쳐

내 진정 당신만을 사랑해

가지마오 가지마오 나를두고 가지를 마오

이대로 영원토록 한백년 살고파요

나를 두고 가지를 마오

2절

사랑해 사랑해요 당신을 당신만을

이 생명 다바쳐서 이 한 목숨 다바쳐

내 진정 당신만을 사랑해

가지마오 가지마오 나를두고 가지를 마오

이대로 영원토록 한백년 살고파요

나를 두고 가지를 마오

신석정과 가성 나훈아의 <모정의 세월>에 관한 비교 연구

신석정은 전북 부안에서 1907년 7월 7일 출생을 한다. 전북 부안에서 보통학교를 졸업하고 서울로 상경하여 중앙불교 강원에서 1년 동안 불전을 연구한다. 신석정은 1924년 조선일보에 〈기우는 해〉를 처음으로 발표를 하고, 그 후 1931년 〈시문학〉 3호부터 동인으로 참여하여 본격적인 작품활동을 하게 된다.

그해 신석정은 〈선물〉, 〈그 꿈을 깨우면 어떻게 할까?〉 등을 발표하고 계속해서 〈나의 꿈을 엿보시겠습니까〉, 〈봄의 유혹〉, 〈어느 작은 풍경〉 등의 목가적인 서정시를 발표하여 독보적인 위치를 굳히게 된다.

전원적, 목가적인 문학은 유럽의 산업화와 도시화의 영향으로 다중의 사회에서 외로움을 느낀 문인에 의해서 추구된 경향의 유파라고 할 수 있다. 우리나라도 1920년대 후반 이후에 전원적, 목가적인 영향을 받은 시인들이 있는데 대표적인 시인들은 신석정, 김동명, 김상용으로 분류된다.

이 세 사람은 우리나라의 전원 시인이며 목가 시인으로서 대표적인 삼 인이라고 할 수 있다. 전원 시인은 농촌에서 전원적인 생활을 하면서 자연에 귀의하는 삶을 통해서 시로 승화를 시킨 사람이라고 할 수 있다.

특히 신석정은 자연의 귀의와 자연의 찬미는 중국의 노장철학과 도연명의 〈도화원기〉에서 절대적인 영향을 받았다고 할 수 있다. 그래서 신석정의 시풍은 잔잔한 전원적인 정서를 음악적인 리듬에 담아 노래하는 특색을 가지고 있으며 그의 맑은 시정을 읽는 독자들에게 마음까지 순화시키는 감동적인 호소력을 가지고 있다.

신석정의 시풍을 몇 단계로 분류하여 설명하면 1939년에 발표한 제1 시집 〈촛불〉로서 초기의 전원적, 목가적인 서정시로서 농촌의 삶을 통해서 시로 승화를 시킨 주옥같은 시가 주류를 이루고 있다.

1947년 발표한 제2 시집 〈슬픈 목가〉로서 광복 전의 모든 시를 묶은 시집으로써 성숙한 현실의 모습을 보이면서 내적 상실감을 보였다. 그 뒤 신석정은 〈빙하〉, 〈산의 서곡〉, 〈대바람 소리〉 등의 시집을 간행한다.

신석정 후기의 시풍은 삶의 체험을 통해서 역사의식과 구체적 인식의 세계를 그리고 있다. 일반적으로 신석정은 시어의 조탁과 참신성, 형식미 등으로 대표되는 전원시인이며 서정성을 내포한 전원 주의자이며 낭만주의 시인이라고 정의를 내릴 수가 있다.

신석정은 시골에서 전원적인 생활을 통한 본인의 삶을 그리고 있으며 인도의 시인 타고르와 중국 당나라 시인인 도연명의 영향을 많이 받아서 전형적인 전원 시인으로 활동하게 된다. 일제의 식민지 압박과 고통을 피해서 사람들은 시골로 이주하여 농촌에 정착하게 된다.

사람들은 힘들고 고통을 받고 괴로움을 받을 때 마음속으로 이상의 세계를 그리게 된다. 도시에 머무르면서 시골의 전원적인 생활을 꿈을 꾸며 시로서 그리고 있다. 전원은 사람들이 마음의 상상으로 그리는 이상향의 세계이며 이데아의 세계로 실제로 현존하는 세계의 의미보다는 있을 것 같다는 상상의 세계라고 할 수 있다.

평화롭고 풍요로운 생활을 일본의 암울한 식민지의 압박과 고통으로부터 평화스럽고 풍요로운 삶의 터전을 잃어버린 사람들은 농촌의 전원적인 생활을 이상향의 세계로 동경을 하게 된다.

신석정의 〈그 먼 나라를 알으십니까〉는 평화롭고 넉넉하고 풍요로운 이상향의 세계를 어머니를 통해서 그리고 있다. 〈그 먼 나라를 알으십니까〉는 1939년에 발표된 〈촛불〉 시집에 포함되어 있는 시로서 힘들고 고통스러운 일제의 암울한 식민지의 압박 속에 살아가는 민심들의 마음을 그리고 있다.

시 속에 포함된 어린 양은 '순수', 비둘기는 '평화', 새빨간 능금은 '풍성한 수확'을 상징적으로 표현하고 있으며 서로 연관성으로 존재하고 있지는 않지만 평화롭고 넉넉하고 풍요로운 이상향의 세계를 내포하고 있다.

신석정은 평화롭고 풍요로운 세계를 어머니와 함께 살고 싶은 마음을 간접적으로 그리고 있으며 결국 어머니는 우리가 바라고 동경하는 평화이며 안식처이다. 김기림은 이 시를 이렇게 평가를 하고 있다. '목신이 조으는 듯한 세계를 조금도 과장하지 아니한 소박한 리듬을 가지고 노래한다.'라고 말을 한다.

이어서 피폐한 현대인의 영혼을 위하여 한 개의 안식처를 준비하고 있는 그의 목가는 그 자체가 견지에 따라서는 훌륭하게 현대문명에 대한 간접적인 비판이기도 하다고 설명을 한다. 신석정의 자연 찬미와 자연의 귀의를 통한 전원적인 생활을 통해서 어머니는 평화의 상징이며 안식으로 적절하게 가슴에 숨어있는 내면을 〈그 먼 나라를 알으십니까〉라는 시에 담고 있다.

이상향의 세계이며 이데아의 세계를 동경하는 전원인 시골에서 평화롭고 풍요롭게 살고자 하는 의미를 신석정은 결국 어머니라는 단어를 통해서 함축적으로 표현해 시로 승화 시킨다.

여기서 신석성의 이상향을 동경하는 〈그 먼 나라를 알으십니까〉의 시를 소개하면 다음과 같다.

어머니,
당신은 그 먼 나라를 알으십니까?

깊은 삼림대(森林帶)를 끼고돌면
고요한 호수에 흰 물새 날고,
좁은 들길에 들장미 열매 붉어,

멀리 노루 새끼 마음 놓고 뛰어다니는
아무도 살지 않는 그 먼 나라를 알으십니까?

그 나라에 가실 때에는 부디 잊지 마셔요.
나와 같이 그 나라에 가서 비둘기를 키웁시다.

어머니,
당신은 그 먼 나라를 알으십니까?

산비탈 넌지시 타고 내려오면
양지밭에 흰 염소 한가로이 풀 뜯고,
길 솟는 옥수수밭에 해는 저물어 저물어
먼 바다 물 소리 구슬피 들려 오는
아무도 살지 않는 그 먼 나라를 알으십니까?

어머니, 부디 잊지 마셔요.
그때 우리는 어린 양을 몰고 돌아옵시다.

어머니,
당신은 그 먼 나라를 알으십니까?

오월 하늘에 비둘기 멀리 날고,
오늘처럼 출출히 비가 내리면,
꿩 소리도 유난히 한가롭게 들리리다.
서리 까마귀 높이 날아 산국화 더욱 곱고
노오란 은행잎이 한들한들 푸른 하늘에 날리는
가을이면 어머니! 그 나라에서

양지밭 과수원에 꿀벌이 잉잉거릴 때,
나와 함께 그 새빨간 능금을 또옥똑 따지 않으렵니까?

과학의 발전과 진보로 인해서 매스 미디어가 등장하여 사람들에게 노래와 영상을 제공하게 된다. 매스 미디어로서 라디오, 전축, TV, 영화로 대변할 수가 있다. 아리랑 가요도 매스 미디어를 통해서 사람들에게 대중적인 인기를 얻으며 사랑을 받게 되는 원동력의 촉진제 역할을 하게 된다.

나훈아의 노래 중에서 라디오, TV, 영화를 통해서 불리고 대중들에게 사랑을 받은 노래들이 타 가수에 비해 월등하게 많은 것을 발견할 수가 있다. 라디오 연속극의 주제가로 불린 노래로서 오늘 소개하고자 하는 〈모정의 세월〉, TV 일일연속극 주제곡으로 〈흰 구름 가는 길〉, 〈아담과 이브처럼〉, 나훈아의 히트곡으로 만들어진 영화와 영화 주제가로 불린 노래로는 〈사랑은 눈물의 씨앗〉, 〈두 줄기 눈물〉, 〈우정〉, 〈잊을 수가 있을까〉, 〈어머님의 영광〉, 〈풋사랑〉 등으로 대체로 간략하게 분류할 수가 있다.

〈모정의 세월〉은 TBC 라디오 연속극의 주제가이다. 신봉승 작사, 박정웅 작곡으로 1971년도에 발표되었다.

〈모정의 세월〉은 직접 대중들을 상대로 발표된 판매상품의 앨범보다는 라디오 연속극으로 불린 노래로 연속극의 주제를 부각해 그 연속극의 내용을 연상하여 사랑을 받도록 의도된 노래이다. 작곡가 박정웅은 〈모정의 세월〉 노래 가사를 전달받고 시내버스에 승차한다.

그리고 버스 안에서 노래 가사 내용의 의미를 이해하고 즉석에서 작곡을 한다. 박정웅은 〈모정의 세월〉을 버스 안에서 하루 만에 작곡을 완성한다.

〈모정의 세월〉 노래를 맨 처음 부른 가수 나훈아이다. 그러나 나훈아가 부른 〈모정의 세월〉은 사람들에게 각인되지 못하고 묻혀있는 상태로 남게 된다. 신인가수 한세일이 2년 후인 1973년도 다시 리메이크하여 앨범 타이틀곡으로 발표를 하면서 공전의 히트곡으로 대중들의 사랑을 받게 된다. 일반적으로 무명

가수 혹은 신인가수가 부른 빅 히트곡을 인기가수들이 부르는 경우가 보편적인 흐름이다.

그러나 〈모정의 세월〉은 인기가수가 불러서 히트시키지 못한 노래를 신인가수가 히트를 시킨 이례적인 사례의 노래라고 할 수 있다. 한세일은 〈모정의 세월〉의 노래를 히트시켜 MBC 10대 가수 신인상을 받게 한 공로의 노래로 영원히 잊지 못할 노래이다 〈모정의 세월〉의 노래는 나훈아보다 한세일이라는 가수가 불러서 더욱 인기를 얻은 노래라고 할 수 있다. 한세일은 〈모정의 세월〉로 대중들로부터 많은 사랑과 인기를 얻게 된다.

〈모정의 세월〉을 떠올리면 한세일이라는 가수가 생각날 정도로 이 노래는 한세일에게는 잊을 수 없는 노래라고 할 수 있다. 그러나 한세일은 리바이벌한 노래인 〈모정의 세월〉 이후에 발표한 노래가 히트되는 앨범을 내지 못하여 가요계의 역사 속으로 사라지고 만다.

우리나라는 사계절이 뚜렷하게 구분되는 극동 지역인 한반도로 온대 지방의 기후를 가진 나라이다. 일 년을 24절기로 구분하여 농사와 생활에 적용하면서 수천 년 동안을 살아오고 있다.

절기의 맨 마지막인 동지는 낮이 가장 짧고 밤이 가장 긴 절기로 전형적인 겨울의 표상을 나타내는 절기이다. 동지는 춥고 긴 겨울의 밤이며 어두컴컴한 질곡의 세월을 연상하게 만드는 절기이며 힘들고 고통스러운 삶의 여정을 간접적으로 비유할 때 사용하는 절기이다.

우리나라 어머니들의 자식에 대한 사랑은 이 세상에서 가장 헌신적이고 처절하리만큼 애틋하다. 불빛이 희미한 등불 아래서 긴긴 겨울 밤에 삯바느질과 자식들 옷을 꿰매는 일로 춥고 차가운 겨울을 보내게 된다. 아지랑이가 땅에서 피어오르고 산새들이 지저귀는 봄에는 논과 밭에 나가 종일 김을 매고 농사를 짓느라 섬섬옥수 같은 손이 투박한 거북이 등처럼 갈라지고 터지는 어머니의 손을 볼 수 있다.

들판에서 뜨거운 햇살을 맞으면서 땅을 일구고 자갈을 고르는 힘들고 어려운 일들을 땀 흘리면서 쉼 없이 가족과 자식을 위해서 내색하지 않고 일하는 동안 세월의 상징인 어머니 얼굴은 주름으로 변해간다.

어머니의 자식 사랑과 근심 걱정은 인위적으로 생성되는 것이 아니라 자연발생적으로 생성되는 근원의 샘이다. 결국, 모정은 인본의 근원이며 자식들의 근원적인 고향이며 평화라고 정의를 내릴 수가 있다.

어머니의 모질고 힘든 역경의 생활환경에서 들국화처럼 자식에 대한 사랑과 애정은 하늘이 내려준 최고의 순수한 인간적인 정의 표본이라고 할 수 있다. 한 부모는 열 명의 자식을 보살필 수가 있지만, 열 자식은 한 부모를 섬길 수 없다는 말이 있다.

어머니의 끊임없는 자식에 대한 근심 걱정과 사랑을 더욱 뚜렷하게 대비시켜 동지라는 절기로 비교한 어머니의 숭고한 모정을 노래로 표현한 대표적인 나훈아의 노래 중에서 〈모정의 세월〉이 으뜸으로 자리잡고 있다고 할 수 있다. 〈모정의 세월〉은 어머니의 자식에 대한 사랑과 정이 음률이라는 선이 굵은 목소리를 통해서 잔잔하게 모정에 대한 그리움을 표현하고 있다. 초반부에 불러주는 노래는 어머니의 일상적인 고생을 내면으로 불러주고 있으며 중반부에 이르러서는 자식으로서 어머니의 사랑을 잊고 살아가는 심정을 그려 눈물샘을 자극한다.

　후반부에 불러주는 나훈아의 창법은 나훈아만이 가지고 있는 최고의 테크닉션으로 나훈아의 진면목을 볼 수 있는 백미라고 할 수 있다. 전반적으로 노래의 흐름이 후반부에 이르러서 불러주는 나훈아의 창법이 모정에 대한 그리움과 애상이 한번에 도출되어 가슴속에 묻어 있던 어머니에 대한 사랑을 환하게 비추어 주는 따스한 햇볕 같은 정감을 전해주고 있다.

　나훈아의 〈모정의 세월〉의 노래는 어머니의 모정에 대해서 잊고 살아가는 사람들에게 효를 일깨워주며 어머니의 힘든 여정을 살아오신 과정을 다시 한번 생각하게 만드는 모정 회귀 욕의 의미를 담고 있는 노래라고 할 수 있다. 여기서 나훈아의 〈모정의 세월〉의 가사를 소개하면 다음과 같다.

1절
동지섣달 긴긴밤이 짧기만 한 것은
근심으로 지새우는 어머님 마음
흰머리 잔주름은 늘어만 가시는데
한없이 이어지는 모정의 세월
아 - - 가지많은 나무에 바람이 일듯
어머니 가슴에는 물결만 높네

2절
길고긴 여름날이 짧기만 한 것은
언제나 분주한 어머님 마음

정성으로 기른 자식 모두들 가버려도

근심으로 얼룩지는 모정의 세월

아 - - 가지많은 나무에 바람이 일듯

어머니 가슴에는 물결만 높네

가성 나훈아의 <고향의 이쁜이>에 관한 연구

　서울은 우리나라 사람들에게는 동경의 도시이고 꿈의 도시라고 할 수 있다. 모든 정치, 경제, 행정, 교육, 노동, 공업, 문화 등 정책이 서울에서 세워지고 집행되는 도시로 서울은 한반도의 수도라는 이미지뿐만 아니라 지방의 젊은이들에게는 서울 드림이라는 말이 탄생하게 된다.
　흔히들 사람이 태어나면 서울로 보내고 말이 태어나면 제주도로 보내라는 어른들 말씀이 생각이 난다. 시골 젊은이들은 피붙이 하나 없는 서울로, 꿈을 실현하기 위해 기차에 몸을 싣고 서울역에서 서울 드림의 첫걸음을 시작한다.
　우리나라는 농업 국가로서 국토는 좁고 지하자원은 부족하고 인구 밀도는 세계에서 몇 번째 가지 않는 어려운 환경 여건을 가지고 있는 나라이다. 풍부한 인적 자원을 개발하여 산업 국가로 발돋움하기 위해서, 5·16군사혁명으로 정권을 잡은 박정희 대통령은 경제개발 5개년 계획을 수립하여 한국을 진정한 산업 국가의 기틀을 만들어 놓는다.

　지방에서 상경한 젊은이들은 다양한 산업의 일터에서 서울의 꿈을 실현하기 위해 주야로 땀과 눈물을 흘려 우리나라 산업의 역군으로서 맡은바 직분에 최선을 다한다. 땀과 눈물의 대가로 받은 월급을 한 푼도 쓰지 않고 개미처럼 저축하여 시골에 땅을 사서 농장을 가꾸고 가족들을 근심 걱정 없이 행복을 실현하려는 일념으로 하루하루를 보낸다.

지방에서 올라온 젊은이들은 가방공장, 염색공장, 가발공장, 제화산업, 전자산업 등의 공장에서 일을 하고 기술을 터득하면서 한국의 수출 정책에 부응하는 최전선의 산업전사로서 우리나라가 공업국가로 발돋움하는데 밑거름 역할을 한다.

우리나라의 젊은 광부와 간호사들이 이역만리 독일에 송출되어 지하, 수십 미터의 갱도에서 석탄을 캐고 간호사들은 독일의 병든 환자들을 간호하면서 달러를 벌어들여 나라의 재정 수입에 직간접으로 도움을 준다.

이렇게 어려운 여건의 환경에서 땀과 눈물을 아끼지 않고 고향에 있는 가족과 이웃 동네에 사는 사랑하는 연인을 생각하며 마음의 위로로 삼고 서울과 독일에서 꿈을 실현하기 위해 노력한다.

잠시 휴식시간에 맑은 하늘에 떠가는 구름을 보며 고국의 하늘을 떠올린다. 깊게 담배 한 모금을 빨아 내뿜으면서 사랑하는 연인을 애타는 마음을 달래 보기도 한다.

서울 드림은 힘들고 열심히 일한 대가로 받은 월급으로 시골에 땅을 사서 사랑하는 연인과 결혼하여 자식 낳고 편안하고 행복하게 농사 짓고 젖소를 기르는 꿈이 바로 지방의 젊은이들이 소망하는 서울 드림이라고 할 수 있다.

30년 세월이 흘러 지금은 우리나라에 들어와 코리안 드림을 꿈꾸는 동남아 젊은이들의 꿈을 연상하면 쉽게 이해가 간다.

물설고 낯선 한국에서 코리안 드림을 그리면서 찾아온 동남아의 젊은이들 인도네시아, 베트남, 방글라데시아, 네팔, 파키스탄 등의 사람들이 주류를 이루고 있다. 우리나라 사람들이 일하기를 꺼리는 공장에서 열심히 땀을 흘리며 잠시의 휴식시간에 고국에 있는 가족과 사랑하는 연인의 사진을 보면서 향수를 달래기도 하고 전화로 서로의 안부와 사랑을 재확인하기도 한다.

동남아의 젊은이들이 꿈꾸는 코리안 드림과 1970년대 우리나라 젊은이들이 지방에서 서울로 상경하여 꿈꾸었던 서울 드림이 같다고 할 수 있다. 서울 드림을 꿈꾸는 젊은이들에게 무언의 힘이 되고 격려의 메시지가 되는 것은 사랑하는 연인이 아닌가 한다.

우리 나훈아의 노랫말 중에서 이쁜이라는 단어가 종종 등장한다. 불후의 히트곡 고향역과 오늘 소개하고자 하는 '고향의 이쁜이' 제목과 노랫말에서 발견하게 된다. 한 여자의 이름을 지명하는 의미가 아니라 시골의 처녀들을 총칭하여 이쁜이라는 단어를 보면 정감이 있고 순박하고 어여쁘다는 의미가 내포된 상징적인 단어로서 부족함이 없다고 할 수 있다.

흘러가는 냇물에 빨래하고, 논밭에서 일하는 어른들을 위해 새참 광주리를 머리에 이고 논둑길을 걸어가는 고향의 처녀의 모습은 인간미가 물씬 풍기는 우리나라의 전형적인 농촌 풍경이라고 할 수 있다.

이런 상징적인 이쁜이의 단어는 외국의 대중가요에서는 볼 수 없는 우리나라에서만 볼 수 있고, 우리가 사랑하고 좋아하는 가성 나훈아의 노랫말에 사용되고 있는 독특한 이미지의 단어로서 노래를 더욱 뜻있고 맛있게 나타내는 의미의 명칭이라고 볼 수 있다. 나훈아의 〈고향의 이쁜이〉 노래는 1976년도 고향 작사, 남국인 작곡, 노래작품이다.

나훈아의 〈고향의 이쁜이〉는 1970년대의 우리나라 젊은이들의 정서를 고스란히 담아놓은 한 폭의 그림과 같은 정신적인 노래라고 할 수 있다. 이 노래를 들으면 1970년대 우리나라 젊은이들이 꿈꾸고 소망하고 바라던 있는 그대로 상상의 세계를 발견할 수가 있다.

이론적으로 막연하게 고향을 그리워하고 사랑하는 이쁜이를 말로 토해내는 허상의 노래가 아니라 실제로 몸으로 실천하여 현실로 이루고자 하는 실천의 노래라고 할 수 있다.

〈고향의 이쁜이〉는 가요사적 의미에서 우리나라 농촌 젊은이들의 끈끈하고 진한 인간미 넘치는 휴머니즘의 노래이며 대표적인 한국 농촌의 풍경을 그려낸 노래 속의 이미지라고 할 수 있다.

가성 나훈아가 인터뷰에서 개인적으로 이런 말을 한다. 내가 만약 노래를 부르는 가수가 되지 않았으면 농촌에서 이웃 동네 처녀와 결혼해서 쟁기를 끌면서 농사를 짓는 농부가 되어있지 않았을까, 하고 말을 한다.

나훈아는 〈고향의 이쁜이〉 노래를 간접적으로 사랑하고 좋아한다는 의미로 받아들인다는 사실이다. 〈고향의 이쁜이〉 노래의 전반부는 농촌의 풍경을 묘사하고 농촌에서 볼 수 있는 씨뿌리는 정경을 시적으로 부른다.

중반부에 이르러서는 서로의 사랑을 다시 확인하는 약속을 잊지 말라는 부분에서는 감정이 불기둥처럼 솟아오르는 느낌을 준다. 마지막 부분에는 고향에 대한 애절한 귀소본능은 노래를 듣는 사람의 뼛속까지 전율을 느끼게 한다.

여기서 〈고향의 이쁜이〉의 가사를 소개하면 다음과 같다.

1절
얼룩소 풀을 뜯는 내 고향 산마루에
옥수수 감자 씨 뿌리며 사랑한다던 이쁜이
약속은 잊지 말아 약속은 잊지 말아
내 고향 이쁜이야 어여쁜 눈썹달이 뜨는
내 고향에 나는 갈 거야 너를 찾아 나는 갈 거야

2절
얼룩소 풀을 뜯는 내 고향 산마루에
옥수수 감자 씨뿌리며 사랑한다던 이쁜이
약속은 잊지 말아 약속은 잊지 말아
내 고향 이쁜이야 어여쁜 눈썹달이 뜨는
내 고향에 나는 갈 거야 너를 찾아 나는 갈 거야

윤동주와 가섬 나훈아의 <후회>에 관한 비교 연구

윤동주는 1917년 북간도 명동촌에서 당시 명동학교 교사인 아버지 윤영석의 맏아들로 태어난다. 특히 윤동주는 동네 교회 장로인 할아버지의 사랑을 듬뿍 받으면서 성장한다. 윤동주는 성격이 내성적이고 온순하여 내면의 의식이 강한 사람이다.

북간도의 명동촌에서 부유한 집안에서 태어나 그 당시 어린이들이 읽기 쉽지 않은 〈이이 생활〉을 구독할 정도로 풍족하게 자란다. 윤동주는 고종사촌 형인 송몽규와는 친척 이상으로 친구이며 동지로서 죽는 날까지 함께 동고동락하는 삶의 과정을 동행한다.

윤동주는 송몽규와 함께 선교사가 운영하는 기독교계 학교인 은진중학교에 입학한다. 이 시절 동아일보 신춘문예 꽁뜨 부문에 송몽규의 〈숟가락〉이 당선되어 윤동주에게 습작하도록 영향을 받게 된다.

윤동주는 정식으로 문단에 등단하여 문인으로 활약한 사람이 아니라 평소에 습작으로 써온 시를 지인들이 시집을 발간하여 세상에 알려지게 된 특이한 경우의 시인이라고 할 수 있다. 윤동주는 1935년 평양 기독교계 학교인 숭실중학교에 편입한다. 그러나 윤동주는 일본이 신사 참배를 강요하자 자퇴한다.

다시 윤동주는 용정의 광명중학부, 송몽규는 평양의 대성학교에 편입하여 학업을 재계한다. 두 사람은 1938년 미국의 선교사가 운영하고 민족의식이 높은 교수들이 포진한 연희전문 문과 입학을 한다.

윤동주가 연희전문학교 다닐 때 1941년 졸업 기념으로 19편의 시를 묶어 〈하늘과 바람과 시〉라는 가칭의 제목을 지어놓고 각각 3부씩 만든다. 하나는 본인이 소장하고 그중 두부는 존경하는 이양하 교수, 후배인 정병욱에게 전달한다.

이 19편의 시와 나중에 습작한 시를 합하여 30편의 시를 지인들이 〈하늘과 바람과 시〉로 발간을 하게 된다. 1942년 연희전문을 졸업한 윤동주와 송몽규는 일본으로 유학길에 오르게 된다.

송몽규는 경도 제국대, 윤동주는 경도 동지사대학 영문학과에 입학한다.

그들은 1943년 7월 여름방학을 맞이하여 귀국길에 오른다. 그러나 일본 경찰에 독립운동이라는 죄목으로 체포되어 복강형무소에 수감된다.

윤동주와 송몽규는 독립운동 혐의로 일본 재판에서 1944년 윤동주는 2년의 징역, 송몽규는 2년 반의 징역을 언도받는다.

일본 경찰의 생체실험으로 의문의 주사를 맞고 윤동주는 1945년 2월 16일 28세의 나이로 복강형무소에서 생을 마감한다. 일제 말기에 조선어 말살 정책을 악랄하게 탄압하던 시기에 윤동주는 우리말로 시를 쓰며 민족의 문화를 보존하려고 노력한다.

윤동주는 일제의 탄압에 굴복하지 않고 견고하게 이겨내면서 자신의 삶을 자아 성찰의 시로 승화를 시킨다. 윤동주는 민족과 정의를 위해서 예수 그리스도처럼 나에게 십자가가 지워진다면 기꺼이 속죄양으로 죽을 수가 있다고 말을 한다.

윤동주는 정지용과 백석의 영향으로 우리말의 아름다움을 최대한 살려 맑고 고운 동시를 남겼고, 또한, 아름다운 서정의 세계를 보여 주고 있다. 윤동주는 나라 없는 민족이 만주에서 살아가는 욕된 삶에 자아 성찰을 모티브로 하여 시를 쓰게 된다.

거울이라는 매체를 통하여 현실적 자아와 내면적 자아로 표출을 한다. 거울에 비치는 현실적 자아를 도덕적, 적극적 자아로 표현한다. 망국의 욕된 자신의 삶을 무관심으로 방치한 짧은 삶을 뉘우치는 참회의 시가 바로, 참회록이다.

앞으로 다가오는 미래의 삶은 절대로 지난날의 삶의 전철을 밟지 않고 녹슨 구리를 외롭고 고통스럽더라도 밤낮을 가리지 않고 문질러 닦아 광명의 밝고 즐거운 세계를 꿈꾸면서 그리고 있다.

암담한 지금의 현실에 안주하지 않고 자아 성찰을 통하여 내일의 희망을 위해서 끊임없이 노력하는 참회의 삶을 살고자 하는 마음을 알 수가 있다. 현재의 욕된 삶과 암담한 상황 속에서 미래의 꿈과 희망을 위해 다시 거울이라는 매체를 통해서 참회의 뉘우침을 인식하는 적극적, 도덕적 자아를 발견하게 된다.

결국, 현실적 자아와 도덕적 자아의 간극을 제거하고 동일하게 삶을 적극적으로 뉘우침의 참회 없이 삶을 살고자 하는 시적 자아를 표현하고 있다.

여기서 윤동주의 대표적인 시 〈참회록〉을 소개하면 다음과 같다.

파란 녹이 낀 구리거울 속에
내 얼굴이 남아 있는 것은

어느 왕조의 유물이기에
이다지도 욕될가.

나는 나의 참회의 글을 한 줄에 주리자
만 이십사년 일개월을
무슨 기쁨을 바라 살아왔든가.

내일이나 모레나 그 어느 즐거운 날에
나는 또 한 줄의 참회록을 써야 한다
그때 그 젊은 나이에
왜 그런 부끄런 고백을 했든가.
밤이면 밤마다 나의 거울을
손바닥으로 발바닥으로 닦아 보자.

그러면 어느 운석 밑으로 홀로 걸어가는
슬픈 사람의 뒷모양이
거울 속에 나타나 온다.

나훈아의 〈후회〉는 1971년 초반에 발표된 노래로서 임영일 작사, 이인권 작곡의 작품이다. 작사가와 작곡가가 동일인이 이인권이다. 임영일은 이인권의 예명으로서 1938년 10월에 빅터레코드사에서 발표한 노래 〈얄구진 운명〉은 이인권이 예명인 임영일로 이름을 사용한다. 이인권은 본명으로 1938년 11월에 오케레코드사에서 발표한 노래 〈눈물의 춘정〉이다. 이인권의 히트곡으로 대중들에게 널리 불린 〈꿈꾸는 백마강〉이다. 이인권은 8·15해방 이전까지 만주에서 많은 공연 활동을 하고 귀국한다.

이인권은 1911년 11월 5일 함경북도 청진에서 출생하여 청진상업학교를 졸업한다. 이인권은 1947년 5월 가극 〈쾌걸 데아블로〉로 작곡가로 데뷔를 하게 된다. 6·25동란 중에 이인권은 8사단 정훈공작대종군으로 복무를 하며 그의 부인인 이순옥은 가수 겸 연기자로서 최전방 위문 공연 도중 행방불명되어 찾지를 못하게 된다.

이인권이 대표적으로 작곡한 노래는 〈꿈이여 다시 한번〉, 〈카투사〉, 〈외나무다리〉, 〈들국화〉, 〈살아있는 가로수〉, 〈단골손님〉, 〈바다가 육지라면〉, 〈산포도 처녀〉 등이 있다.

이인권은 많은 영화 주제곡을 만드는데 대표적인 영화는 〈나는 고발한다〉, 〈청춘배달〉, 〈피 묻은 대결〉, 〈죄 없는 청춘〉, 〈울지 않으련다〉, 〈박서방〉, 〈마부〉, 〈양귀비〉, 〈상한 갈대를 꺾지 마라〉, 〈신입사원 미스터리〉, 〈호동왕자〉, 〈새엄마〉, 〈두 아빠〉, 〈삭발의 모정〉, 〈별아 내 가슴에〉, 〈울며 헤어진 부산항〉 등이다.

이인권이 가수로서 본인이 직접 노래를 부른 곡을 열거하면 〈잃어버린 천사〉, 〈향수의 휘파람〉, 〈우편마차〉, 〈잘 있거라 청진항〉, 〈귀국선〉, 〈선죽교〉, 〈미사의 종〉 등이다. 이인권은 1973년 9월 29일 심근경색증으로 타계한다.

〈후회〉는 이인권이 타계하기 2년 전에 만든 노래이다. 후회라는 의미는 지난날의 잘못을 의미한다. 이별에서 오는 고통과 슬픔을 잊기 위해서 몸부림치며 애달프게 가슴을 저미도록 만든 노래가 〈후회〉이다.

맨 처음 인연이 되어 남자의 순정을 다 바쳐 한 연인을 사랑한다. 사랑하는 동안은 연인에 대한 소중한 그리움과 인정의 그리움을 잊어버린다. 소중한 사랑을 헌신짝처럼 던져버리고 자신의 잘못된 행동을 뉘우치는 사나이의 흐느끼는 울음은 황소의 울음처럼 만든다.

나훈아의 〈후회〉의 노래는 리듬이 시작부터 애절하고 깊은 사연의 감상적인 서정과 이별의 한을 표출하는 노래로 초창기 나훈아 미성의 목소리와 노랫말이 절묘하게 조화를 이루어진 노래라고 할 수 있다.

사나이가 사랑한다고 자기의 순정을 다 바쳐서 사랑하고, 내가 먼저 헤어지자고 말을 해놓고 이별의 슬픔을 참지 못하고 자신의 못난 행동을 가슴 치고 통곡하며 잘못을 뉘우치는 행동을 그리고 있다.

이런 부류의 노래를 흔히들 애이불비 노래라고 불린다. 겉으로는 헤어지자고 말을 하지만 내면은 절대 헤어지지 말자는 강한 감정이 밑바탕에 흐르고 있다. 이별을 후회하면서 자기 자신을 원망하고 꾸짖는 낱말로 바보라는 단어에서 암시하고 있다.

지난 시절의 아름다운 속삭임, 달콤한 사랑의 시간은 지나가고 헤어짐에서 오는 이별의 고통은 사나이 가슴에 눈물로 점철되어 흐르게 된다. 진실한 사랑은 슬픔과 비례하여 고통을 동반하고 잘못을 뉘우치며 과거를 회상하게 된다.

나훈아의 〈후회〉의 노래는 보편적으로 애절하게 지난 사랑을 갈구하고 회상하듯이 들려준다. 서정적인 사랑과 감성적인 필이 강하게 느끼는 노래로서 강물에 나뭇잎이 흘러가듯이 굽이굽이 나훈아의 감성이 짙게 느껴지는 노래라고 할 수 있다.

맑고 잔잔한 호숫가에 돌을 던져 물결이 곡선을 만들듯이 들는 사람으로 하여금 나훈아의 노래에 빠져들게 만드는 묘한 마력을 가지고 있는 노래로 볼 수 있다.

특히 1970년대 초반의 노래로서 나훈아의 기교적인 느낌보다 순수한 본연의 음성의 색깔이 단순하면서도 짙은 물감을 뿌려놓듯이 노래 속에 숨어있는 감상적인 정서를 전해주는 노래라고 할 수 있다.

여기서 나훈아의 〈후회〉 가사를 소개하면 다음과 같다.

1절
내가 먼저 사랑하던 그 사람 버려놓고
내가 먼저 울 줄이야 나도 몰랐소
당신께 바친 정이 이다지 깊은 줄
몰랐다 몰랐다 어리석은 사나이
차라리 가슴 치며 나 혼자 울련다

2절
흐느끼며 매달리던 그 사람 버려놓고
이제 와서 후회할 줄 진정 몰랐소
사나이 바보처럼 울어야만 될 줄
알면서 알면서 쓰러져서 올 줄이야
모든 것 있고 정처 없이 가련다

이형기와 가성 나훈아의 <좋았다가 싫어지면>에 관한 비교 연구

이형기는 1933년 1월 6일 경상남도 진주에서 출생한다. 진주 농림학교를 졸업하고 상경하여 1956년도 동국대학교 불교학과를 졸업한다. 이형기는 졸업 후에 언론계에 몸을 담는데 〈연합신문〉, 〈동양통신〉, 〈서울신문〉에서는 기자로 활동하고 〈대한일보〉, 〈국제신문〉의 언론사에서는 정치부장, 문학부장, 논설위원, 편집국장으로 엮임 한다.

이형기는 한국문인협회 상임이사를 마감하고 대학교수로서 학생을 가르치게 된다. 먼저 부산산업대학교에서 근무한 후에 모교인 동국대학교에서 후진 양성에 열중한다. 이형기는 언론계와 교육계에서 근무한 경력으로 다양한 상들을 받게 되는데 대략 열거를 하면 대한민국 문학상, 예술원상, 은관문화훈장, 서울특별시 시문화상 등을 받는다.

이형기는 1949년 〈문예〉에 시 〈비 오는 날〉 그다음 해에 〈코스모스〉, 〈강가에서〉가 추천되어 등단하게 되는데 우리나라 문학 역사상 최연소 등단 기록을 세우게 된다.

이형기는 1962년 〈현대문학〉에 평론 〈상식적 문학론〉을 발표하면서 시뿐만이 아니라 평론 분야에도 크게 활약을 한다.

이형기의 작품 세계를 살펴보면 초기에는 삶과 인생을 긍정하고 자연 섭리에 순응하는 전형적인 서정시를 주로 쓴다. 후기에는 허무에 바탕을 둔 관념을 중심으로 한 날카로운 감각과 격정적인 표현이 눈에 띄는 시를 발표한다. 이형기는 문학 활동을 통해서 많은 상을 받는데 한국문학가 협회상, 문교부 문예상, 시인협회상, 한국문학 작가상을 수상 한다.

이형기의 주요 작품을 보면 시집으로서 〈적막강산〉, 〈돌베개의 시〉, 〈꿈꾸는 한밭〉, 〈절벽〉, 〈존재하지 않는 나무〉가 있으며 또한 수필집으로 〈서서 흐르는 강물〉 〈바람으로 만든 조약돌〉과 함께 평론집으로 〈감성의 논리〉, 〈한국문학의 반성〉 등이 있다.

낙화의 의미는 무성한 녹음과 열매를 맺기 위하여 떨어지는 꽃송이를 말한다. 즉 떨어지는 꽃송이 낙화를 통해서 이별과 죽음을 바라보는 시인의 깊은 통찰력을 담고 있는 시가 바로 낙화이다.

이형기가 25세의 젊은 나이인 1957년도에 쓴 작품으로서 그의 천재적 문학성을 세상에 알리는 계기가 된다. 전체적으로 낙화는 차분한 어조로 삶의 보편적 측면에 대한 깨달음과 체념, 생의 예지를 펼쳐주고 있다. 젊은 시인으로서 내면에 서려 있는 감상적인 색채가 완전히 벗어나지 못하고 있지만, 그 당시의 절망과 허무가 어느 정도 남아있는 문단에서 정제된 서정시는 상당히 높은 평가를 받았다.

이형기는 떨어지는 꽃을 보며, 꽃이 사라지는 모습이 사람 사이의 만남과 헤어짐으로 설정을 한다. 사랑과 이별을 젊은이들의 몫으로 국한시키지 않고 일반 사람들의 세계로 보편적인 측면으로 확대시킨다.

그러므로 가야 할 때가 언제인가를 분명히 알고 가는 낙화의 아름다운 모습은, 사랑하면서도 떠나야 할 것을 알고 떠나는 연인일 수도 있고, 또한 부와 명예를 보장해주는 좋은 자리라 할지라도 그 자리에 연연하지 않고 떠나가는 사람일 수도 있다.

꽃은 떨어진다는 자연의 섭리에 순응한다는 의미, 즉 이별과 죽음의 고귀한 깨달음을 형상화하고 있다. 낙화는 여름에는 무성한 녹음과 가을에는 풍성한 열매를 맺기 위해서 피할 수 없는 통과 제의를 보여 줌으로 우리의 삶은, 무성한 녹음과 풍성한 결실을 위해서는 청춘의 아픈 고통을 감내하여야 한다는 사실을 알려주고 있다. 이형기의 낙화 시에서 전달해주고자 하는 주제는 한마디로 이별의 아픔을 극복하는 성숙의 경지를 말해주고 있다.

여기서 이형기의 대표적인 시 〈낙화〉를 소개하면 다음과 같다.

가야 할 때가 언제인가를
분명히 알고 가는 이의
뒷모습은 얼마나 아름다운가.

봄 한철
격정을 인내한
나의 사랑은 지고 있다.

분분한 낙화…
결별이 이룩하는 축복에 싸여

지금은 가야 할 때

무성한 녹음과 그리고
머지않아 열매 맺는
가을을 향하여
나의 청춘은 꽃답게 죽는다.

헤어지자
섬세한 손길을 흔들며
하롱하롱 꽃잎이 지는 어느 날

나의 사랑, 나의 결별
샘터에 물 고인 듯 성숙하는
내 영혼의 슬픈 눈

 해는 아침에 동쪽에서 떠 저녁에 서쪽으로 지고, 봄에 돋아난 잎은 가을에 낙엽으로 지는 만고의 진리를 알고 있다. 사람은 태어나서 늙으면 죽는다는 사실을 알고 있다. 사람은 만남과 이별은 우주의 수레바퀴에서 돌고 도는 한정된 삶을 찰나로 맞이하며 살아가고 있다.
 그러므로 만남은 곧 이별이며 이별은 만남을 의미한다고 볼 수 있다. 맑은 날이 있으면 흐린 날이 있고, 더운 날이 있으면 추운 날이 있듯이 자연은 상대적인 음양의 원리로 운행이 되며 사람이 사는 인간의 세계도 상대적인 음양의 원리가 적용되며 살아가고 있다.

꽃이 피고 아름다운 향기가 피어오를 때 꽃은 꽃으로서 최고의 미를 구가한다. 그러나 시간이 흘러 꽃잎이 시들고 떨어질 때 꽃은 누추한 모습으로 바닥에 떨어져 구차한 존재로 생을 마감한다. 밝은 양이 있으면 어두운 음이 있듯이 사람이 만나면 이별이라는 헤어짐을 인지하고 살아가고 있다. 만남은 기쁨과 즐거움을 주지만 이별의 헤어짐은 슬픔과 눈물의 추억을 만들어주고 간다.

나훈아의 〈좋았다 싫어지면〉의 노래는 정진성 작사, 작곡으로 1970년도에 발표된 작품이다. 사랑은 만남으로 시작되어 아름다운 추억을 만들어주고 헤어질 때는 이별이라는 눈물의 아픈 추억으로 기억되는 만남과 이별의 사연을 상대적인 감성의 정서를 담고 있는 노래가 〈좋았다 싫어지면〉의 노래이다.

사랑이라는 인연으로 만남의 시작은 시간의 길고 짧음을 떠나 설렘과 환희의 웃음을 주며 또한, 시간과 공간을 초월하여 정신적, 애상적인 추억의 그림을 머릿속에 영상처럼 각인을 시켜준다.

그러나 사랑이 이별이라는 헤어짐은 눈물과 슬픔으로 가슴 아픈 잊히지 않는 추억으로 남게 된다. 사랑의 깊이가 강할수록 이별의 아픔은 비례하고 눈물은 더욱 뜨겁게 두 볼을 적셔 주는 속성을 가지고 있다. 이별을 맞이하면서 떠날 때 웃으면서 떠난다는 의미는 역설적으로 말하면 겉으로 울지 않더라도 내면으로는 찢어지는 아픔의 눈물을 암시하고 있다고 할 수 있다.

나훈아의 〈좋았다 싫어지면〉의 노래 가사는 한마디로 요약하면 김소월의 시 〈진달래꽃〉과 같은 의미를 가사에 담고 있다.

〈좋았다 싫어지면〉 노래는 나훈아의 꺾기, 뒤집기, 강약의 엑센트와 바이브레이션의 기교를 사용하지 않고 가사의 내면에 숨어있는 의미를 미성으로 차분하게 불러주는 창법의 노래라고 할 수 있다.

나훈아 본연의 목소리에 혼의 소리를 감상할 수 있는 노래로서 의미가 있다고 볼 수 있다. 특히 〈좋았다 싫어지면〉의 노래는 사나이가 떠날 때 절대로 울지 않고, 웃고 떠난다는 아름다운 여운으로 헤어짐의 슬픔을 역설적으로 어필하는 노래이다.

사랑할 때와 떠날 때를 상대적, 이분법적인 기법을 사용하여 이별의 아픈 감정을 담담하게 수용하는 사나이의 심정을 고스란히 담고 있는 노래라고 할 수 있다.

여기서 나훈아의 〈좋았다가 싫어지면〉 가사를 소개하면 다음과 같다.

사나이가 사랑 때문에 울기는 왜 울어
좋았다 싫어지면 좋았다가 싫어지면
웃으며 헤어져야지 너무나 짧은 행복
미련을 못 잊어서 눈물은 왜 흘려
사나이 사나이라면 웃으며 헤어져야지

사나이가 미련 때문에 울기는 왜 울어
좋았다 싫어지면 좋았다가 싫어지면
말없이 헤어져야지 너무나 가슴 아픈
추억을 못 잊어서 울기는 왜 울어
사나이 사나이라면 말없이 돌아서야지

박목월과 가성 나훈아의 <인생은 주막>에 관한 비교 연구

박목월은 우리나라 청록파 시인의 한 사람으로 자연을 소재로 주옥같은 시를 창작한 사람이다. 청록파 시인으로서 박목월, 조지훈, 박두진을 말한다. 이 세 사람은 공동으로 청록 시집에 참여하여 하나의 유파로서 우리는 청록파라고 일컫는다.

또한, 이 세 사람을 자연파라고 부른다. 이 세 사람의 하나의 특징으로 자연에서 소재를 구하여 자연과 사람이 조화되는 수많은 시를 창작하여 많은 독자에게 암송되고 즐겨 읽는 유파의 하나로서 우리나라 시문학에 커다란 자리를 차지한다.

청록파 혹은 자연파의 한 사람인 박목월은 본명이 박영종으로 경상북도 경주에서 출생하여 대구 계성중학교를 졸업한다. 우리에게 <향수>라는 시와 노래로 유명한 시인인 정지용의 추천으로 <문장>을 통하여 문단에 등단하게 된다. 박목월은 헌칠한 키와 구수한 경상도 사투리로 우리나라 시문학을 한 단계 업그레이드한 시인이다.

박목월은 우리나라 민요조 리듬에 애국 사상과 자연의 순수한 일면을 여과시켜 한국의 시문학을 독창적인 경지로 승화시킨 시인이다. 자연을 실제로 존재하는 자연의 대상이 아니라 내면에 존재하는 이상화, 형상화한 자연으로 이해를 한다.

우리나라 소정의 교양 교육을 받은 사람들이 암송하고 즐겨 읽을 수 있는 시들은 한정되어있다고 볼 수 있다. 그러나 박목월은 우리나라 최고의 낭만 시로서 유명한 〈나그네〉, 〈윤사월〉, 〈청노루〉, 〈산도화〉 등은 사람들에게 널리 읽히고 암송되는 시이다. 특히 〈나그네〉는 고등학교 교과서에도 실려있고, 일반적으로 시에 관심 있는 사람이라면 누구나 알고 있는 대표적인 낭만시다. 〈나그네〉는 일제 말기 암흑 시기에 주권을 잃고 방황하는 민중들을 대변하여 쓴 상징적인 단어이다. 박목월은 나그네라는 단어를 통하여 자연과 사람이 함께하는 모습을 유효적절하게 시로 창작하여 민족의 설움과 애달픔을 달래주는 수단으로 파악한다. 박목월의 시는 한국인의 정서와 밀접하게 연관되어 있고 한국적이고 향토적인 언어를 구사하여 한국 사람들에게 많은 사랑을 받게 되는 요소이다.

　박목월의 시 〈나그네〉는 시행이 짧고 적은 수의 어휘를 사용한 시로 이미지를 뚜렷하게 부각한 시로서 언어의 경제성을 살린 최고의 시로 주목을 받게 된다. 〈나그네〉의 시 속에 포함되어 있는 구름에 달 가듯이 나그네는 여기저기 정처 없이 발길 닿는 대로 가는 행운유수처럼 유유자적하는 모습을 자연에 비유하여 그린 멋진 표현의 핵심이라고 할 수 있다.

　〈나그네〉는 서정적, 낭만적, 향토적인 특징을 가지고 있으며 체념과 달관을 초월하여 어떤 굴레나 속박에서 벗어나 해탈한 동양적인 경지로 파악할 수 있다. 박목월의 〈나그네〉는 가장 한국적이고 향토적인 언어를 사용하여 시각적, 후각적 이미지를 부각해 읽는 독자들에게 영상미를 제공하고, 또한 어떤 정치적, 사회적, 경제적인 억압의 속박에서 벗어나 유유자적하는 평화로운 평정심을 찾아, 발길 닿는 대로 가는 〈나그네〉라는 시를 통하여 간접적으로 전달해준다.

박목월을 추천하여 문단에 등장하게 한 정지용은 '남쪽에는 박목월이 존재하고 북쪽에는 김소월이 존재한다.'라는 말로 극찬을 한다. 박목월은 한국의 시 문학에서 밤하늘에 반짝이는 별처럼 우리들의 가슴속에 존재한다고 할 수 있다.

여기서 박목월의 시 〈나그네〉를 소개하면 다음과 같다.

강나루 건너서 밀밭길을
구름에 달 가듯이 가는 나그네
길은 외줄기 남도 삼백리
술 익는 마을마다 타는 저녁놀
구름에 달 가듯이 가는 나그네.

우리는 어디서 와서 어디로 가는가 하는 문제에 봉착하게 된다. 그래서 동양과 서양의 철학자는 인생이라는 문제를 가지고 다양한 사상을 만들어 접근을 시도하지만, 명확한 해답을 주지 못하고 미완성 상태로 현존하고 있다.

일반적으로 사람은 나그네와 길손처럼 발길 닿는 대로 걷다가 잠시 정자나무 그늘에서 쉬었다가 옷매무새를 다시 매만지고 풀어진 신발 끈을 묶고 끝없이 알 수 없는 길을 떠나가는 모습으로 인생을 표현한다.

나그네와 길손은 동의어의 의미로 사용한다. 나그네와 길손은 정해진 목적 없이 길을 떠나 자유스러운 생각과 행동으로 인생을 단편적으로 표현하는 단어라고 할 수 있다. 시나 소설은 시간의 여유를 가지고 지면에 할애하여 독자에게 어필한다. 그러나 노래는 일정한 시간 안에, 표현하고자 하는 내용을 듣는 사람에게 음성으로 전달을 한다. 대중가요로 인생이라는 문제를 가장 정감 있게 깊숙이 우리들의 마음을 움직이는 노래가 있다. 바로 나훈아 부른 〈인생은 주막〉이다. 이 노래는 1973년 작사, 작곡한 사람은 변혁이다.

변혁은 포크송과 대중음악에 가정적, 동요적 요소를 가미한 음악을 많이 창작한 사람이다. 변혁은 이런 자기의 틀을 벗어나 무게가 있고 심오한 철학적 의미가 있는 〈인생은 주막〉이라는 노래를 작사, 작곡한다. 일반 사람들이 쉽게 이해하고 평이한 단어를 사용하여 노랫말을 만든다.

노랫말에 사용한 단어는 주막, 길손, 정, 해, 너와 나이다. 일상생활에서 누구나 들으면 알 수 있고 이해가 되는 단어가 변혁의 손에 의하여 철학적 의미의 노래 가사가 탄생하게 된다. 길손은 길을 가는 사람이라는 의미로 나그네와 동의어이고, 주막은 길을 가는 나그네가 잠시 들러서 쉬어가는 술집을 말한다. 결국, 주막은 사람이 태어나서 잠시 들렀다가 가는 의미의 상징어라고 할 수 있다.

주막이라는 속절없이 지나가는 짧은 시간의 세상에서 만난 사람과의 인연과 감정을 정으로 표현한다. 노랫말 속에 너와 나는 정과 일맥상통하는 의미로 파악된다. 해는 삶의 시간을 정해주는 세월을 의미하는 단어로 사용되어 운명적으로 헤어져야 하는 이별의 시간을 말한다.

나훈아는 〈인생은 주막〉이라는 노래를 마음의 울림으로 부른다. 가슴 깊은 배에서 우러나오는 목소리로, 오리지널 원음으로 소화하여 부르는 나훈아의 음성은 철학자가 인생이라는 메시지를 강력하게 전달하듯이 강한 쇼크를 준다. 나훈아가 이 노래를 부르는 모습은 마치 철학자가 되어 대중에게 삶을 알려 주는 전령사처럼 보이기도 한다. 대중음악 중에서 〈인생은 주막〉의 노래가 대중음악이면서도 대중음악 같은 느낌을 주지 않는 노래가 바로 이 노래라고 할 수 있다.

1970년대 초창기에 우리나라는 컬러 TV가 아니라 흑백 TV 시대였다. 나훈아가 텔레비전에 출연하여 배경음악으로 부른 노래가 〈인생은 주막〉이다. 자전거에 처녀를 태우고, 반듯하게 뻗은 가로수가 나오는 장면과 자전거를 세워놓고 하늘을 응시하여 부르는 나훈아의 모습은 정말로 나그네가 행운유수처럼 유유자적하게 구름에 달 가듯이 체념과 달관을 초월하여 동양적인 해탈의 경지로 노래를 음미하는 모습이 떠오른다.

젊은 시절에 나훈아가 부른 철학적인 깊이가 있고 심오한 인생의 뜻이 있는 〈인생은 주막〉을 듣고 있노라면 모든 사람에게 평상심을 주는 진정제 같은 노래이다. 마치 약초를 채집하여 압축기로 짜서 한 알의 정제가 되어 삶의 지표를 알려주는 함축된 노래라고 할 수 있다. 나훈아는 이 노래를 초반부와 중반부까지는 기교와 테크닉이 전혀 가미되지 않은 원음으로 노래 부른다. 마지막 후렴부에 가서 부르는 나훈아의 노래는 가슴에 진동과 파장을 일으키듯이 정적인 면과 동적인 면이 혼합되어, 진한 메아리가 되어 눈시울을 적시고 다시 뒤돌아보는 관조의 시간을 준다. 〈인생은 주막〉은 인동초 같은 삶의 영원성과 생명성을 내포하고 있는 철학적인 대중의 노래라고 할 수 있다.

여기서 〈인생은 주막〉의 가사를 소개하면 다음과 같다.

인생은 주막이요 외로운 길손, 가다가 쉬어가세 정들면 묵어가세,
해가지면 헤어질 너와 나인데, 무엇이 안타까워 돌아서나.
황혼이 짙어가는 고갯마루에, 인생은 주막이요 외로운 길손.
끝없이 흘러가는 흰구름 따라 떠도는 몸이지만 정만은 두고가세,
해가지면 헤어질 너와 나인데, 그 무슨 미련으로 돌아서나.

황순원과 가성 나훈아의 <고향의 그 사람>에 관한 비교 연구

　우리나라 현대문학사에서 근 50년 동안 성실하게 창작활동을 하면서 많은 작품을 발표한 작가로 황순원을 꼽을 수가 있다.

　황순원은 일제 말기 식민 시대부터 오늘날까지 정열과 열정을 바쳐서 붓을 놓지 않고 꾸준하게 활동한 작가로서 우리나라 현대문학사에서 차지하는 비중은 대단히 높이 평가할 만한 작가로 볼 수 있다.

　황순원은 평안남도 대동군 재경면 빙장리에서 부친 한찬영과 모친 장찬우의 장남으로 1915년 태어난다. 모친은 이웃 마을인 평안남도 재경면 천서리 순박한 농부의 딸로 태어난다. 황순원의 작품 세계에서 모성애에 강한 영향을 준 어머니이다.

　황순원의 작품 속에서 창조된 인물로 평가를 받는 모성애적 작품으로 우리가 엿볼 수 있는데 대표적으로 〈별과 같이 살다〉의 곰녀와 〈카인의 후예〉에서 오작교가 모성애적 인물로 창조된다.

　황순원의 모성애는 근본적으로 영향을 받게 된 이유는 황순원의 아버지가 3·1운동으로 옥살이할 때 황순원은 다섯 살이었다. 황순원은 어머니와 단둘이 고향에서 살아 짧은 기간 동안 황순원의 문학작품에 심대한 영향을 주게 된다.

황순원은 숭실중학교를 다니던 16세부터 시를 쓰기 시작하여 이듬해 7월에 〈동광〉지에 〈나의 꿈〉과 9월에 〈아들아 무서워라〉를 발표하면서 문단에 등단한다. 황순원은 1930년부터 동요와 시를 발표하고 1934년부터 첫 시집 〈방가〉를 출판함과 동시에 본격적인 작품 활동을 하게 된다. 황순원은 일곱 살 때 평양으로 이사를 하고 1929년 평양 송덕소학교에 다닌다.

같은 해에 정주에 있는 오산학교를 한 학기 다니고 숭실중학교로 전학 간다. 숭실중학교는 아버지와 삼촌이 다닌 모교이며 동시에 아버지가 학교 사감으로 근무를 하던 중학교이다. 숭실중학교를 졸업하고 황순원은 일본의 동경 유학길에 오르게 된다. 황순원은 일본 와세다대학 영문과를 졸업하고 고향에서 작품 활동에 전념한다. 황순원이 18세 때인 1932년 5월에는 주요한과 김해강, 모윤숙, 이응수 등과 더불어 촉망받는 신예 시인으로 소개를 받는다. 8·15광복을 맞이하여 조국의 독립을 잠시 만끽하고 6·25동란을 겪는다. 황순원은 이북 공산주의자의 억압과 탄압을 피하여 가족을 데리고 남으로 피난한다. 황순원은 피난지에서 작품을 계속하여 써서 발표하면서 9·28수복과 동시에 서울로 환도를 한다.

황순원은 43세 되던 해인 1957년 4월에 경희대학교 문리대 조교수로 임명됨과 동시에 예술원 회원으로 피선된다. 황순원은 1938년 〈삼사문학〉 동인으로 활동하면서 시와 소설을 함께 발표한다.

1940년 단편소설집 〈늪〉을 간행하면서 본격적으로 소설에 전념하게 된다. 해방 후에는 단편소설인 〈독짓는 늙은이〉, 〈곡예

사〉, 〈학〉과 장편소설인 〈별과 같이 살다〉, 〈카인의 후예〉, 〈인간 접목〉 등을 발표한다.

황순원의 작품 세계는 초기에는 단편소설의 완결성과 단일성에 걸맞은 개인의 문제에 중점을 두고, 장편소설을 발표하면서부터는 삶의 총체적인 인식에 주력하여 많은 문제작을 내놓는다. 황순원의 작품에서 사용하는 언어는 시적인 언어를 바탕으로 한 치밀한 문체와 스토리의 조직적인 전개를 특징으로 한다. 그의 문체는 설화성을 바탕으로 하고 있다. 따라서 작가는 인간의 본연적인 심리를 미세하게 묘사하는가 하면 비극적인 현실을 심원한 사상이나 종교로 감싸고 이해하려는 주체 의식의 확대로 파악을 한다.

황순원은 자기의 작품을 활자화할 때 직접 수정과 교정에 참여하는 경향을 띠었다. 그것은 자기의 작품에 관심과 애정의 표출로 결벽증으로 보는 시각도 있지만, 장인정신의 완벽성으로 볼 수가 있다.

평론가들은 이렇게 말한다. '단 한마디의 군살이 없이 간결하면서도 서정미가 넘치는 씨의 문장은 우리말이 갖는 아름다움의 한 극치를 보여준다.'라고 평을 한다. 어떤 평론가는 이렇게 평을 한다. '이미 한국 산문 문체의 모범으로 정평이 나 있는 그의 문장 미는 서정성과 절제로 충분할 만큼 그 대가로 사상이나 이념의 직접적인 표출과 치열하게 흥분한 감정의 폭발을 억제한다.'라고 했다.

따라서 그것은 황순원의 소설을 전체적으로 보아 정적이고 수채화 같은 인상을 주고 한결같이 황순원의 소설 문장의 탁월성을 높이 치하고 있다.

　황순원은 일제의 문화 말살 정책과 6·25전쟁의 와중에도 펜을 놓지 않고 쉼 없이 작품에 전념하여 많은 작품이 탄생한다.

　황순원은 100여 편의 단편소설과 1편의 중편소설 그리고 7편의 장편소설을 쏟아낸다. 황순원의 성실성과 열정의 결정체로 작품화한 소설로 많은 문학상을 받는다. 대표적으로 수상한 작품은 〈나무는 비탈에 서다〉로 예술원상, 〈일월〉로 3·1 문화상, 〈신들의 주사위〉로 대한민국 문학상 본상을 받게 된다.

　황순원의 작품 중에서 〈나무는 비탈에 서다〉, 〈카인의 후예〉, 〈독 짓는 늙은이〉, 〈소나기〉, 〈일월〉 등의 다수 작품은 영화화하여 영화로 상영되고 외국어로 번역되어 한국문학의 대표로 소개되기도 한다. 황순원의 단편소설인 〈소나기〉는 1959년 〈신태양〉에서 발표한 소설이다.

　소년과 소녀의 순수한 사랑을 표현한 〈소나기〉의 줄거리를 소개하면 다음과 같다.

어느 날 소년은 징검다리에 물장난을 치고 있는 소녀를 발견한다. 소녀는 세수도 하지 않고 물속에서 조약돌을 주워들고 '이 바보야!' 하고 돌멩이를 던지고 누렇게 익은 들판의 갈대숲으로 도망간다.
소년은 소녀가 보이지 않아 애틋한 그리움으로 사로잡힌다. 어느 토요일, 소년은 징검다리에서 우연 만나게 된다. 소녀는 바다에서 주워온 바다 조개를 보여 주면서 말을 걸어온다. 둘은 누런 가을의 들판을 따라서 산으로 올라간다. 그리고 그들은 가을의 꽃을 꺾고 송아지 등에 올라 장난을 한다. 하늘에는 갑자기 먹구름이 몰려오고 소나기가 펑펑 쏟아져 내린다. 소년과 소녀는 소나기를 피하기 위해 수숫단으로 몸을 숨긴다. 소나기가 그치기를 기다리면서 소년과 소녀는 수숫단 속에서 아무 말 없이 몸을 맞대고 하늘에서 내리는 소나기를 쳐다본다. 소나기 멈추자 개울물은 넘쳐 흐르고 있었다. 소년은 소녀를 등에 업고 도랑을 건너서 집으로 돌아온다. 한동안 소녀는 보이지 않아 소년은 궁금해한다. 어느 날 소녀는 소년을 만나서 그동안 있었던 이야기를 들려준다. 그날 소나기를 맞고서 몸이 아파서 나오지를 못했고 지금도 아프다고 말을 한다. 소녀는 소년에게 분홍색 스웨터 자락에 묻은 자욱이 무엇인지 물어본다. 소녀는 소년이 개울을 건널 때 묻은 풀물이라고 말한다. 어느 날 아침에 소녀는 대추를 한아름 주면서 이사한다고 소년에게 이야기한다. 소년은 덕쇠 할아버지네 호두를 몰래 따서 소녀에게 주리라고 마음먹는다. 소녀네가 이사 가기 전날 저녁에 소년은 자리에 누워 소녀에게 줄 호두를 만지작거리고 있었다. 마을에서 돌아온 아버지는 어머니에게 내일 이사할 윤 초시네 증손녀가 죽었다는 말을 어머니에게 전해주는 목소리를 들었다. 소녀가 죽기 전에 유언으로 내가 죽거든 옷을 입은 채로 묻어 달라는 이야기와 함께……

대중가요는 현실을 반영하는 거울이라고 할 수 있다. 박정희 대통령의 산업 근대화 기치 아래 우리나라는 전형적인 농업 국가에서 산업 국가로 전환되는 과도기를 맞이한다. 농촌의 젊은 이들은 도시의 공장으로 전입하여 이농 현상을 초래한다.
농촌에는 노인들만 남고 젊은이들은 도시로 향하여 이동하게 된다. 박정희 대통령의 새마을 운동과 수출 드라이브 정책으로 도시의 공장에서는 제2차 산업인 제조산업에서 젊은이들 손이 필요하였다.

농촌은 공동화 현상이 발생하고 도시에는 젊은이들이 넘쳐나는 기현상이 일어나는 계기가 된다. 1970년대의 대중가요는 일반적으로 고향과 어머니 그리고 고향의 애틋한 사랑을 주제로 한 노래들이 홍수처럼 만들어지고 불리는 시기였다.

향수, 모정, 사랑의 대중가요들은 농촌을 떠난 젊은이들이 부르며 많은 사랑을 자연스럽게 받게 된다.

1973년에 발표된 나훈아의 〈고향의 그 사람〉도 그런 부류에 속하는 노래이다. 이 노래는 정두수 작사, 박춘석 작곡의 노래로서 물설고 낯선 타향에서 오는 고통과 괴로움을 달래주고 위로해주는 노래로서 대중들의 사랑을 받은 노래이다. 정두수 작사가와 박춘석 작곡가 만들어준 나훈아의 대표적인 명곡인 〈물레방아 도는데〉가 있다.

〈고향의 그 사람〉도 같은 작사가와 작곡가임을 알 수가 있다. 작사가 정두수는 경남 하동 사람으로 고향의 산천을 배경 삼아 시골의 애틋한 사랑을 회상하며 노랫말을 많이 발표한 작사가이다.

우리나라 대중가요의 산증인이며 위대한 작사가로서 10인의 작사가에 포함되는 사람이다. 정두수의 노랫말은 향토적이고 토속적인 색채가 진하게 묻어나고 서정적이고 애상적인 노랫말을 자연스럽게 대중가요에 도입하여 시적인 정감을 주는 노랫말을 만드는 제일인자라고 할 수 있다.

〈고향의 그 사람〉의 노래는 시골에서 농사를 짓다가 도시로 향하여 떠나온 젊은이의 애틋한 사랑을 주제로 만들어진 노래이다. 시골의 산과 들판에는 봄의 꽃인 개나리, 철쭉꽃, 진달래, 산수유꽃이 만발하고 아지랑이가 넘실거릴 때 열차에 몸을 싣고 도시를 향해 떠나온다.

세월이 흐르고 나무들이 단풍으로 물들고 낙엽이 되어 떨어질 때 어느새 겨울이 되어 젊은이의 가슴에는 지난날 고향의 처녀를 생각하면서 아련한 사랑을 마음속으로 그려본다. 그때는 있을 때는 그것이 사랑인 줄 몰랐는데 도시에서 혼자 외로이 고향을 바라보며 생각해보니 그것이 순수한 사랑인 것을 깨우친다.

세월이 흘러갈수록 잊어야 하지만 반대로 오히려 뜨겁게 가슴에 와닿는 고향에서의 시절이 진정한 사랑으로 다가오는 것을 알 수가 있다. 〈고향의 그 사람〉 노랫말은 과거를 그리워하고 사랑을 회상하는 노래로서 지난 시절의 애틋함을 화선지에 옅은 물감을 칠한 정경화 같은 느낌으로 전하는 노래다.

〈고향의 그 사람〉의 멜로디는 가벼운 걸음같이 경쾌한 리듬에 보통의 빠르기로, 듣는 이로 하여금 부드러운 감흥을 전해준다. 진하고 애절한 감정의 표출보다는 가벼운 터치로 청각에 자극을 주는 노래로서 1970년대 나훈아의 창법에 색다른 이미지를 만들어주는 노래로, 듣기와 부르기가 평이하며 노래의 메시지가 대중들에게 확실하게 각인된다.

고향을 생각하면서 고향의 향수와 사랑을 노래에 포함시킨 장르가 사람들에게 어떻게 어필하는가를 보여 주는 노래다. 대개 노래 속에는 한 가지 주제로 노랫말이 만들어지는 경향이 많은데 〈고향의 그 사람〉의 노랫말 속에는 세월과 향수, 사랑이 믹싱

된 형태로 우리에게 접근하고 있다.

특히 가을의 파란 창공을 날아가는 철새들 모습에서 〈고향의 그 사람〉의 노래는 봄과 가을 그리고 겨울을 동시에 연상시켜주는 계절적인 감각이 뛰어난 노래로 손색이 없다.

나훈아는 가벼운 리듬에 따라서 약간은 경쾌하게 전반부를 부르고 중반부에 이르러서는 강한 비트를 주어 노래에 힘을 실어준다. 마지막에는 다시 지난 시절을 엄숙하게 회상하며 참선하듯이 되새기면서 노래의 말미를 장식한다.

여기서 나훈아의 〈고향의 그 사람〉의 가사를 소개하면 다음과 같다.

1절
고향을 떠나올 땐 몰랐었지만
구름같은 내 마음에
미처 몰랐지만 지금은 알았네
외로우니까 세월이 흘러갔어도
잊을 수가 없어 그려보아도
가슴에 새겨진 고향의 사람
다시 생각이 나네
또다시 생각이 나네

2절
고향을 떠나올 땐 봄이었지만

낙엽 같은 내 마음은 겨울이었네
지금은 알았네 외로우니까
세월이 흘러갔어도 잊을 수가 없어
그려보아도 가슴에 새겨진
고향의 사람 다시 생각이 나네
또다시 생각이 나네

III

가성 나훈아의 <사랑도 나그네>에 관한 연구

나훈아 노래 역사에서 1960년대 후반은 나무에서 꽃을 피우는 시기이다. 1960년대 후반은 나훈아가 대중가요에 우뚝 설 거목이 될 밑바탕이 되는, 샛별이 반짝이는 밤하늘 같은 아주 아름다운 시기이다.

1960년대는 나훈아의 신선하고 순수한 목소리의 젊은 청년의 가창 능력을 마음껏 발산하며 토대를 튼튼하게 만들어 놓는 중요한 시대이다. 오늘 소개하고자 하는 사랑도 나그네의 작사가 조용하와 작곡가 민인설은 나훈아에게 몇 곡의 노래를 주어 새 지평선을 열어준 사람이라 할 수 있다.

두 사람의 작품은 순수성, 소박성, 서정성과 함께 노래 전체가 밝고, 명랑한 분위기가 돋보인다. 애절한 감정을 분출하는 우수가 짙은 노래 경향을 탈피하여 구름 한 점 없는 가을 하늘같이 맑은 투명성을 읽을 수가 있다.

초창기 나훈아 노래 속에 두 사람이 작사, 작곡한 노래는 시간이 흘러 희귀 곡의 가치와 더불어 대중들에게 나훈아의 새로운 모습을 보여 주는 기회로 만들어준 사람들이다.

그러나 나훈아는 두 사람과 인연을 지속하지 못한다. 두 사람과 오랫동안 머리를 맞대고 창작의 시간을 가졌다면 주옥같은 노래들이 탄생하지 않았을까 하는 아쉬운 생각이다.

〈사랑은 나그네〉는 1969년도 조용하 작사, 민인설 작곡한 작품이다. 사랑을 나그네로 접목하여 사랑의 아픔을 여유로우면서도 의지적인 가사가 일품이었다.

지난날 사랑에 대해서 아픈 기억은 상처가 되어 사랑에 대한 자신감을 상실한 심정을 나그네로 의인화한 기법은 고도의 표현 기술이다. 나그네는 한곳에 정착하지 못하고 발 닿는 대로 걷는 사람을 말한다.

자신의 사랑이 마치 나그네처럼 한 사람에게 진정한 사랑을 줄 수 없는 현실을 독백의 문답법으로 내면을 표현하고 있다. 일반 사람이라면 정해진 길을 걸어가지만, 나그네는 가야 할 목표가 없다 보니 항상 두 갈래 길에 봉착하는 상황을 맞이한다.

사랑도 마치 나그네가 되어 두 갈래 길에서 주저하는 상황을 감상적, 서정적인 감각이 특출한 노래 가사이다.

나훈아의 〈사랑도 나그네〉의 창법은 가사의 흐름에 따라서 청년의 산뜻한 미성으로 편안하고 잔잔하게 흘러가는 물결처럼 불러주고 있다. 〈사랑도 나그네〉는 아픈 과거의 사랑에 대한 기억 때문에 현재 사랑을 할 수 없다는 낭만적, 감상적인 정서와 함께 저면에 짙은 서정이 담긴 노래이다.

여기서 나훈아의 〈사랑도 나그네〉 노래 가사를 소개하면 다음과 같다.

떠도는 몸이라 마음은 두 갈래길
사랑마저 나그네 일세
어쩌다가 정주면 발길은 구름 따라

흘러가야 하는 설움을 그 누가 알아줄까
아무도 모르리라 그 한날 상처 때문에
정을 못주네 믿지 못하네 사랑도 나그네
떠도는 몸이라 어디로 가야 할까
망설이는 나그네 일세
어쩌다가 정주면 발길은 구름따라
흘러가야 하는 설움을 그 님은 알아줄까
그 님도 모르겠지 그 한날 상처 때문에
정을 못주네 믿지 못하네 사랑도 나그네

이하윤과 가성 나훈아의 <밤차에 만난 사람>에 관한 비교 연구

   이하윤은 시인이며 번역가로 1906년도에 경기도 이천에서 출생을 한다. 이하윤은 일본으로 건너가 호세이대학교 문과를 졸업한다. 일본에서 공부를 마치고 귀국하여 1929년 경성여자미술학교 교사로 근무를 한다. 이하윤은 언론계에서 많은 활동을 하는데 1930년 중외일보사 학예부 기자, 1932년 경성방송국 편성계에서 근무 후 다시 동아일보사 학예부 기자로 왕성하게 활동을 한다.
   이하윤은 언론계를 마치고 대학으로 돌아와 교수로 학생들을 가르치게 되는데, 1945년 동국대학교 교수 겸 문과 과장에 취임하게 된다. 이하윤은 1949년 서울대학교 법과대학 교수로 자리를 옮겼다가 1952년 서울대학교 사범대학 교수로 재직한다.
   이하윤은 1959년 비교문학 회장에 선임되어 방송용어심의 위원장에 취임한다. 이하윤은 1971년 서울대학교 명예교수가 되어 그해 덕성여자대학교 교수 겸 교양학 부장으로 취임을 한다. 이하윤은 성공회 신학원 이사를 마지막으로 업무를 마치게 된다.
   이하윤은 1930년 박용철을 중심으로 만들어진 <시문학파>에서 김영랑 등과 활동하게 된다. 이하윤의 대표적인 시집으로는 <물레방아>, <실향의 화원>이 있으며 번역시집으로는 <불란서 시선집>, <영국 애란 시선> 등이 있다. 이하윤의 시의 경향은 애상적 정조로 감정의 여운을 그린 서정시가 주류를 이루고 있다.

이하윤의 〈들국화〉는 제1연과 제2연의 시상의 비약적 효과는 시적 감동을 증폭시키는 요인으로 작용을 한다. 시는 독자들에게 감동을 주는 언어의 형식이라면 시의 감동은 충격적 어조와 공감으로 이루어지는 문학 장르의 한 분야라고 할 수 있다.

이하윤의 〈들국화〉 시는 직접 서술의 형태를 취하고 있어 정제된 미감을 주기에는 어느 정도 부족한 감이 있다. 그러나 이러한 비약의 효과가 〈들국화〉의 시를 돋보이게 만드는 부분이라고 할 수 있다.

이하윤의 〈들국화〉는 들국화와 시인이 동일 선상에서 출발하고 있다. 시의 근본 원리 중 하나는 전혀 다른 사상들을 유사성으로 포착하여 생성하는데 바로 들국화와 시인을 같은 관점으로 보는 데서 〈들국화〉의 주된 원리라고 할 수 있다.

그러므로 자연스럽게 들국화의 속성은 시인의 속성으로 통합되게 된다. 들국화의 꽃은 빛과 향기가 뛰어나지만, 사람들에게 주목을 받지 못하는 꽃이다. 시인도 들국화처럼 사람들에게 인정을 받지 못한다.

그러나 시적 화자는 그런 잘못된 인식에서 벗어나 진실을 바라보려고 노력을 한다. 외롭고 가난하여 사람들에게 주목을 받지 못하는 시인이지만, 진실의 향기를 뿜어내는 시인들을 사랑하고 존경한다는 의미가 〈들국화〉 시의 주제가 된다.

〈들국화〉는 경어체의 여성적 어조는 주제를 부각하는 데 크게 기여한다. 시인이 진실을 사랑한다고 고백할 때의 태도는 잔잔한 사랑과 깊은 연관을 맺고 있으며, 또한, 가난하지만 아름다운 진실을 소유하고 있다는 사실에 애틋한 사랑을 느낄 수가 있다.

이하윤의 〈들국화〉는 애틋한 감정을 여성적 정조에 호소하는 어조는 진실을 내면에 담고 있는 서정시라고 할 수 있다.

여기서 이하윤의 대표적인 시 〈들국화〉를 소개하면 다음과 같다.

> 나는 들에 핀 국화를 사랑합니다
> 빛과 향기 어느 것이 못하지 않으나
> 넓은 들에 가엾게 피고 지는 꽃일래
> 나는 그 꽃을 무한히 사랑합니다.
> 나는 이 땅의 시인을 사랑합니다.
> 외로우나 마음대로 피고 지는 꽃처럼
> 빛과 향기 조금도 거짓 없길래
> 나는 그들이 읊은 시를 사랑합니다.

사람의 만남은 우연으로 쉬운 만남과 필연으로 예정된 만남으로 대별하여 나누어 볼 수 있다. 남녀의 만남은 시간과 장소를 초월하여 첫 느낌으로 인연이 시작되는 경우가 일반적인 경향이다.

첫 만남의 장소가 사랑의 감정을 가진 사람에게는 잊지 못할 영원한 사랑의 장소가 된다. 1970년대 초반은 우리나라의 교통수단으로 대중이 함께 이용하는 버스와 기차가 주종을 이룬 시대이다. 일반인, 직장인, 학생들은 출퇴근, 등하교 시 주로 버스와 기차를 이용하며 자연스럽게 다양한 사람들과 접촉하는 기회가 많았던 시기라고 할 수 있다.

어둠이 짙게 깔리고 가로등 불빛이 비치는 밤에 우연히 차 속에 긴 머리와 검은 눈동자를 가진 사람을 보게 된다. 그 여인을 보는 순간 모든 것이 정지된 사랑의 연정을 느끼게 된다. 처음 본 여인이지만 특히 검은 눈동자에 사로잡혀 말 한마디 하지 못하고 차에서 내려, 떠나가는 밤차를 바라보게 된다.

내일 그 여인을 밤차에서 만나면 거짓 없는 사랑의 진실을 고백하겠다고 다짐한다. 그러나 밤차는 평상시처럼 왕래는 하지만 마음에 두고 있는 검은 눈동자의 여인은 보이지 않는다. 차 속에서 눈길을 주던 여인은 보이지 않고 쓸쓸하게 떠나가는 밤차를 쳐다보는 애틋한 사랑의 아쉬움을 담고 있는 노래가 바로 〈밤차에 만난 사람〉의 노래 가사이다.

나훈아의 〈밤차에 만난 사람〉의 노래는 1971년도 월견초 작사, 이인권 작곡으로 만들어진 작품이다. 일반적으로 작곡가 이인권의 작품은 감정이 진하게 분출되고 리듬이 가슴으로 파고드는 호소력이 강한 노래를 많이 만든 사람이라고 할 수 있다.

대중이 노래를 듣고 감정이 움직이는 역동적인 선율을 절묘하게 노래 리듬에 접목하여 새로운 노래 세계를 개척한 사람이 바로 이인권이다.

나훈아가 부르는 〈밤차에 만난 사람〉의 창법은 온 힘을 다하여 열정적으로 불러주고 있다. 이 노래를 통해서 1970년대 초반 나훈아의 맑고 가녀린 미성을 감상할 수가 있다. 밤하늘에 맑은 바람이 한 가닥 소리의 회오리가 되어 절제된 감정을 분출하는 창법은 나훈아의 진면목을 볼 수 있는 일면이다.

노래가 시작되어 마무리될 때까지 긴장을 늦추지 않고 숨을 죽이며 움직이지 못하게 만드는 노래의 멋을 발견할 수가 있다.

나훈아의 〈밤차에 만난 사람〉은 완성된 사랑이 아니라 미완성의 애틋한 사랑을 표현한 노래로, 듣는 사람에게 여운을 주는 감상적, 애상적, 서정적인 정조가 면면히 흐르는 미완성의 연가라고 할 수 있는 노래이다.

여기서 나훈아의 〈밤차에 만난 사람〉의 가사를 소개하면 다음과 같다.

1절
밤차에 만난 사람 이름 몰라도
밤차에 만난 사람 간 곳 몰라도
우연히 부딪치던 검은 그 눈길
어이해 내 가슴에 남아있는가
그 날밤 그 밤차가 아~ 원망스럽소 원망스럽소

2절
밤차에 만난 사람 다시 또 한번
밤차에 만난 사람 만나진다면
가슴을 애태우던 지난 시절을
하나도 남김없이 고백하련만
밤차는 오고가도 아~ 만날 길 없네 만날 길 없네

1980년대의 배경과 가성 나훈아의 <울긴 왜 울어>에 관한 연구

　대중가요는 그 시대의 정치, 사회, 문화, 경제 등을 나타내고 표현해주는 거울이라고 할 수 있다. 대중가요는 대중성과 현실성의 두 가지 요소를 포함하여야 진정한 대중가요로서 제 기능을 발휘한다고 볼 수 있다.
　1980년대 정치 상황은 박정희 대통령의 서거 이후에 새로운 정권이 탄생한다. 전두환 군사정권은 국민 여론의 지지로 탄생한 정권이 아니라, 애초부터 정통성, 합법성, 도덕성이 결여된 정권으로 일방통행의 중앙집권적인 군사독재정권으로 무소불위의 권력을 남용하게 된다.
　일반적으로 군사독재정권의 권력 통치술은 국민이 정치에 무관심하도록 전형적인 3S 정책을 시행한다. 3S는 ⟨Sex =성⟩, ⟨Screen = 영화⟩, ⟨Sports = 운동⟩ 등을 말하는데 사람의 말초신경을 자극하는 정책으로서 내면의 세계보다는 외면의 화려함에 치중하는 인간의 본능에 호소하는 정치 통치술이라고 할 수 있다.
　1980년대는 흑백텔레비전이 컬러텔레비전으로 전환이 되고 미국, 일본에 이어 세 번째로 한국에도 프로야구가 탄생하게 된다. 한국의 영화와 가요, 연극, 오페라 등은 정부의 시책을 홍보하는 도구로 전락하여 다양한 문학 장르를 저해하는 커다란 암흑의 시대라고 할 수 있다.

대중매체에서 보도되는 TV, 라디오, 신문, 잡지, 대중가요는 정부의 사전검열을 받아서 통과하여야 보도되는 언론의 자유가 봉쇄되었다. 대중가요도 정부의 선전과 홍보 도구로 이용되어 대중가요는 활발하게 작용을 못 하고 과거를 답습하는 시대로서 만족하여야 했다.

1980년대의 우리나라 전반적인 대중문화는 하나의 틀 속에서 획일화와 금형화된 단순한 오락 기능으로 대중들의 아픔과 슬픔, 기쁨을 표현하기에는 역부족, 현상이 나타내게 된다.

1970년대 초반까지 우리나라 대중가요를 부흥시키고 요원의 불길처럼 활동한 나훈아는 약 7년 동안 가요계를 은퇴 선언 없이 떠난다. 한국을 대표하는 영화배우로서 동양의 클레오파트라로 불릴 정도로 예쁜 용모와 재능을 겸비한 김지미와 서울의 외교구락부에서 극 비밀리에 약혼식을 올린다.

나훈아는 약 10년 정도의 나이 차이를 극복하고 대전에 둥지를 마련하여 새로운 분야에서 자기가 하고 싶어 하는 사업에 전념하게 된다. 가요계를 떠난 기간은 7년이고 실제로 노래를 부르지 않은 기간은 약 5년 정도가 된다.

나훈아는 대전광역시 은행동에 있는 퇴색된 빨간 벽돌로 지은 이국적인 정취를 풍기는 건물에 〈초정=stake house〉이라는 상호를 내걸고 김지미와 함께 음식 사업에 열중하게 된다.

대전에서 나훈아의 생활은 노래를 부르는 이전의 가수가 아니라 사업가로서 나훈아는 일찍 음식점에 출근하여 바닥청소와 주변을 정리정돈하고 또한, 주방에서 칼로 무와 당근을 직접 썰어 음식을 조리하는 데 도움을 주기도 한다.

7년 동안 가요 활동의 중지는 나훈아에게 정신적인 영양을 공급해주고 삶이라는 인생철학을 터득하는 계기가 된다. 나훈아는 진솔한 삶의 이야기를 그린 책, 숭실대학교 명예교수 안병욱 교수와 연세대학교 김형석 교수의 수필집. 동양고전철학, 중국의 고금서적, 도덕경 등 수많은 책을 읽고 자기를 다시 돌아보는 성찰의 기회로 삼는다.

틈틈이 여가를 이용하여 서예와 그림을 그리면서 마음의 평상심을 잃지 않고 올바른 자기의 사고 철학을 확실하게 굳히게 된다. 나훈아의 서예와 그림은 아마추어 수준을 넘어, 몇 번의 전시회를 개최할 정도로 전문가 수준의 경지에 오르게 된다.

나훈아와 김지미의 생활은 성격상에서 오는 차이와 서로가 맞지 않는 삶의 철학에서 시간이 흐를수록 괴리감을 준다. 나훈아는 김지미와 함께 생활한 자세한 말을 아끼고 절제한다.

나훈아는 인생에서 아무것도 모르는 자기에게 그 여인은 정신적으로 성숙시킨 여인으로서 평생 기억에 남는다고 사석에서 말을 한다. 나훈아는 굵고 끊고 맺는 사나이로서 자기가 가진 모든 재산을 미련 없이 주고 그 여인과 이별을 고했다.

이러한 모습에서 나훈아의 남자다운 기백을 엿볼 수가 있다. 나훈아는 불의를 보면 도저히 참지 못하는 성격으로서 항상 약자를 보살피고 불우하게 사는 사람들을 보면 남모르게 선행을 베푸는 일을 좋아한다. 나훈아는 자기의 주장을 먼저 말하기보다는 남의 이야기를 항상 경청하는 중후한 성격을 또한 소유한 사람이다.

1980년대에 발표된 나훈아의 노래는 한 여인을 사랑하고 헤어짐에서 오는 그리움을 애틋하게 가사를 만들어 리얼하게 부른 노래라고 할 수 있다. 나훈아가 모든 것을 잃어버리고 돌아올 때 이미 정신적, 육체적으로 몸은 많이 상해있었고 또한, 초라한 모습에 나훈아 부모님은 정성을 다하여 건강을 회복시켜준다.

　나훈아는 일반적으로 밀가루로 만든 음식을 좋아한다. 칼국수, 수제비, 잔치국수 등을 유난히 즐겨 먹는다. 가수라는 직업이 정시에 식사할 기회가 주어지지 않는 면도 있지만 빨리 음식을 먹고 다른 공연장소로 이동하는데 국수는 나훈아에게 필수불가결한 음식이며 또한 자기의 취향에 잘 맞는 음식으로서 자리매김했다.

　나훈아가 1980년대에 불러서 100만 장 이상의 음반 판매 실적을 올린 노래가 바로 〈울긴 왜 울어〉이다. 나훈아가 가요계에 데뷔하여 약 200장이 조금 넘는 음반을 발표하는데, 100만 장 이상 판매된 노래가 〈울긴 왜 울어〉이다. 이 노래는 나훈아가 약 37년 동안 노래를 부르면서 음반으로서 기념비적인 금자탑을 쌓은 노래라고 할 수 있다.

　이 노래는 나훈아가 제2의 가요 활동을 위해 공영방송인 KBS에서 방송 중에 미리 부르기로 약속된 노래인데 방송이 거절된 일화가 있다.

　1980년대에 살기도 힘들고 고통스러운데 가사에 울긴 왜 울어라는 노랫말이 사회 정서상 맞지 않는다고 하여 방송이 취소된 일화가 있는 노래이다. 인생이란 연극처럼 대본을 보고 연기하는 것도 아니고 영화의 시나리오처럼 각본이 짜여있는 것도 아닌 노래로서 〈울긴 왜 울어〉가 대변하는 노래로서 최고의 자리를 차지하게 된다.

　우리는 이중 부정은 긍정이고 이중 긍정은 부정이라는 말로 간단명료하게 표현한다. 너무 슬프면 눈물이 나오지 않고 너무 즐거우면 눈물이 나는 현상으로 파악하면 이해가 된다. 우리는 애이불비라는 말로 대신한다. 슬퍼도 슬퍼하지 않는다는 말은 가슴속의 폭포수같은 슬픔을 표현하는 말이라 할 수 있다. 이러한 슬픔을 슬픔이라고 하지 않고 가슴으로 우는 노래가 〈울긴 왜 울어〉이다.

첫 소절에는 화산의 용암이 폭발하여 지축이 흔들리듯이 부르는 나훈아의 창법은 예전에 보지 못한 새로운 감동을 자아낸다. 중반부는 모든 것을 잊어버리고 다시 새롭게 시작한다는 의미의 자아 각성을 느끼게 한다.

마지막 후렴부에서는 나훈아만이 할 수 있는 최고의 기교가 선보인다. 아마 이 부분은 일반 가수가 흉내 낼 수 없는 최고의 고난도의 창법이라고 할 수 있다. 〈울긴 왜 울어〉는 고유한 창법에 새로운 기교가 가미되어 나훈아의 색채와 냄새가 진하게 풍기는 노래이다. 공연 중에 분위기를 휘어잡고 흥분의 도가니로 만드는 노래로서 나훈아는 주저 없이 〈울긴 왜 울어〉를 선정하여 부르는 노래이다.

여기서 〈울긴 왜 울어〉의 가사를 소개하면 다음과 같다.

1절
울지 마 울긴 왜 울어 고까짓 것
사랑 때문에 빗속을 거닐며 추억일랑
씻어버리고 한 잔술로 잊어버려요.
어차피 인생이란 이별이 아니더냐

울지 마 울긴 왜 울어 바보처럼 울긴 왜 울어.

2절
울지 마 울긴 왜 울어 고까짓 것
사랑 때문에 흐르는 강물에 슬픔일랑
던져버리고 돌아서서 웃어버려요.
어차피 인생이란 연극이 아니더냐
울지 마 울긴 왜 울어 바보처럼 울긴 왜 울어.

 우리는 문학이나 대중예술에서, 한 여인과 깊은 사랑에서 오는 감정과 피치 못해 헤어져야 하는 이별의 고통에서 오는 감정이 문학이나 대중예술에 커다란 영향을 준다는 사실을 발견한다. 사랑은 만남의 즐거움과 기쁨으로 표현되고 이별은 고통과 슬픔으로 표현된 작품이 탄생하는 이중적인 성격과 사고를 내포하게 된다.
 나훈아는 한 여인과 이별하며 얻고 배운 정신적인 성숙을 주옥같은 노래로 승화하여 대중에게 어필할 수 있는 뮤지션이라고 할 수 있다.

이영도와 가성 나훈아의 <이슬비는 나그네>에 관한 비교 연구

　이영도는 호가 정선이며 1916년 10월 22일 경상북도 청도에서 출생한다. 이영도는 1945년 대구지역의 동인지 <죽순>에 시조 <제야>를 발표하여 문재로 재능을 인정받는다. 그 후 계속하여 이영도는 시조를 발표한다. 이영도는 부산 남성여고와 성지여자고등에서 교편생활을 한다.
　그리고 이영도는 부산여자대학교에 출강하여 학생들을 가르친다. 이영도는 학생을 가르치는 교편업무뿐만 아니라 사회활동도 활발히 전개하는데 특히 부산어린이회관의 운영을 맡아서 책임감 있게 최선의 노력을 한다.
　이영도는 1954년에 첫 시조집 <청저집>을 출간을 한다. 이영도는 1968년 오빠 이호우와 함께 공동 시조집인 <비가 오고 바람이 붑니다> 중의 1권인 <석류>를 출간을 한다. 이영도는 이밖에도 수필집도 간행하는데 대표적인 작품으로는 <춘근집>, <비둘기 내리는 뜨락>, <머나먼 사념의 길목> 등이 있다.
　이영도의 <신록>은 하나의 구를 한 행으로 하는 이른바 구별배행의 시조이다. 오월의 푸른 자연을 바라보면서 감각적으로 형상화하여 그리고 있다. 시적 화자는 오월의 푸른 신록을 의인화하여 서정적인 내면의 세계를 반영하고 있다.
　무성하게 자라나는 식물을 젊은 꿈으로 바라보는 기쁨을 우쭐

하는 행동의 형식으로 표현을 하고 있다. 시적 화자는 오월의 자연을 하나의 생명체로 바라보고 있다. 푸르게 자라나는 무성한 식물과 맑고 밝게 빛나는 하늘과 자연은 시적 화자에게 감각적, 서정적인 정감을 부여하고 또한 생명체로 살아 움직이는 사람으로 비유하여 의인화시켜 젊은 꿈으로 대비하여 그리고 있다.

오월의 자연을 하나의 생명체로 바라보는 시적 화자의 시각을 발견할 수가 있고, 또한, 오월의 자연을 의인화하여 감각적으로 시각화, 형상화하고 있다. 오월의 자연을 신록으로 대비하여 바라보면서 서정적인 감각의 세계를 반영하고 있다.

여기서 이영도의 대표적 시조인 〈신록〉을 소개하면 다음과 같다.

트인 하늘 아래
무성히 젊은 꿈들

휘느린 가지마다
가지마다 숨 가쁘다.

오월(五月)은 절로 겨워라.
우쭐대는 이 강산(江山).

나훈아의 〈이슬비는 나그네〉는 1981년도에 발표된 노래로 길옥윤 작사, 작곡의 작품이다. 길옥윤은 1927년도에 평안북도 영변에서 출생한다. 길옥윤의 본명은 최치정이다. 길옥윤은 평양고보를 거쳐 1943년도에 서울로 상경하여 경성치과전문대학에서 공부를 한다. 길옥윤은 8·15광복 직후에 박춘석, 노명석 등과 그룹 〈핫팝〉을 만들어 주한미군클럽에서 본격적으로 연주 활동을 시작한다.

길옥윤은 1962년에 첫 작품인 〈내 사랑아〉를 시작으로 〈사월이 가면〉, 〈사랑하는 마리아〉, 〈서울의 찬가〉, 〈이별〉 등 약 3,500여 곡을 작곡한다. 길옥윤은 1966년 패티김과 결혼을 하여 7년 만에 이혼한다. 그 후 1988년에 일본으로 건너가 음악 활동을 하다가 1994년에 한국으로 영구귀국을 한다. 특히 길옥윤의 수많은 주옥같은 노래 중에서 〈이별〉은 동양의 애창곡으로 불릴 정도로 많은 사람으로부터 사랑을 받는 노래 중의 하나이다.

길옥윤은 서양음악이 들어올 무렵 이를 적극적으로 수용하여 한국적 색깔을 가진 음악으로 변환시켜 놓은 업적은 가요사의 큰 이정표라고 할 수 있다. 길옥윤은 말년에는 우리나라 민요인 〈뱃노래〉를 통해서 한국 가요와 일본 가요를 비교 연구하는 데 전념했다.

길옥윤은 쓸쓸한 여관방에 혼자 머무르게 된다. 여관방에서 머무르는 늦은 밤에 이슬비가 소리 없이 내리는 시간, 창문으로 떨어지는 이슬비를 바라본다. 한적하고 고요한 여관방의 창문에 부딪히는 이슬비는 지난날 수많은 추억과 그리움을 떠올리게 한다. 길윤옥은 타임머신을 타고 가듯이 깊은 회상에 잠긴다.

길옥윤이 이제까지 나그네처럼 걸어온 길의 흔적을 되새기면서 본인의 신세가 마치 이슬비인 것만 같다고 생각한다. 그는 소주 한잔을 마시면서 이슬비에 투영한 고독감과 쓸쓸함을 오선지에 그려넣는다. 바로 나훈아의 〈이슬비는 나그네〉라는 노래가 탄생한 순간이다.

길옥윤은 몇 명의 가수에게 〈이슬비는 나그네〉를 시험 삼아서 부르게 하지만 〈이슬비의 나그네〉의 뜻과 의미를 충분하게 소화하지 못하자, 길옥윤은 〈이슬비의 나그네〉를 서랍에 넣어두었고 노래는 16년 동안 세상에 나오지 못하고 잠을 자게 된다.
　나훈아는 길옥윤의 작품을 한마디로 함축하여 작품 속에 뼈가 있다고 말을 한다. 〈이슬비는 나그네〉는 나훈아가 길옥윤으로부터 맨 처음 전달받은 최초의 작품으로서 가치가 있다. 그리고 길옥윤의 책상 서랍에서 16년 동안 잠자고 있는 노래가 밖으로 나와 햇빛을 보게 되는 전기를 마련한다.
　길옥윤은 나훈아가 부르는 〈이슬비의 나그네〉가 자기가 바라던 대로 충분하게 소화하여 부른 나훈아의 가창력에 만족을 표시한다. 나훈아는 〈이슬비는 나그네〉의 작사, 작곡가 길옥윤의 작품에 뼈가 숨겨있듯이 그 뼈를 손상하지 않고 아기를 다루듯이 신중하게 노래로 승화를 시킨다.
　〈이슬비는 나그네〉의 전주에 흐르는 깊은 색소폰 선율은 이슬비가 내리는 밤, 한줄기 불빛처럼 정적인 분위기를 만든다. 조용하고 적막한 밤에 창문에 흘러내리는 이슬비 정경을 연상하면서 부르는 나훈아의 〈이슬비는 나그네〉는 감정과 가사의 의미가 융합되어 마치 이슬비가 나그네의 흔적인 것처럼 느껴지고, 가슴 깊은 곳에서 맑은 샘물이 흐르는 것 같은 울림을 전한다.
　나훈아가 부르는 〈이슬비는 나그네〉는 가슴으로 부르는 저음의 깊은 맛과 소용돌이치는 고음의 메아리가 절묘하게 어우러져 나훈아의 뛰어난 가창력을 바로 느낄 수가 있다. 정적으로 흐르는 가사 내면의 세계를 우두커니 창가에 앉아 눈을 감고 부르는 나훈아의 삶과 인생의 철학을 동시에 인지할 수 있는 노래라고 할 수 있다.

　나훈아의 〈이슬비는 나그네〉는 지나온 시간을 반추하면서 수많은 일을 겪고, 발자취를 여명해 주며 인생의 자취를 그려주는 회한의 곡이라고 할 수 있다.

　여기서 나훈아의 〈이슬비는 나그네〉의 가사를 소개하면 다음과 같다.

1절
이슬비는 나그네 나도 나그네 외로운
피에로의 술잔도 하나 유리창에 부딪히는
빗속의 추억 생각하면 어제 같은 옛날 그 옛님
지금은 무엇하나 어디서 무엇하나
이슬비는 너의 마음 또한 내 마음
이슬비는 나그네 나도 나그네

2절
이슬비는 나그네 나도 나그네 과거는
피차간에 묻지 맙시다 오다가다 만났다가
헤어질 텐데 구슬픈 옛노래로 마음 달래며
차가운 술잔이나 기울여봅시다
이슬비는 너의 마음 또한 내 마음
이슬비는 나그네 나도 나그네

멘델스존과 가성 나훈아의 <사랑>에 관한 비교 연구

멘델스존은 유대인으로서 독일 북부 함부르크에서 태어났다. 유복한 집안에 교양이 풍부한 부모님 슬하에서 엄격한 가정교육을 받으면서 성장한다. 멘델스존은 태어날 때부터 천재적인 재능을 타고나서 짧은 생애에 천재적인 기능과 재질을 발휘한다.

유대인으로 독일에서 태어나 여러 나라의 언어를 구사할 줄 아는데 독일어, 이탈리아어, 영어, 불어, 그리스어, 라틴어 등 다양한 언어를 할 수 있는 능력의 소유자이다. 멘델스존은 작곡가, 연주가, 지휘자, 피아니스트, 바이올리니스트로서 음악에 관한 모든 기능을 소화할 줄 아는 사람이다.

멘델스존은 38세의 짧은 생애에 오케스트라의 연주자로 전 세계적으로 명성을 얻고, 유명한 결혼행진곡을 작곡해 작곡가로도 이름을 날렸다.

멘델스존은 음악 분야 이외에도 철학, 문학, 지리, 역사 등에도 조예가 깊었고, 그림에도 소질이 뛰어나 아마추어 수준을 능가하는 그림을 그리기도 하였다. 멘델스존은 낭만주의 사조의 음악가로 분류를 하는데, 일반적으로 낭만주의 음악가들은 고전주의 사상과 철학을 이유 없이 저항하는 성격을 띤다.

그러나 멘델스존은 다른 음악가와는 다르게 고전주의와 낭만주의를 편협된 사고로 배척하지 않고 고전주의와 낭만주의를 혼합하여 자기 나름대로 음악의 철학을 개척하였다. 멘델스존은 유복한 가정에서 어려움 없이 자라서 음악 사상의 밑바탕에는 우수, 애수, 근심 등 슬픈 선율의 음악보다는 경쾌하고 발랄하고 신명나는 음악을 작곡하였다.

독일의 히틀러는 유대인을 증오하고 학살하는 나치 전범으로 나치 치하의 유대인들을 약 10년 동안 탄압하였다. 유대인인 멘델스존도 탄압과 억압을 받아 그의 연주는 금지되었고 작곡된 악보가 불태워지는 수난을 겪었다.

직장에서 근무하는 유대인은 회사에서 해고되고 음악가들은 연주가 금지되고 작가들은 글을 쓰는데 많은 제약을 받기도 하였다. 히틀러가 죽고 나치 치하의 탄압과 억압에서 풀려난 많은 유대인은 다시 자기들의 생업에 종사하고 세계적으로 이름을 떨치고 다양하게 기여한다.

한때는 라이프니찌에 있는 멘델스존의 동상도 파괴되어 돌조각이 되었는데 다시 원상으로 복구되어 원래의 자리에 세워지게 된다.

멘델스존은 유명한 결혼행진곡을 작곡한 음악가로서 널리 알려진 사람이다. 원래 멘델스존의 결혼행진곡은 영국의 대문호인 셰익스피어의 희곡인 〈한여름 밤의 꿈〉의 극음악 12곡 중 제5막 아테네의 시시우스 대공과 아마존의 여왕 히폴리테의 결혼식 장면에서 연주되는 곡이다.

멘델스존의 결혼행진곡이 서양의 결혼식장에서 음악으로 사용되고 전 세계적으로 보급되어 지금은 바그녀의 결혼행진곡과 쌍벽을 이루는 결혼 축하곡으로 신랑, 신부를 축하해주는 곡으로 굳건히 자리 잡고 있다.

하얀 웨딩드레스를 입고 천사처럼 미소를 띠고 신부가 아버지의 손을 잡고 식장에 들어설 때 연주되는 결혼행진곡은 장중하고 장엄한 바그너 결혼행진곡이다.

사랑이라는 끈으로 맺어진 선남선녀의 결혼은 양쪽 집안의 대행사로 흔히들 인륜지대사라고 말한다. 신랑 신부가 사랑한다는 결혼서약을 하고 하객들의 축하를 받으면서 퇴장할 때 연주되는 곡이 바로 멘델스존 결혼행진곡이다.

경쾌하고 신나는 멘델스존의 결혼행진곡은 결혼식 행사의 대미를 장식하는 곡으로 손색이 없다. 멘델스존의 낙천적이고 긍정적인 사고방식이 결혼행진곡에 그대로 투영되었음을 알 수 있다.

사랑과 결혼이라는 등식이 성립되어 한 가정을 이루는 출발점에서 멘델스존의 결혼행진곡은 제2의 삶을 시작하는 신랑 신부에게는 영원히 잊지 못할 소중한 음악으로 가슴속에 살아있다.

신랑 신부가 결혼식에 부르는 노래가 있는데, 바로 가성 나훈아의 〈사랑〉이다. 신랑 친구와 신부 친구들이 함께 모여 피로연이 열릴 때 선남선녀의 입에서 나오는 〈사랑〉의 가사를 음미하면서 서로 아껴주고 사랑스럽게 바라보며 듣는 선율은 마치 아담과 이브가 에덴동산에서 약속하는 평화로움과 행복을 주는 모습이다.

사람이 만들어 놓은 단어 중에서 최고의 낱말은 사랑이 아닌가 한다. 이 우주가 존재하는 한 사랑이라는 단어는 생명성과 영원성을 간직한 채 사람들의 가슴속에 진주처럼 빛을 내리라 본다.

〈사랑〉이라는 노래가 탄생하게 된 배경을 설명하고자 한다.

가성 나훈아가 어느 날 깊은 잠을 자다가 새벽 3시경에 잠에서 깨어난다. 잠자리를 박차고 나와 책상에 앉아서 종이 위에 써 내려간, 글이 가사가 되었고 가사 위에 멜로디를 붙여서 만든 곡이 〈사랑〉이다.

이 노래가 만들어진 시간이 단 5분이다. 아마 세계에서 제일 빠르게 만들어진 곡이라고 할 수 있다. 의도적으로 구상하고 만들어진 곡이 아니라 꿈결에 영혼의 숨결로 탄생하게 된 불멸의 명곡이다.

사람의 내면에 잠재된 맑고 수정 같은 영혼이 겉으로 표출된 노래이며 인간의 가장 원초적인 감정을 표현하는 노래가 가성 나훈아의 〈사랑〉이다.

이 〈사랑〉의 노래는 1980년대 이후에 최고의 서정 가요로서 태산 같은 위치에 서게 된다. 대중가요에는 두 가지 요소가 내포되어있는데 하나는 이념성이고 두 번째는 서정성이다. 이념성을 강조하면 저항가요가 되어 일반 대중들로부터 거리감을 두는 단점이 있다.

서정성은 일반인의 정서와 감정에 상응하여 희로애락을 함께할 수 있는 노래로 상징성을 가지고 있다. 가성 나훈아의 〈사랑〉은 우리나라 서정 가요의 최고봉이자, 세계를 대표해도 손색이 없는 노래이다.

미국과 유럽의 팝송을 대표하는 비틀즈 멤버의 한 사람인 존 레넌이 부른 〈LOVE〉보다 더 가치가 있고 비중이 있다고 나는 말을 할 수 있다.

가성 나훈아의 〈사랑〉은 우리나라 여성들이 제일 좋아하는 노래이다. 여성은 섬세하고 감성이 풍부하고 여리고 애틋한 인품을 지녔다. 주부는 가정에서 남편과 자식들을 위해서 잠시도 쉬지 못하고 뒷바라지로 일생을 보낸다.

힘든 가정일로 몸은 피곤하고 짜증이 날 때 무뚝뚝한 남편이 하는 말 한마디 '당신 수고했소.'라는 말은 모든 피곤을 일시에 제거하는 피로 해소제이다. 그리고 조용하게 가성 나훈아의 〈사랑〉을 남편이 불러줄 때 아내의 두 눈에는 눈물이 글썽이고 남편의 넓은 사랑에 아내는 고마워한다.

〈사랑〉은 부부간의 정을 깊게 더 해주고 사랑하는 젊은 선남선녀들을 단단한 끈으로 묶어주는 노래이다. 가성 나훈아의 〈사랑〉의 가사는 일상생활에서 접할 수 있는 친근한 낱말로 구성되어 있어 누구나 평이하게 이해할 수 있는 아주 평범한 가사이다.

우리가 물과 공기를 마시고 숨 쉬고 하듯이 주변의 이야기나 대화에서 많이 듣는 단어들이다. 그러나 이런 평범한 가사가 나훈아의 목소리에 실려서 더욱 빛을 발하게 된다.

가사와 나훈아의 가창력이 일치되어 우리 대중가요의 금자탑인 불멸의 명곡으로 대중가요 사에 기록하게 된다. 평범함에 진리가 있듯이 일상적이고 평범한 노래이지만, 우리나라 최고의 서정 가요이며 동시에 여성들이 제일 좋아하는 노래로 자리매김을 한다.

여기서 가성 나훈아의 〈사랑〉의 가사를 소개하면 다음 같다.

이 세상에 하나밖에
둘도 없는 내 여인아
보고 또 보고 또 쳐다봐도

싫지 않은 내 사랑아

비 내리는 여름날에

내 가슴은 우산이 되고

눈 내리는 겨울날엔

내 가슴은 불이 되리라

온 세상을 다 준대도

바꿀 수 없는 내 여인아

잠시라도 떨어져서는

못 살 것 같은

내 사랑아

행여 당신 외로울 때

내가 당신 친구가 되고

행여 당신 우울할 때

내가 당신 웃음 주리라

이 세상에 하나밖에

둘도 없는 내 여인아

보고 또 보고 또 쳐다봐도

싫지 않은 내 사랑아

  멘델스존이 사랑을 매개로 결혼행진곡을 축제와 화려한 피날레로 장식하는 곡을 작곡하여 선남선녀에게 아름다운 선율을 선사한 음악가이다. 클래식을 한 층 더 대중에게 접근할 기회를 만들어준 장본인이다.

가성 나훈아는 〈사랑〉이라는 노래로 대중가요가 클래식과 어깨를 같이하는 사실을 스스로 개척한 사람이다. 대중가요가 한 단계 업그레이드되어 대중 속에서 살아 움직이는 영혼의 노래인 〈사랑〉은 더욱 진흙 속에서 보석같이 변하지 않고 빛을 낸다.

멘델스존의 클래식과 가성 나훈아의 대중음악이 표현하는 사랑은 동일하다는 사실이다. 나는 개인적으로 가성 나훈아의 〈사랑〉을 우리나라 결혼식장 음악으로 사용되어 한국적인 결혼 문화가 형성되기를 기원하면서 널리 세계의 결혼식장의 음악으로 거듭나기를 기원한다.

가성 나훈아의 <내 삶을 눈물로 채워도>에 관한 연구

사람과 사람 사이의 첫 만남의 시초를 인연이라고 한다. 하늘이 내려준 인연을 소중하게 가꾸고 성장시키는 일은 사람의 몫이다. 인연은 사람 관계를 맺어주는 끈이라고 할 수 있다.

운명은 모든 만물을 지배하는 알 수 없는 초인간적인 힘으로 미리 정해진 죽음과 처지를 말한다. 운명은 사람이 거스를 수 없는 초자연적인 원리로 파악을 한다. 숙명은 사람이 태어날 때부터 이미 정해진 운명으로서 사람이 살아서 죽을 때까지 그림자처럼 붙어 다니는 의미로 해석을 한다.

필연은 사물과 관련된 일의 결과가 반드시 원인의 제공으로 발생한 상황과 동일한 결과로 이어지는 인과관계의 의미를 내포한다. 우연은 어떤 인과관계와 상관없이 뜻하지 않게 일어나는 일을 말한다. 우연이 자신의 의지와 상관없이 기대하지도 않은 상태에서 맞이하게 되는 상황을 뜻한다.

대중가요는 대중을 상대로 노래를 만들어 판매하는 상품이라고 할 수 있다. 대중들이 원하고 필요로 하는 요구를 사전에 파악하고 노래를 만들어야 뛰어난 히트곡이 될 수 있다. 사람들이 바라는 것을 배척하고 노래를 만들면 표리부동이 되어 사람들의 관심뿐만 아니라 노래의 생명력을 상실하게 된다.

노래 가사는 한 편의 시이다. 좋은 시상은 좋은 노래 가사로 연결되어 노래를 감상할 때 정신적인 감동을 선사한다. 노래 가사를 만들려면 책을 많이 읽어야 한다. 책은 정신의 밭이다. 많은 독서량은 밭에 작물을 심고 열매를 수확하듯이 책은 영혼의 밭을 풍성한 옥토를 만들어주는 퇴비의 역할을 한다.

대중가요는 시대의 흐름을 비추는 거울이다. 시대의 흐름에 따른 현대적인 감각이 결여된 노래는 마치 불이 꺼진 전구와 같다.

어느 분야의 직업을 갖고 정상에 서면 일반적으로 자기계발을 소홀히 하게 된다. 현재에 안주하는 순간부터 쇠퇴의 길로 들어서게 된다. 자기계발은 현재보다 미래를 한 단계 발전시키는 원동력이다.

대중가수가 정상의 자리에서 오래 지탱하지 못하고 명멸하는 원인은 자신의 타고난 재능의 부족도 있지만, 자신의 계발에 관심이 없고 현실에 만족한다. 자기계발은 피눈물 나는 공부이다.

나훈아의 〈내 삶을 눈물로 채워도〉 노래는 위 세 가지 필요 충족 조건을 갖춘 산물이라고 할 수 있다. 나훈아는 책을 좋아하고 독서량이 많은 사람이다. 그리고 현재에 만족하지 않고 자기계발을 위해서 부단히 노력하며 자신을 낮추는 겸손한 가수이다.

이러한 독서와 자기계발 탐구는 주옥같은 자작곡의 노래로 탄생하여 시대를 초월한 가수로서 강한 생명력을 유지하는 근원이 된다. 나훈아의 〈내 삶을 눈물로 채워도〉는 1998년도 본인이 작사, 작곡한 노래작품이다.

〈내 삶을 눈물로 채워도〉를 해석하면 떠나버린 사람을 그리워하며 눈물로 원망하면서도 잊지못하고, 다시 한번 만나기를 바라는 감정의 과정을 서정적인 감성으로 나타내고 있다. 밤하늘에 뜬 달과 별은 불특정 다수가 볼 수 있는 우주이다. 잊지 못하는 사랑하는 사람도 혹시 저 달과 별을 보면서 자신을 떠올리고 있지는 않는지 생각하며 대화를 나누고 싶은 내면의 정서를 우회적으로 표현하고 있다.

지금은 사랑하는 사람이 없지만, 우연이라는 단어를 사용하여 다시 필연이 되어 해후의 끈을 놓지 않는 인연을 불교적 용어로 인용한다. 사랑을 현세와 피안의 세계로 넘나드는 비약법으로 강한 인연의 그리움을 말하고 있다. 살아가는 최후의 순간까지 잊지 못하는 사람이 바로 너라는 마지막 구절은 두괄식으로 노래가 전달하고자 하는 메시지를 귀결시키는 최정점을 강조하는 어법이라고 할 수 있다.

나훈아의 〈내 삶의 눈물로 채워도〉에서 감미로운 기타 선율과 은은한 미성으로 불러주는 나훈아의 창법은, 마치 맑은 햇살에 녹아 스며들듯이 음미할수록 감성의 호수에 촉촉하게 젖게 하는 노래의 표본이라고 할 수 있다.

여기서 나훈아의 〈내 삶을 눈물로 채워도〉 노래 가사를 소개하면 다음과 같다.

1절
간간이 너를 그리워하지만
어쩌다 너를 잊기도 하지
때로는 너를 미워도 하지만
가끔은 눈시울 젖기도 하지
어쩌면 지금 어딘가 혼자서
나처럼 저 달을 볼지도 몰라

초저녁 작게 빛나는 저 별을
나처럼 보면서 울지도 몰라
루루루 루루
루루루 루루
아마 난 평생을 못 잊을 것 같아 너를

2절
인연이라는 만남도 있지만
숙명이라는 이별도 있지
우리의 만남이 인연이었다면
그 인연 또 한 번 너였음 좋겠어
어쩌면 우리 언젠가 또다시
우연을 핑계로 만날지 몰라
내 삶의 전부 눈물로 채워도
널 기다리면서 사는지 몰라
루루루 루루
루루루 루루
아마 난 평생을 못 잊을 것 같아 너를
루루루 루루
루루루 루루
아마 난 평생을 못 잊을 것 같아 너를

김동명과 가성 나훈아의 <갈무리>에 관한 비교 연구

김동명은 호가 초허이며 1900년 6월 4일에 강원도 명주에서 출생한다. 김동명은 함경도 원산의 소학교에서 교육을 받고 다시 함흥 영생중학교를 졸업한다. 함흥 영생중학교 졸업 후 김동명은 흥남 동진소학교, 평남 강서소학교, 평남 신안주 유신학교에서 교원으로 재직하게 된다.

김동명은 1925년에 강기덕의 도움으로 일본에 유학을 떠나게 된다. 일본 아오야마학원에서 신학을 공부하고 돌아온 김동명은 다시 본격적으로 교편생활을 한다. 김동명은 일본에서 귀국 후에 함남 서호진의 동광학원 원장, 함남중학교 교장 등을 역임한다.

김동명은 전공인 신학을 살려서 한국신학대학 교수로 근무를 하게 된다. 그리고 김동명은 1948년부터 1960년까지 이화여대에서 교수로 재직한다. 김동명은 교육뿐만이 아니라 정치 분야에도 많은 관심을 가지고 활동을 한다. 특히 북한에서 흥남시자치위원회 위원장, 조선민주당 함남도당 위원장 등을 역임하게 된다. 김동명은 1947년에 남한으로 월남하여 민주당 참의원으로 당선되어 정치인으로 활동한다.

김동명은 개인적으로 프랑스 시인인 보들레르를 존경하고 좋아하여 그의 시풍에 절대적으로 영향을 받는다. 그래서 김동명은 1923년〈개벽〉지에 보들레르에게 바치는 헌시인〈당신이 만약 내게 문을 열어 주시면〉,〈나는 보고 섰노라〉,〈애달픈 기억〉등을 발표하면서 문단에서 활동을 시작한다.

김동명은 초기에는 퇴폐주의 경향의 시를 쓰고 발표를 하지만 그 이후에는 민족의 비애와 조국애의 향수를 투명하고 고아한 수법으로 서정화에 주력하는 작품으로 돌아서게 된다. 김동명은〈진주만〉으로 1954년에 자유문학상을 수상한다.

일제의 탄압 아래 전원에 묻혀 지내는 시인의 민족적 비애와 섬세하고 투명한 시 정신을 고아한 미의식으로 그려놓은 대표적인 김동명의 시집이〈파초〉이다. 시집 파초에 들어있는 시편들을 대략으로 나열을 하면〈구름〉,〈바닷가에서〉,〈해진송가〉,〈나의 뜰〉,〈나의 서재〉,〈나의 집〉,〈송진 냄새〉,〈동해〉,〈귀범〉,〈석죽화〉,〈황혼〉등이다.

김동명은 해방 이후에는 과거의 시풍과는 확연히 다르게 서정성을 탈피하여 현실과 사회, 정치에 대한 풍자와 관념을 내포한 작품을 발표한다. 현실과 사회, 정치에 관심을 둔 작품들은〈진주만〉,〈삼팔선〉,〈하늘〉,〈목격자〉등 시집이다.

김동명은 수필과 정치평론에도 관심을 두고 작품을 발표하는데 수필집으로〈세대의 삽화〉가 있고 정치평론집으로〈적과 동지〉,〈역사의 배후에서〉등이다.

파초는 열대지방에서 자라나는 다년생의 관상용 식물이다. 따스하고 더운 기후에서 자라나는 식물로서 추운 지방에서 자생할 수 없는 식물이다. 일제의 모진 식민지, 압박 아래서 자유를 잃고 조국에서 떠나 타국에서 방황하는 시적 자아의 모습을 파초라는 대상물로 의인화하여 표현하고 있다.

파초는 따스한 남쪽에서 자라는 식물이다. 추운 지방에서 따뜻한 고향에 대한 정영의 향수를 그리워하듯이, 자신의 조국을 잃어버리고 일제의 식민지에서 살아가고 있는 비참한 현실에서 시적 자아가 느끼는 감정을 파초라는 식물을 매개로 이입하여 그리고 있다.

파초의 고향을 향한 정열적인 그리움과 자유를 잃고 조국에서 떠나 방황하는 시적 자아의 설움을 동병상련의 정서로 표현하고 있다. 파초와 동일한 처지의 동병상련 상황에서 너와 내가 떨어져 있는 상태가 아니라 우리라는 공동체 의식을 담고 있다.

파초와 시적 자아는 상호교감을 나누면서 일체감을 가지게 된다. 파초의 밤과 시적 자아의 겨울은 시련과 아픔을 상징하고 있고 이것을 치맛자락으로 가리려는 마음은 현실의 힘든 고통을 이겨내려는 상태를 말하고 있다.

파초의 큰 잎사귀와 치맛자락은 현실의 고통과 역경을 막아주는 상징의 의미가 있으며 우리의 고통을 막아주는 보호막이자 도피처가 될 수 있다. 먼 훗날에 장차 조국의 독립을 희망하는 수단과 방법의 도구로도 볼 수 있다.

여기서 김동명의 대표적인 시인 〈파초〉를 소개하면 다음과 같다.

조국을 언제 떠났노.
파초의 꿈은 가련하다.
남국(南國)을 향한 불타는 향수
너의 넋은 수녀(修女)보다도 더욱 외롭구나.

소낙비를 그리는 너는 정렬의 여인
나는 샘물을 길어 네 발등에 붓는다.
이제 밤이 차다.

나는 또 너를 내 머리맡에 있게 하마.
나는 즐겨 너를 위해 종이 되리니,
너의 그 드리운 치맛자락으로 우리의 겨울을 가리우자.

  나훈아의 노래 중, 자작곡한 작품 중에서 순수한 우리말 제목으로 사용한 노래를 1990년대의 작품들에서 볼 수가 있다. 오늘 소개하고자 하는 노래인 〈갈무리〉와 더불어 〈무시로〉, 〈비요일〉, 〈허야〉 등에서 간접적으로 살펴볼 수가 있다.
  갈무리의 의미는 '정리하다', '마무리하다'로 요약을 할 수가 있는데 최종 단계에서 정리정돈을 의미한다. 〈갈무리〉라는 노래 제목에서 알 수 있듯이 이별을 의미하는 뜻을 순수한 우리말인 갈무리라는 낱말을 차용하였으며 우리나라 언어인 국어 사랑을 간접적으로 전파하는 기능을 하고 있다.
  〈갈무리〉의 노래는 몇 가지의 새로운 아리랑 가요의 트로트 분야에 획기적인 이정표를 세워놓는 역할을 한다. 아리랑 가요의 트로트 분야에서 새로운 미지의 세계를 개척하고 물꼬를 튼 성인 발라드의 발판을 만들어 놓은 기폭제 기능을 한 노래이다.
  한마디로 아리랑 가요의 트로트 분야에서 한 발짝 진보된 발전을 이끌고 지도하는 최초로 시도된 노래이다. 정형적이고 틀에 박힌 리듬과 가사를 탈피하여 새로운 사고와 철학을 가지고 아리랑 가요의 성인 발라드에 첫 횃불을 밝힌 노래이다.

아리랑 가요의 트로트 분야 싱어송라이터로서 신사고적인 철학과 가치관으로 우리나라 대중가요 발전에 이바지하는 나훈아의 열정적인 노력을 감지할 수 있다. 북한은 개방적인 사회가 아니고 폐쇄적인 일인독재 정치체제를 유지하는 사회집단이다. 일부 극소수 특권계층만 남한의 아리랑 가요를 들을 수가 있다. 북한의 최고 지도자인 김정일 국방위원장이 개인적으로 나훈아 노래 중에서 가장 좋아하고 애청하는 노래가 바로 1989년에 발표된 나훈아 작사, 작곡한 〈갈무리〉이다.

〈갈무리〉라는 노래가 대중들의 사랑을 받고 있으며 또한, 북한의 특권계층 사람들에게 불리고 있다는 사실을 간접적으로 증명하고 있다. 대중매체와 통신의 발달로 외국 문물이 홍수처럼 밀려오는 상황에서 외국어와 외래어가 생활에 깊이 파고들고 있다.

아리랑 가요의 트로트와 일반 포크송, 발라드, 랩 등에서 외국어를 제목과 가사에 비일비재로 사용하는 경향이 일반적, 보편적으로 받아들여지고 있다. 이런 경향은 순수한 우리말을 쇠퇴하는 상황으로 몰아 우리말의 아름다움을 잃어버리게 사장시킬 수도 있다.

사람들에게 물과 공기처럼 쉽게 접근하여 정신적인 카타르시스를 전해주는 역할을 하는 대중 분야의 문화가 아리랑 가요의 장점이자 특징이 아닌가 한다. 순수한 우리말이 외래어에 오염되어 가는 아리랑 가요의 언어 세계에서 나훈아의 〈갈무리〉는 국어 발전을 이끌고 소금처럼 방부제 역할을 하는 아리랑 가요의 참신한 언어의 등대이다. 나훈아의 〈갈무리〉는 전체적으로 애절한 가사와 리듬이 흐르며 강한 힘과 다이내믹한 음역이 분출하는 노래라고 할 수 있다. 현대감각에 맞게 만들어진 가사와 애절한 리듬에 감각적이고 강한 필을 전해주는 나훈아의 새로운 가창력을 감지할 수 있는 노래이다.

지난 시절에 열정적으로 사랑하던 사람의 그림자가 짙게 드리워진 추억을 잊지 못하고 다시 누에고치에서 나오는 명주실처럼 끊임없이 사랑의 아픔과 고통을 가슴속에서 물레처럼 돌리고 있는 사랑의 흔적을 밟고 있다. 사랑하는 사람을 떠나보내고 영원히 사랑의 환상 속에서 꿈처럼 방황하는 자신을 힐책한다.

이미 내 곁에 존재하지 않는 사랑하는 사람을 생각하고 괴로워하는 자신을 미워하는, 생각하면 할수록 잊혀지는 사랑이 아니라 더욱 애절한 그리움의 여명으로 다가오고 있다. 평이한 일상적인 낱말로 사랑의 그리움을 구어체적인 가사로 간단명료하게 담고 있다.

스스로 자아를 문답 형식으로 그려낸 가사는, 이미 떠나버린 사람을 잊지 못하고 가슴을 두드리듯이 죄책감을 사실적으로 하얀 도화지에 선명하게 그리고 있다.

나훈아의 〈갈무리〉는 선명한 가사와 더불어 끊고 맺는 강한 리듬을 절제된 감정으로 나훈아 특유의 창법을 소화한 노래라고 할 수 있다. 한줄기 소낙비가 대지를 촉촉이 적셔 주고 금세 밝은 햇볕이 비추듯이 어둠과 밝음이 반복되는 여음의 노래가 특히 인상적인 노래이다. 노래 제목처럼 마지막 후렴부에 길게 이어지는 호흡으로 마무리하는 〈갈무리〉의 창법은 갈무리라는 이별의 여백을 채워주는 감정의 호수로 달려가게 만든다.

〈갈무리〉는 나훈아의 자작곡으로, 현실과 경험에서 오는 체험적인 창법과 기법의 노래로 간주할 수 있다.

여기서 나훈아의 〈갈무리〉 가사를 소개하면 다음과 같다.

**내가 왜 이러는지 몰라 도대체 왜 이런지 몰라
꼬집어 말할 순 없어도 서러운 맘 나도 몰라
잊어야 하는 줄은 알아 이제는 남인 줄도
알아 알면서 왜 이런지 몰라 두 눈에 눈물 고였잖아
이러는 내가 정말 싫어 이러는 내가 정말 미워
이제는 정말 잊어야지 오늘도 사랑 갈무리

이래선 안되는 줄 알아 지나간 꿈인 줄도 알아
그런 줄 뻔히 알면서도 마음을 잡지 못하잖아
이러는 내가 정말 싫어 이러는 내가 정말 미워
다시는 생각 말아야지 오늘도 사랑 갈무리**

정비석과 가성 나훈아의 <무시로>에 관한 비교 연구

　정비석은 본명이 '서죽'이며 1911년 5월 21일 평안북도 신의주에서 출생한다. 정비석은 1927년 신의주중학 재학 중 학생 독서회 사건으로 신의주형무소에서 1년간 복역을 하고 출감한다. 정비석은 1929년 일본의 히로시마 구산중학교에서 공부를 마치고 니혼대학 입학을 한다.
　정비석은 일본에서 재학 중 일문으로 쓴 소설인 <고향의 편지>가 문학신문에 당선이 된다. 정비석은 1935년 동아일보 시 <어린 것을 잃고>, <저 언덕>과 매일신보에 소설 <여자>를 발표하여 문단에 등단한다. 그리고 정비석은 계속해서 1936년 동아일보 신춘문예에 <졸곡제>가 입선이 되고 또 이듬해에 조선일보 신춘문예에 <성황당>이 당선되어 본격적인 소설가의 길로 접어들게 된다.
　정비석은 행방 이후에 본격적인 문학창작 활동을 하게 된다. 그리고 정비석은 1950년대 이후에는 전업작가로서 명성을 얻게 되며 많은 작품을 발표한다. 1954년에 서울신문에 연재한 <자유부인>의 소설은 동란 이후에 아메리카리즘의 당시 사회적인 퇴폐풍조를 폭로하여 그린 소설로 사회적 물의를 일으키게 된다.
　정비석의 <자유부인>은 그 당시의 베스트셀러 소설로 대중들에게 많은 인기를 얻게 된다. 그러나 <자유부인> 내용은 한국전쟁 이후 그 당시 사회적 배경을 반영한 현대 여성의 애정 모럴을 탐구하는 내용으로 사회적인 반향을 일으키게 된다.

〈자유부인〉으로 정비석은 대중적 인기 작가로 명성을 얻지만, 문학 작가의 인식보다는 통속 소설가로 전락하게 된다. 정비석은 국제펜클럽 회원으로 다수의 국제적인 행사에 참여하고 많은 작품을 창작한다.

정비석은 대중들의 인기를 한몸에 받는 소설가로서 대중들의 사랑을 받는 대중 작가로 군림하게 된다. 정비석은 〈자유부인〉의 작품 이후에 발표된 작품들은 〈월야의 창〉, 〈애정무한〉, 〈연산군〉, 〈낭만열차〉, 〈사랑의 십자가〉 등 많은 대중적인 장편소설을 발표한다.

정비석은 말년에는 역사에서 소재를 선택하여 그린 소설로 대중들에게 흥미 있고 재미있는 즐거움을 주는 소설을 발표하는데 대표적인 작품들은 〈명기열전〉, 〈민비〉, 〈삼국지〉, 〈손자병법〉 등이다. 정비석의 생애의 마지막 베스트셀러의 소설인 〈손자병법〉을 1983년 신문에 연재한다. 〈손자병법〉은 고려원출판사에서 간행되어 최고의 베스트셀러로 등극한다. 정비석은 일반적으로 초기에는 문학작가로서 의식을 상실하지 않은 작품을 창작하지만, 중기에는 대중들의 인기에 영합하는 작품 경향으로 흘러서 통속적인 작가라는 이미지를 심어주게 된다.

정비석은 1991년 10월 18일 사망한다. 정비석의 〈성황당〉은 1937년 조선일보 신춘문예에 당선된 작품으로 산에서 숯을 구우면서 사는 현보와 그의 아내 순이의 원시적인 삶을 건강하고 생생하며 풋풋하게 그린 소설이다. 일제의 앞잡이인 산림 간수 김 주사와 광산에서 일하는 칠복이와 사이에 약간의 갈등을 겪게 되지만, 시간이 흘러가면서 원래의 삶으로 돌아오는 내용을 그리고 있다.

  토속적인 세계를 통해서 자연과 인간이 동화되는 과정은 원시적이고 아름다운 삶을 표출하고 있으며 원시적인 삶의 원형을 본뜬 자연과 인간의 동화는 극치의 서정주의 작품이라고 할 수 있다. 토속적인 세계에서 펼쳐지는 건강하고 생생한 풋풋한 내음은 아련한 사랑을 느끼게 한다.

  여기서 정비석의 대표적인 소설인 〈성황당〉의 줄거리를 요약하여 설명하면 다음과 같다.

순이는 열네 살에 현보에게 시집을 온다. 순이 시어머니는 성황당을 공경하고 축수를 열심히 하라고 당부를 한다. 순이는 시어머니의 말을 잊지 않고 성황당에 정성을 다하여 공경과 축수한다.
순이는 어느덧 사 년의 세월이 흐르면서 여자로서 아내로서의 틀이 잡힌다. 산림 간수인 김 주사와 광산에서 일하는 칠복이는 순이에게 눈독을 들인다. 그러나 순이는 현보 이외는 생각하지 않고 성황당을 지성으로 공경을 한다.
어느 날 현보는 구운 숯을 팔러 시골 장터에 가게 된다. 순이는 현보에게 시장에 가게 되면 댕기와 신발을 사 오라고 신신당부를 한다. 현보는 댕기와 신발이 무슨 필요가 있느냐고 하면서 순이에게 핀잔을 준다.
새벽에 현보는 구운 숯을 팔러 시장을 가게 된다. 순이는 저녁밥을 짓고 현보가 오기를 기다린다. 그리고 성황당에 축수를 하고 두 손 모아 공경을 한다. 황혼이 짙어지고 어둠이 깔려도 현보는 보이지가 않는다. 순이는 초조하게 기다리다가 시오리 길을 걸어서 고개를 헐떡이면서 올라간다.

저 멀리서 술을 마시고 노래 부르며 오는 현보의 목소리가 들려온다. 순이는 두 주먹을 쥐고 현보를 두 눈을 크게 뜨고 째려본다. 현보가 순이의 어깨를 잡으려고 하자 순이는 얼른 잡으려는 현보의 팔을 피한다. 그리고 순이는 현보에게 사 오라고 한 신발을 사 왔냐고 물어본다.

그러자 현보는 신발을 순이에게 건네주자 순이는 현보의 요구에 응하여 길에서 정사를 나눈다. 순이는 지금 신고 있는 신발이 성황당의 은혜라고 굳게 믿는다. 현보는 순이가 주는 고운 돌을 성황당에 던지고 아침 조반을 먹고 산으로 나무하러 간다. 순이는 현보가 나무를 하러 간 후에 숯가마에 불 나무를 가득히 넣고 뒤이어 산으로 나물을 뜯으러 간다.

한낮이 되자 날이 더워 순이는 몸에 땀이 흘러서 냇가에 뛰어들어 목욕한다. 이때 천마령에 검은 먹구름이 밀려오자 순이는 옷을 입으려고 찾아보아도 옷이 보이지 않는다. 김 주사가 순이의 옷을 가지고 희롱을 한다. 소나기가 내리자 순이와 김 주사는 산의 숲으로 몸을 피한다. 김 주사는 순이를 겁탈하려고 하지만 순이는 완강하게 저항하면서 빠져나온다. 김 주사는 순이에게 내 말을 듣지 않으면 현보를 감옥에 넣겠다고 협박을 한다.

그러자 순이는 김 주사 얼굴을 때리고 숲을 나와서 집으로 달려간다. 이튿날 김 주사와 순사는 현보를 데리고 간다. 아마 십 년은 감옥에 살 것이라고 말을 한다. 순이는 이제 혼자서 벌어서 먹고살아야 한다는 생각으로 걱정에 휩싸인다. 현보가 평소에 한 나무를 자르고 숯가마에 불나무를 집어넣고 틈틈이 겨울을 준비하기 위해 산으로 나물을 캐러 간다. 현보의 소식을 듣고 광산에서 일하는 칠복이가 온다. 순이 집 아랫목에 드러누워서 추근거리는 김 주사를 피해서 순이는 성황당에 가서 빈다.

칠복이는 직감적으로 김 주사를 알아보고 두 사람은 싸움을 한다. 칠복이는 순이에게 분홍 적삼과 수박색의 치마를 주면서 도망가서 같이 살자고 말을 한다. 김 주사를 때리고 칠복이와 순이는 도망을 간다.

순이는 갑자기 현보와 성황당 생각이 나서 칠복이에게 잠시 뒤돌아보겠다고 속이고 칠복이가 준 옷을 나뭇가지에 걸어놓고 집으로 향하여 뛰어간다. 집에 도착하자 현보가 기다리고 있었다. 순이는 성황당, 성황당 하면서 외치며 부르짖는다. 1980년대의 우리나라의 정치적 상황은 전두환 군사독재 시절의 어두운 시기를 맞이하게 된다. 제5공화국 군사정부는 정통성, 합법성. 도덕성이 결여된 정부로서 강압적, 포악으로 정부를 이끌어 나간다.

전두환 제5공화국 시절인 1980년대에는 변형된 발라드풍의 노래로 10년 동안 조용필의 독주와 맞물리게 된다. 우리나라 아리랑 가요의 한 분류인 트로트는 간신히 명백만이 유지되는 상태에 놓이게 된 시기이다.

이 당시에 트로트의 새로운 무혈혁명 기수로 나훈아의 〈무시로〉가 등장한다. 어두운 터널에서 방황하는 트로트의 장르에 밤하늘의 새별처럼 찬란하게 밝혀준 노래가 〈무시로〉다.

당시 현상만 유지하고 발전보다는 퇴보의 길을 걷고 있던 트로트계에 성인 발라드풍이 가미된 전통 트로트인 나훈아의 〈무시로〉가 발표되며 우리나라 1980년대 트로트를 활성화했다. 잠자고 있는 트로트계에 혁신적으로 요원의 화산처럼 생명력과 활기를 넣어주며 선봉에 선 노래로서 가치와 영예가 있다.

한마디로 표현하면 〈무시로〉는 아리랑 가요의 트로트 분야에서 혁명의 노래이며 혁신의 노래이며 횃불의 노래라고 말을 할 수가 있다. 나훈아의 〈무시로〉는 1980년대의 아리랑 가요의 트로트 장르에서 빼놓고 이야기할 수 없는 아주 중요한 보석 같은 노래라고 언급할 수가 있다.

〈무시로〉는 나훈아 작사, 작곡의 1988년도 노래이다. 나훈아의 작사, 작곡한 노래 중에서 순수한 우리말 노래 제목으로 등장한 노래 중에서 〈무시로〉도 한 축을 형성하게 된다. 무시로라는 낱말은 순수한 우리말로 표현된 단어인데 국어사전에 찾아보면 간단하게 '수시로, 시도 때도 없이'로 설명이 되어있다.

그 의미를 액면 그대로 해석을 하면 약간은 노래 제목의 의미로 어색하게 전달된다. 그래서 무시로는 한마디로 표현을 한다면 항상(always), 계속(constantly)으로 의역하여 표시할 수가 있다.

〈무시로〉는 노래 자체의 역할과 기능에도 중요한 요인이 있지만, 노래 제목에서는 드물게 순수한 우리말이 사용되었다는 점에서 의의를 찾을 수가 있다. 아리랑 가요는 그 당시의 정치, 경제, 사회, 문화, 예술, 스포츠를 반영되어 탄생된 투영의 거울이라고 볼 수 있다.

시대마다 노래를 들어보면 그 당시 사람들의 애환, 사랑, 이별, 고향, 모정, 향수, 그리움을 직간접적으로 인식할 수 있으며 노래의 역사를 읽을 수 있다. 아리랑 가요의 시대 상황과 현실성은 바늘과 실처럼 밀접한 관계이다.

아리랑 가요는 현실성과 대중성을 포함된 그 당시의 거울이며 역사의 기록이라고 할 수 있다.

나훈아의 〈무시로〉 노래로 그 당시의 세태가 거울처럼 묘사되어 있고 현실성을 충실하게 반영한 노래이다. 〈무시로〉가 만들어진 배경에 관해서 나훈아 본인이 언급한 말을 인용하면 다음과 같다.

옛날 노래는 사랑을 직설적으로 표현한 가사가 많았고, 우회적으로 표현한 가사들은 그다음 시기에 나타났다고 말한다. 요즈음 젊은이는 사랑하는 사람의 목소리가 듣고 싶으면 바로 전화를 걸고, 보고 싶으면 바로 달려가서 만날 수 있다.

그러나 옛날 어머니나 누나들 세대는 교통과 통신이 발달하지 못해서 밤에 편지를 쓴다든지, 아니면 밤하늘 둥근달을 쳐다보면서 사랑하는 사람을 그리워하는 가사를 쓰게 되었다고 한다.

그리고 어머니, 누나들 세대는 사랑하는 연인의 손을 잡으면 평생 같이 살아야 하는 순종과 정조 관념이 강하고 깊은 사랑을 느낄 수가 있었지만, 요즈음 세대는 자판기 커피처럼 쉽게 만나고 쉽게 헤어지는 인스턴트 사랑을 한다고 말한다.

그래서 가사가 현실에 맞지 않은 노래는 절대로 대중에게 어필할 수가 없고, 히트할 수 없다고 나훈아는 강조한다.

그래서 나훈아는 이미 가버린 사람을 잡을 필요가 없고 그리워할 필요가 없다고 말을 한다. 가버린 사람을 쫓아가서 애걸복걸 사정을 해봐야 아무 소용이 없다는 의미이다. 어차피 떠난 사람을 잡아봐야 다시는 오지 않을 사람이므로 미련을 가질 필요도 없고, 그리워할 필요도 없다고 설명한다.

나훈아는 〈무시로〉의 가사를 쓸 때 현재 젊은 세대 사랑의 세태를 있는 그대로 반영하여 현실성에 충실하게 노랫말에 담았다고 강조한다. 나훈아는 사람들이 〈무시로〉의 가사에 공감하고 감동을 받았기에 히트할 수 있었다고 한다.

〈무시로〉는 젊은 사람들의 사랑에 관한 의식과 사고를 표현하고 또한 과거와 미래보다는 현실에서 흔히 볼 수 있는 가벼운 터치의 구어체적인 가사로, 현실성이 강하게 투영된 노래라고 할 수 있다.

나훈아가 부르는 〈무시로〉 리듬은 강한 파워가 있고 다이내믹하고 리드미컬한 분위기가 압권이다. 노래 속에 나훈아의 체취가 묻어나고, 듣는 사람에게 흥을 돋아주는 필링을 느낄 수가 있다.

〈무시로〉의 노래는 전반적으로 빠르고 경쾌한 분위기를 자아내지만, 내면에 흐르는 의식은 감정을 샘처럼 솟아나게 만드는 요인을 가지고 있는 노래라고 할 수 있다.

개인적으로 나훈아의 〈무시로〉는 나훈아의 두 번째 히트곡인 〈님 그리워〉에 버금가는 노래라고 평가하고 싶은 노래이다.

여기서 나훈아의 〈무시로〉 가사를 소개하면 다음과 같다.

1절
이미 와버린 이별인데
슬퍼도 울지 말아요
이미 때 늦은 이별인데

미련은 두지 말아요
눈물을 감추어요 눈물을 아껴요
이별보다 더아픈게 외로움인데
무시로 무시로
그리울때 그때 울어요

2절
이미 돌아선 님이라면
미워도 미워 말아요
이미 약속된 이별인데
아무말 하지 말아요
눈물 감추어요 눈물을 아껴요
이별보다 더아픈게 외로움인데
무시로 무시로
그리울 때 그때 울어요!

김소월과 가성 나훈아의 <영영>에 관한 비교 연구

　김소월은 평안북도 구성에서 아버지 김성도와 어머니 장경숙 사이에서 1902년에 태어난다. 김소월은 조국의 커다란 사랑과 고향의 아름다운 정서로 인하여 조국애와 향수 애에 관한 내용이 시속에서 살아 숨 쉬고 있다.
　김소월의 생애는 즐거움과 환희보다는 하고자 일들이 실패의 연속으로 불행한 삶을 살다 간 문학가라고 할 수 있다. 김소월은 동경대학 상학부에 입학하여 일본에서 학문의 시작과 동시에 일본 관동대지진으로 인하여 귀국한다.
　고향으로 돌아온 김소월은 할아버지가 운영하는 광산에서 할아버지를 도와준다. 그러나 할아버지가 운영하는 광산의 실패로 가세는 기울어가고 김소월은 처가가 있는 구성에서 동아일보 지국을 맡아서 운영한다.
　동아일보 지국도 결국 실패하여 김소월은 염세주의자가 된다. 김소월의 사업 실패와 더불어 가계생활도 궁핍하여 삶의 의욕을 잃게 된다. 1930년대 이후 김소월의 작품은 거의 눈에 뜨이지 않고 생계의 곤란으로 결국 1934년 김소월의 고향인 정주 곽산에서 마약을 먹고 자살을 하여 생을 마감한다. 김소월의 작품세계는 생에 대한 깨달음은 <산유화>, <첫치마>, <금잔디>, <달맞이> 등에서 피고 지는 꽃의 생명 원리, 태어나고 죽는 인생의 원리, 생성하고 소멸하는 존재 원리에 관한 통찰까지 이르고 있음을 알 수가 있다.

시 〈진달래꽃〉, 〈예전에 미처 몰랐어요〉, 〈먼 후일〉, 〈꽃 촛불 켜는 밤〉, 〈못잊어〉 등에서는 만나고 떠나는 사랑의 원리를 통한 삶의 인식을 보여줌으로써 단순한 민요 시인의 차원을 넘어서는 시인으로 평가를 한다.

민요 시인으로 등단한 김소월은 전통적인 한의 정서를 여성적인 정조로 민요조의 율조와 민중적인 정감을 표출한다. 김소월의 시의 율격은 3음 보격인 7.5조의 정형시로서 자수율 보다는 호흡률을 통해 자유롭게 성공시켰으며 민요적 전통을 계승, 발전시킨 독창적인 율격으로 발전한다.

임을 그리워하는 여성 화자의 목소리를 통하여 향토적 소재와 설화적 내용을 민요적 기법으로 표현하여 민족적 정감을 눈을 뜨게 한다. 그래서 김소월은 1981년 예술 분야에서 대한민국 최고인 금관문화훈장이 추서된다. 그리고 김소월 시비가 현재 서울 남산에 세워졌다. 김소월의 대표적인 시 〈진달래꽃〉은 이별의 한을 노래한 시로써 최고의 정수라고 할 수 있다.

고구려 시대 〈공무도하가〉, 고려 시대 〈가시리〉, 조선 시대 〈황진이의 시조〉 그리고 조선 말기의 전통적인 이별의 한을 노래한 시로써 맥을 같이한다. 전통적인 유교 국가에서 한 여인이 사랑하는 임을 떠나보내는 처절한 슬픔과 아픔을 인종과 순종으로, 겉으로는 태연하게 받아들이지만, 내면으로는 붙잡으려하는 능동적이고 적극적인 사고를 발견할 수가 있다.

김소월의 〈진달래꽃〉은 유교 전통의 휴머니즘이 밑바탕에 면면히 흐르고 있으며, 사랑하는 임을 떠나보내는 아픔을 인종의 의지력으로 극복해 나간다. 사랑하는 임을 떠나보내는 한 여인의 아픔과 슬픔, 비애 등이 처절하리만큼 가슴을 짓눌러도 여자의 숙명처럼 당연하게 받아들인다. 슬픔을 체념으로 수긍하지만 인종과 순종의 의지력으로 극복하는 여인의 강인한 정조 관념은 〈진달래꽃〉의 핵심이며 주제라고 할 수 있다.

이별의 고통을 비애로써 체념하지 않고 승화시켜 극기하는 숭고한 여인의 이별을 한으로 그리고 있다. 〈진달래꽃〉에서 이 진달래꽃은 단순히 영변 약산에 피어있는 어느 꽃이 아니라 헌신적인 사랑을 표상하기 위하여 시적 자아 분신이다.

다시 말해 진달래꽃은 시적 자아의 아름답고 강렬한 사랑의 표상이요, 떠나는 임에 대한 원망과 슬픔이며, 끝까지 임에게 자신을 헌신하려는 정성과 순종의 상징이다.

김소월의 〈진달래꽃〉 이별에서 오는 슬픔과 아픔을 숙명적으로 받아들이지 않고 한 여인으로서 인종과 순종으로 극기하려는 이별의 한을 승화시킨 민요적인 율조에 전통적인 한을 가미시킨 작품이라고 할 수 있다. 한 여인이 임을 떠나보내는 아픔과 슬픔을 진달래라는 꽃을 통하여 자기 자신을 대변한 김소월의 〈진달래꽃〉은 애이불비의 대표적인 시라고 볼 수 있다.

여기서 〈진달래꽃〉 시를 소개하면 다음과 같다.

나 보기가 역겨워
가실 때에는
말없이 고이 보내 드리오리다.

영변의 약산
진달래꽃
아름 따다 가실 길에 뿌리오리다.

가시는 걸음걸음
놓인 그 꽃을
사뿐히 즈려밟고 가시옵소서.

나 보기가 역겨워
가실 때에는
죽어도 아니 눈물 흘리오리다.

　한국인의 정서와 한, 혼을 담아 노래로서 승화시켜 대중들에게 불리는 노래가 트로트라고 할 수 있다. 나라마다 그 나라의 지형, 환경, 언어, 문화 등의 영향에 따라서 독특한 대중음악이 자연스럽게 창안되어 불리고 있다. 예를 들어 미국의 컨트리송, 영국의 팝송, 프랑스의 샹송. 이태리의 칸초네, 일본의 엔카 등은 그 나라를 대표할 뿐만이 아니라 다른 나라 사람도 부르는 노래의 한 장르라고 볼 수 있다.
　우리나라의 트로트가 1970년대까지 활성화되어 대중들의 사랑을 받다가 1980년대 외국의 다양한 장르의 노래 풍이 밀물처럼 들어오게 된다. 신인 가수들은 전통의 트로트보다는 새로운 장르의 외국 노래를 모방, 답습하여 트로트는 점점 젊은이들의 기억에서 사라지는 구식 노래로 잔존하게 된다. 특히 1980년대는 조용필의 독주로 트로트는 생존의 자리를 굳히기 힘든 상황에 놓인다.

1980년대에 사라져 가는 트로트에 불씨를 제공한 노래가 바로 나훈아의 〈영영〉이다. 나훈아의 〈영영〉은 젊은 층에 잊혀 가는 트로트를 재건하는데 혁혁한 공을 세운 노래라고 할 수 있다. 1990년도 나훈아 작사, 작곡의 〈영영〉은 일반적이고 평이한 가사이고 또한, 사람들이 듣기에 편안함을 주는 노래로서 대중들에게 많은 사랑을 받게 된다.

사랑하는 사람을 떠나보내고 이별의 고통에서 오는 슬픔과 고통으로 몸부림치는 사실적인 노랫말은 가히 압권이라고 할 수 있다. 연어가 맑은 강물에서 알을 낳아 망망대해의 바다에서 성어가 되어 다시 자기가 태어난 강으로 회귀할 때 모든 고통을 이기고 강에 알을 낳고 죽는다.

어미 연어는 온몸이 찢겨도 미련과 아쉬움 없이 알을 낳기 위한 수억 만리의 긴 항해에 자기의 생명을 다한다. 〈영영〉의 노랫말은 연어와 비슷한 어감을 전해준다.

사랑하는 사람을 영원히 잊지 못하고 죽어서도 잊지 못한다는 반어법적인 노랫말은 잊지 않겠다는 의미를 강조한 내용이다. 이렇게 쉽고 평이한 노랫말은 나훈아의 가창력에 실려 더욱 찬란하게 햇살처럼 빛난다. 나훈아의 〈영영〉은 세대 구분 없이 모든 사람이 애창하는 노래로서 사랑의 위대함과 진실한 사랑을 일깨워주는 평범 속에서 특이한 의미를 전달하는 노래로 자리를 잡고 있다고 볼 수 있다.

나훈아가 공연 프로그램 중에서 약방의 감초처럼 이 노래를 삽입하여 불러 나훈아 본인이 애지중지하는 노래 중 하나이다.

나훈아의 〈영영〉은 초반부에 하늘을 바라보고 그리워하듯이 어머니의 따스한 가슴처럼 부드럽고 자연스럽게 부른다. 중반부에 이르러서는 엔진의 굉음이 천지를 흔들듯이 가슴 에이듯 부르는 나훈아의 창법은 절규 그 자체라고 할 수 있다.

후렴부에 이르러 잊지 못하는 사랑을 다시 환기하듯이 마무리하는 노래는 숙연한 그 자체라고 할 수 있다. 평범한 진리 속에 위대한 철학이 숨어있듯이 나훈아의 〈영영〉은 평이한 노랫말 속에 지고지순한 사랑의 위대함이 묻어나고 나훈아의 가창력에서 그 빛은 영롱하게 지워지지 않는 별처럼 반짝이며 대중들의 사랑을 받는 이유가 아닐까 한다.

여기서 〈영영〉의 가사를 소개하면 다음과 같다.

잊으라 했는데 잊어달라 했는데
그런데도 아직 난 너를 잊지 못하네
어떻게 잊을까 어찌하면 좋을까
세월가도 아직 난 너를 못잊어 하네
아직 나는 너를 사랑하고있는봐
아마 나는 너를 잊을 수가 없나봐
영원히 영원히 내가 사는 날까지
아니 내가 죽어도 영영 못잊을꺼야

이상과 가성 나훈아의 <가라지>에 관한 비교 연구

　이상은 1910년 9월 14일 서울, 통인동에서 이발사인 아버지와 얼굴에 약간의 곰보가 있는 어머니 사이에 아들로 출생을 한다. 이상의 본명은 김해경이다. 그러나 김해경의 본명보다는 이상이라는 이름으로 널리 알려지고 시, 필, 소설, 그림 등에 이상이라는 이름을 사용하게 된다.
　이상이라는 이름을 사용하게 된 계기는 공사장에서 같이 일하는 사람들이 이름을 잘 몰라서 이상이라고 부른 까닭으로 본인 스스로가 이름으로 사용을 한다. 이상은 1912년 부모 곁을 떠나 백부 김연필의 집에서 장손으로 성장을 하게 된다.
　이상은 1917년 신명학교에 입학을 하게 되는데 이때부터 그림에 소질을 보이기 시작을 한다. 이상은 1926년 보성고보 5학년을 졸업하고 경성고등공업학교 건축과에 입학한다. 경성고등공업학교를 졸업한 이상은 1929년 조선총독부 내무국 건축과 기수로 취직을 한다. 이상은 이때 〈조선과 건축〉의 회지 표지 도안 현상 모집에 응시하여 1등과 3등으로 각각 당선이 된다.
　이상은 1931년 처녀 시인 〈이상한 가역반응〉과 〈파편의 경치〉를 〈조선과 건축〉 지에 발표한다. 처음으로 이상이라는 이름으로 1932년 〈조선과 건축〉 지에 실린 〈건축무한 육면각체〉의 작품에 사용한다.

이상은 1933년 3월 객혈로 인하여 조선총독부 건축기술직을 사임하고 배천온천에 들어가 요양을 하게 된다. 이때부터 이상은 자기의 병을 잊기 위해서 본격적인 문학에 돌입하게 된다. 배천온천에서 요양하는 동안 이상은 많은 문학작품을 발표하는데 주요, 작품으로 소설인 〈지주회시〉, 〈환시기〉, 〈실화〉가 있고 시로서는 〈이런시〉, 〈거울〉, 〈지비〉, 〈정식〉, 〈명경〉 등이다. 또한, 수필로서 〈산촌여정〉, 〈조춘점묘〉, 〈권태〉 등이 있다.

이상은 배천온천에서 요양하는 동안 알게 된 기생 금홍과 함께 서울에 상경한다. 서울에 상경한 이상은 1934년 시〈오감도〉를 조선, 중앙일보에 연재하게 된다. 그러나 〈오감도〉의 내용이 너무 어렵고 난해하다는 독자들의 항의로 연재를 중단하게 된다. 다시 이상은 1936년 〈조광〉 지에 〈날개〉를 발표하여 대중들로부터 큰 화제를 불러일으키는 작품을 선보인다. 그리고 같은 해에 연이어서 〈동해〉, 〈봉별기〉의 작품을 발표한다.

이상은 폐결핵의 소생을 위해 일본행을 결행한다. 이상은 일본에서 불온사상의 혐의자로 일본 경찰에 체포되지만, 병보석으로 풀려나게 된다. 그러나 이상은 결국 일본 도쿄대학 부속병원에서 1937년 4월 17일 폐병으로 짧은 생을 마감한다.

거울은 자신을 비추어 주는 평범한 소재 가운데 하나이다. 거울을 통해서 시적 자아를 발견하게 된다. 거울에 비치는 시적 자아는 아름다운 모습에 도취한 나르시시즘적인 자아도 아니고 삶을 되돌아보는 반성의 자아도 아니다. 거울에 내재한 무의식적인 자아를 통한 의사소통을 염원하지만 결국 좌절하고 실망하는 분열적인 자아이다.

거울은 거울 밖의 현실적 자아와 거울 속 내재한 무의식적인 자아를 연결해주는 매개체이다. 거울을 통해서 현실적 자아와 무의식적인 자아를 발견한다. 현실적인 자아로 무의식적인 자아와 의사소통을 시도하고 악수를 청하지만 결국, 실패하고 좌절하게 되는 분열적인 자아를 인식하게 된다.

거울은 현실적 자아와 무의식적인 자아를 끌어내는 매개체의 수단으로 사용된다. 그러나 거울은 현실적 자아와 무의식적 자아를 가로막는 벽으로서 의사소통할 수 없는 이중적인 성격을 띠고 있다.

결국, 거울은 밖에서는 현실적인 자아로 존재하고 이면에는 무의식적인 자아를 인식하게 만드는 매개체의 역할을 한다. 현실적인 자아로 무의식적인 자아와 의사소통과 대화를 이끌려고 노력하지만, 실패하는 분열적인 자아가 상존을 인식한다.

거울은 현실적인 자아로 무의식적인 자아를 끌어내는 매개체의 역할을 하지만 또한 동시에 현실적인 자아와 무의식적인 자아를 단절시키는 이중적인 성격을 지닌 상징적인 의미로 설정되어 있다. 거울은 일상적인 자아는 자신의 모습을 거울 속에서 발견하고 자아관을 확립한다. 자아의 통일성은 거울에 비친 모습을 자신과 동일시함으로써 비로소 구성된다.

자아는 선험적으로 존재하는 실체가 아니라 동일시하는 과정을 거쳐 형성된 결과물에 불과하다. 따라서 거울에 비친 모습을 통해 구성된 동일성은 자기 소외적인 성격을 지니게 된다. 거울은 현상적인 자아인 나와 자의식에 존재하는 본질적인, 또 다른 나의 대립과 모순을 통하여 참된 자아를 잃고 방황하는 현대인의 비극적 모습을 잘 보여주는 작품이라고 할 수 있다.

여기서 이상의 대표적인 시 〈거울〉을 소개하면 다음과 같다.

거울 속에는 소리가 없소
저렇게까지 조용한 세상은 참 없을 것이요

거울 속에도 내게 귀가 있소
내 말을 못 알아듣는 딱한 귀가 두 개나 있소
거울 속의 나는 왼손잽이요
내 악수(握手)를 받을 줄 모르는 - 악수를 모르는 왼손잽이요

거울때문에 나는 거울 속의 나를 만져보지를 못 하는구료마는
거울이 아니었던들 내가 어찌
거울 속의 나를 만나보기만이라도 했겠소
나는 지금 거울을 안 가졌소마는 거울 속에는 늘 거울 속의 내가 있소
잘은 모르지만 외로 된 사업(事業)에 골몰할게요

거울 속의 나는 참 나와는 반대(反對)요마는
또 꽤 닮았소
나는 거울 속의 나를 근심하고 진찰(診察)할 수 없으니 퍽 섭섭하오

일반적으로 우리나라의 아리랑 가요의 가사와 리듬은 정형화

된 음률과 리듬에 맞추어 가사가 만들어지고 선율을 가미하는 경향이 있다. 이러한 경향은 외부의 강압적인 영향으로 형성된 흐름이 아니고 우리나라 민족적, 문화적, 지형적, 언어적, 자연적인 요인으로 물 흐르듯이 형성된 문학 장르라고 볼 수 있다.

아리랑 가요의 제목과 노랫말에서 살펴볼 수 있듯이 구어체적인 낱말의 노래는 극히 일부분의 노래에서 인지할 수가 있다. 종합적으로 대략 문어체적인 제목과 노랫말 속에 의미가 함축적으로 정제된 메시지를 전달하는 기능을 내포하고 있다.

팝의 영향으로 다양한 장르가 도입되어 아리랑 가요의 분야도 다양화, 세분화하여 발전하고 있다. 우리나라의 대표적인 아리랑 가요의 한 분야인 트로트를 중심으로 포크송, 발라드, 록, 컨트리송, 랩 등의 리듬을 팝의 영향으로 서로가 상생과 상쟁하는 가운데 대중의 노래 취향을 다양화하는데 결정적인 계기를 만들어주는 촉매제 역할을 하고 있다고 볼 수 있다.

나훈아의 〈가라지〉는 1983년도 추세호 작사, 작곡의 노래이다. 추세호의 대표적인 노래들은 구창모가 불러서 대중의 인기를 얻어 많은 사랑을 받은 〈희나리〉가 있다. 그리고 이선희가 부른 노래인 〈사랑의 기회가 한번뿐이면〉, 〈그래요 잘못은 내게 있어요〉의 작사를 한 노래들이다.

추세호의 작품 경향은 전통 트로트 분야의 작사, 작곡가가 아니라 발라드와 포크송을 만드는 작사, 작곡가 중 한 사람이다. 추세호의 작품 근저에 흐르는 사상은 맑고 투명한 색채의 정신이 면면히 내면에 흐르는 가사로 쉽고 평이하게 접근하는 특징을 가지고 있다.

그리고 가사와 더불어 리듬은 가볍고 부드러운 느낌을 주지만, 중량감과 다이내믹한 선율로 대중들에게 어필하는 추세호의 단면을 읽을 수 있다. 추세호가 나훈아에게 작사, 작곡한 〈가라지〉는 나훈아의 새로운 일면을 볼 수 있는 흥미 있는 노래라고 할 수 있다.

노래 제목뿐만 아니라 가사 자체가 독백 형식의 자문자답, 구어체 형식으로 만들어진 노래가 용이하게 접근하고 강한 필링을 전해주는 노래이지만, 리듬의 중량감과 강한 힘을 발산하는 용트림의 울림소리로 각인된 노래이다.

사랑하는 연인을 보내는 가슴 아픈 심정을 초연한 마음으로 대응하는 사나이의 뜨겁고 강렬한 의지가 묻어난다.

자문자답, 독백의 구어체 형식으로 이별의 슬픔을 극복해 나가는 노래는, 듣는 사람에게 태풍같은 여운을 남긴다.

슬로 풍의 리듬이 저음과 고음으로 이루어진 〈가라지〉는 용수철이 갑자기 튀어오르는 강한 비트가 절정에 이르는 연극의 클라이맥스 같은 분위기를 전해준다. 나훈아의 전통 트로트 창법에서 볼 수 없는 새로운 일면을 볼 수 있는 애상에 젖은 저음과 강한 비트의 고음에서 나훈아의 가수로서 재질에 다시 한번 감탄하게 한다.

나훈아의 〈가라지〉 노래는 전통 트로트의 리듬에 슬로 풍의 리듬이 혼합되어 새로운 퓨전 음악의 한 분야를 형성해주는 신대륙을 발견하는 기쁨과 환희를 끌어내는 노래라고 할 수 있다. 초반부에 자문자답 형식으로 저음이 밖으로 표출되는 노래는 쉽고도 어려운 고난도의 체조 기술 같은 묘기를 연출한다.

중반부에 이르러 뜨겁게 타오르는 태양처럼 심장이 터질 것 같은 강한 비트의 창법은 나훈아의 새로운 특성과 더불어〈가라지〉의 노래를 영원히 기억하게 만드는 요인 중의 하나로 볼 수 있다.

노래의 초반부에는 차가운 냉기같은 창법으로 전개되다가 중반부와 후렴부에서 시원하게 터지는 나훈아의 창법은 마치 빙판에 균열이 생겨 조금씩 갈라지다가 마침내 온천수가 터져 하늘 높이 치솟는 것 같은 경이로움 그 차제라고 할 수 있다.

〈가라지〉는 쉬운 구어체의 가사와 강렬한 비트가 어울려 조화와 균형을 이루면서 냉기 속에 온기가 살아있고, 온기 속에 냉기가 숨 쉬는 매력을 주는 나훈아의 노래 중 하나이다.

여기서 나훈아의〈가라지〉의 가사를 소개하면 다음과 같다.

간다면 누가 너를 못 보낼 줄 알고
가라지 누가 너를 잡을 줄 알고
이렇게 날 울리고 가면 발걸음 꽤나 가볍겠다
이렇게 날 버리고 가면 마음 꽤나 편하겠다

*너 괴롭고 나 괴로운 것을
왜 왜 너는 모르니 너 떠나면
나 외로운 것을 넌 넌 뻔히 알잖니
간다면 누가 너를 못 보낼 줄 알고
가라지 누가 너를 잡을 줄 알고

변영로와 가성 나훈아의 <홍시>에 관한 비교 연구

　변영로는 호가 수주이며 1897년 5월 9일 경기도 부천에서 출생한다. 변영로는 영태, 영만 삼 형제로 우애가 돈독한 형제애로 유명하다. 변영로는 12세 때 중앙학교에 입학하여 3학년 때 중퇴를 한다.
　1913년 중앙기독청년회관 영어반에서 6개월 정도의 영어 수업 학업을 수료한다. 변영로는 1914년 영시 〈코스모스〉를 번역하여 발표한다. 그 후 1918년 변영로는 중앙고보에서 영어를 가르치게 된다. 변영로는 1920년 〈폐허〉 동인으로 문단에 등단한다.
　1922년 변영로는 〈개벽〉 지를 통해 해학이 넘치는 수필과 발자크의 수필을 번역하여 발표한다. 1924년 일제하의 민족적 울분을 노래한 시집인 〈조선의 마음〉을 발표한다. 변영로는 1933년 미국 캘리포니아의 산호세대학에서 영문 번역 공부를 수료하고 귀국을 한다.
　변영로는 1935년 동아일보에 입사하여 〈신가정〉 편집장으로 근무를 하게 된다. 변영로는 1919년 3·1 독립선언문을 YMCA의 구석진 골방에서 영문으로 번역하여 각국에 발송한다. 우리나라의 3·1 독립운동의 정당성과 합법성을 전 세계에 알리는 계기가 되는 역할을 한다.
　변영로는 〈신가정〉 표지에 베를린 올림픽 마라톤에서 우승한

손기정 선수의 다리만 촬영한 사진을 〈손기정의 건각〉이라는 제목을 붙여 게재한다. 그래서 변영로는 일본의 조선총독부의 비위에 거슬려서 조선총독부 압력으로 결국 물러나게 된다.

손기정은 우리의 것을 알아보기 위해 백두산에 올라가 〈두만강 상류를 끼고 가며〉, 〈정계비〉, 〈천지가에 누워〉 등 10여 편의 시를 발표한다. 변영로의 수필집인 〈명정 40년〉은 무류 실태기로서 너무 잘 알려진 유명한 수필이다.

1981년 3월에 그의 20주기를 맞아 새로 발견된 그의 작품을 수록한 〈수주 변영로 문선집〉을 출간을 하게 된다. 변영로는 다른 자리에서 죽음에 대해 이렇게 말하고 있다. "젊은 조선을 빛나게 할 많은 시인, 예술가, 철학자들이여! 명심할 것이다. 우리의 생은 유희가 아니고 분투임을 도락이 아니고 노고임을! 로망 로랑은 말하였다. '우리의 인생은 장미꽃을 뿌리는 탄탄대로가 아니다.'라는 말을 인용하여 인간의 생명이란 죽음의 준비인 것뿐이다. 그림자가 물체를 따르는 것 같이 아름다운 죽음은 반드시 아름다운 생활의 뒤를 이어오고 의미 있는 죽음은 반드시 의미 있는 생활의 뒤를 따를 것이다."라고 강조를 한다.

인류의 역사 단계에는 사람을 사람답게 사는 것을 가로막고 황폐화하게 만드는 자가 있다. 그래서 민중의 저항과 분노는 종교보다 깊고 사랑보다 강하다. 변영로는 역사 속에 등장하는 충신과 열녀를 소재로 선택하여 시로 형상화한 시인으로 유명하다. 우리에게 너무 잘 알려진 〈논개〉도 이 부류의 시에 포함된다고 할 수 있다.

논개는 임진왜란 때 진주 촉석루에서 일본 왜군들 술자리에서 왜장 게다니의 목을 끌어안고 유유히 흘러가는 남강에 함께 뛰어

내려 강물에 빠져 죽게 된다. 변영로는 조선 시대의 우국충절의 의로운 기녀 논개의 죽음을 기리는 시〈논개〉를 지어 일제 식민지 압박에 굴복하여 눈물과 한숨을 내쉬는 민중들을 위로했다.

　논개의 시는 애국주의 밖에 함축적이고 민중적인 진실을 내포하고 있는 시이다. 변영로는 사군자 같은 진부한 소재를 선택하지 않고 강낭콩, 양귀비꽃, 석류, 아미 등 토속적인 분위기를 자아내는 소재를 선택하여 참신한 이미지를 배가한다.

　왜적에 대한 논개의 분노를 강낭콩과 양귀비꽃, 석류 속의 붉은색으로 대비를 하여 선명하게 그리고 있으며 논개의 정열은 종교보다 깊고 사랑보다 강하다는 의미를 강렬하게 전달해주고 있다.

　변영로는 논개의 우국충절의 의로운 죽음은 남강의 푸른 물로 비유하여 남강이 마르지 않고 흘러가듯이 논개의 죽음은 역사 속에서 영원히 살아서 청사에 남을 것이라고 강조를 한다.

　변영로의 역사 속에 등장하는 충신과 열녀들을 섬세한 전통 정서와 드높은 민족정신으로 형상화한 대표적인 시인이며 또한 일반적인 사물과 대비하여 뚜렷하고 선명한 색으로 구분하여 읽는 독자들에게 강한 인상을 남기는 시인 중의 한 사람이라고 할 수 있다.

　변영로의〈논개〉는 일본에 대한 저항정신을 담고 있어서〈논개〉가 실린〈조선의 마음〉의 시집은 조선총독부로부터 판매금지와 압수령을 받게 된다. 임진왜란 당시에 의로운 기녀로서 죽음으로 우국충절의 애국심과 충성심을 그리고 논개의 드높은 민족정신을 표현한 변영로의〈논개〉에서 조국에 대한 애국심과 충성심을 뜨거운 심장으로 느낄 수 있다.

여기서 변영로의 대표적인 시 〈논개〉를 소개하면 다음과 같다.

거룩한 분노(憤怒)는
종교(宗敎)보다도 깊고
불붙는 정열(情熱)은
사랑보다도 강하다.
아! 강낭콩꽃보다도 더 푸른
그 물결 위에
양귀비꽃보다도 더 붉은
그 마음 흘러라.

아리땁던 그 아미(蛾眉)
높게 흔들리우며
그 석류(石榴) 속 같은 입술
죽음을 입 맞추었네!
아! 강낭콩꽃보다도 더 푸른
그 물결 위에
양귀비꽃보다도 더 붉은
그 마음 흘러라.

흐르는 강물은
길이길이 푸르리니
그대의 꽃다운 혼(魂)
어이 아니 붉으랴.
아! 강낭콩꽃보다도 더 푸른

*그 물결 위에
양귀비꽃보다도 더 붉은
그 마음 흘러라.*

  일반적으로 문학작품 속에 등장하는 시나 수필, 소설과 대중가요 가사에는 다양한 비유법을 사용하여 직간접적으로 메시지를 전달한다. 예를 들면 해는 뜨겁고 강렬한 상징으로 플러스, 아버지, 우주의 기둥으로 형상화되고 달은 부드럽고 포근한 마이너스, 어머니, 우주의 그림자로 형상화되듯이 식물 또한 마찬가지로 인용이 된다. 물망초라는 꽃은 사랑을 절대로 잊지 말라는 의미를 담고 있으며 할미꽃은 사랑을 기다리다 지쳐버린 의미를 담고 있듯이 나훈아의 〈석류가 웃는 이유〉도 석류라는 열매를 인용하여 노래로 형상화한 대표적인 예라고 할 수 있다.
  석류는 주황빛을 띤 껍질로 되어있으며 속은 붉은색의 수정 같은 알갱이가 들어있는 열매이다. 석류가 익으면 껍질이 벌어지고 속에 들어있는 작은 알갱이가 마치 웃는 형상으로 보인다. 나훈아는 석류의 속을 웃는 얼굴로 의인화해 가사에 인용하여 대중에게 삶의 미학과 미소를 전달한다.
  나훈아의 〈석류가 웃는 이유〉의 노래는 나훈아 작사, 작곡의 노래이다. 〈석류가 웃는 이유〉가 만들어진 사연은 다음과 같다.
  1992년도에 MBC 정오의 대표적인 라디오 프로그램인 강석, 김혜영의 싱글벙글 쇼라고 할 수 있다. 싱글벙글 쇼의 프로그램은 라디오 프로그램 중에서 청취율뿐만이 아니라 역사와 전통을 지닌 MBC의 간판 프로그램 중 하나이다.
  싱글벙글 쇼는 분기마다 대중연예인을 특별출연시켜 그날의 사연과 시사성 있는 내용을 공개방송으로 진행하는 라디오 프로그램이다.

'강석, 김혜영의 싱글벙글 쇼'에 나훈아가 출연하게 된다. 약 한 시간 반 진행된 라디오 공개방송으로 그날의 주제는 '찌그러진 냄비와 나훈아'라는 제목으로 다양한 레퍼토리로 진행 된다. 이날 나훈아가 부른 노래 중에서 특히 기억에 남는 노래는 〈메기의 추억〉과 폴 앵카의 〈파파〉로, 그 자리에서 개사하여 부른 것이 아주 획기적인 사건이었다.

나훈아는 라디오 공개방송의 말미쯤에 〈석류가 웃는 이유〉를 만들게 된 사연을 이야기했다. 우리나라 사람들은 매일 반복되는 일상에 웃음을 잃어가는 삶을 살고 있으며 표정을 늘 찡그리고 마지못해 살아가는 모습으로 비친다고 말을 한다. 웃는 모습은 상대방뿐만이 아니라 나 자신부터 실천하면 사회가 밝고 분위기가 업되어 삶을 긍정적으로 볼 수 있다고 말을 한다.

하늘에서 검은 먹구름이 몰려와 비가 내리고 맑은 하늘에 태양이 이글거리는 날씨에도 갑자기 소낙비가 내리듯이 예측하기 힘든 환경에서도 집안의 뜰과 담장에 심겨 있는 석류나무의 석류는 웃음을 잃지 않고 사람들과 대화를 한다고 말을 한다.

석류의 이런 모습을 보고 나훈아는 〈석류가 웃는 이유〉 노랫말을 만들게 되었다고 이야기를 한다. 나무에 열린 석류라는 열매를 통하여 삶을 긍정적, 낙천적인 사고방식으로 살아갈 수 있는, 근본적인 웃음이라는 미소의 미학을 연계하여 노래로 만들어진 가사가 〈석류가 웃는 이유〉의 주제라고 할 수 있다.

사람들은 이 세상에 태어나서 예측할 수 없는 환경과 상황에서 불안과 고통, 만남과 이별, 인연과 숙명, 사랑과 질투라는 삶이라는 우주의 틀 안에서 하루하루 살아간다.

맑은 날과 흐린 날, 추운 날과 더운 날, 비 오는 날과 갠 날, 가랑비가 내리는 날과 소낙비가 내리는 날, 눈 오는 날과 눈이 내리지 않는 날처럼 알 수 없는 미래와 다양한 사람들과 함께 어울려 각자 삶의 여정을 살아가고 있다.

자연현상과 사람, 내면 감정의 굴곡을 석류라는 열매를 매개로 형상화하여 상징적으로 표현한 노래가 바로 〈석류가 웃는 이유〉이다. 날씨의 변화에도 아랑곳 않고 항상 웃음을 잃지 않는 석류의 모습을 의인화하여 석류처럼 삶의 정신적 영양소인 웃음을 잃지 말고 살아가는 삶을 격려하고 채찍질하는 교훈적, 개념적인 의미를 담고 있다.

〈석류가 웃는 이유〉는 리듬이 가볍고 듣는 사람에게 부드럽고 포근한 느낌을 전한다. 그러나 리듬과 가사의 내면을 들여다보면 삶의 철학의 깊은 뜻이 담겨있고 해학적으로 웃음으로 받아넘기는 정신의 갈등은 굵은 밧줄로 묶인 꿈틀거리는 번민을 느끼게 한다.

자연의 현상과 사람의 일상사를 석류라는 열매를 인용하여 미소의 미학과 삶의 철학을 담아서 나훈아 목소리를 통해 발표한 노래가 바로 〈석류가 웃는 이유〉이다. 〈석류가 웃는 이유〉는 자연의 노래이고 삶의 노래이며 철학이 숨어있는 노래이다.

여기서 나훈아의 〈석류가 웃는 이유〉의 노래 가사를 소개하면 다음과 같다.

1절
마른하늘에 비가 내린다 소리 없이 흘러내린다
마른 가슴에 눈물이 흐른다 울다 남은 눈물이 흐른다
인연이라는 만남도 있고 운명이라는 이별도 있고
너는 모른다 또 나도 모른다 사랑의 진실이 무엇인가를
울지를 마라 석류가 웃는다 하하하하 널 보고 웃는다
넌들 알겠니 난들 알겠니 석류가 허허 웃는 이유를

2절
마른 가지에 꽃이 피었네 비바람에 시달린 후에
마른 세상에 꼭 다문 입술 낸들 어찌 할 말 없겠니
웃고 살아도 시원찮은데 추억에 반은 눈물이더라
너는 모른다 또 나도 모른다 이별은 또 다른 시작인 것을
울지를 마라 석류가 웃는다 하하하하 널 보고 웃는다
넌들 알겠니 난들 알겠니 석류가 허허 웃는 이유를

 나훈아는 1992년도 자작곡인 〈석류가 웃는 이유〉의 전후반에 하모니카 연주를 첨가하여 멜로디를 약간 수정하고 새롭게 작사하여 리모델링해 〈홍시〉를 만들었다.
 1992년에 발표되었지만 대중들에게 사랑을 받지 못하고 장롱에서 긴 잠을 자던 〈석류가 웃는 이유〉는 나훈아가 리메이크한 자작곡 〈홍시〉로 2005년도 발표되어, 대중들의 사랑을 받는 주옥같은 명품 노래가 된다.
 기존의 틀에서 나와 새롭게 도전하는 것에는 언제나 위험 요

소와 두려움이 상존한다. 나훈아가 가요계에 데뷔하여 현재까지 지존의 명성을 유지하는 중요한 핵심은 자신의 계발에 대한 끊임없는 노력과 기존 방식에서 혁신적인 새로운 분야에 도전하는 진취적인 정신이라고 할 수 있다.

〈홍시〉는 나훈아가 기존의 스타일을 답습하는 것에서 탈피하여 새로운 요소를 가미한 참신한 모습으로 탈바꿈하여 사람들의 애창곡으로 사랑 받는 노래가 바로 〈홍시〉이다.

〈홍시〉가 원래 제목이지만 나훈아는 부제목으로 〈울엄마〉라고 명칭을 붙인다. 감나무는 노란 꽃잎을 피우고 자신의 열매를 감으로 만드는 과일나무이다. 감은 껍질의 색깔이 푸른색, 노란색, 붉은색으로 바뀌어 성장단계가 외부에 드러난다.

늦가을에 된서리를 맞은 감은 붉은 홍시가 된다. 반 정도 물렁물렁한 상태의 달콤하고 연질의 감을 연시라고 부른다. 감나무는 향토적, 토속적, 애향적인 의미와 상징적이고 친근한 나무이다. 한겨울에 할아버지, 할머니가 곳간에서 가져다 주는 홍시는 잊지 못할 겨울 별미이며 참맛을 전해준다. 그리고 어린 시절 고향의 추억을 떠올리게 하는 과일이다.

외양간에서 송아지를 낳은 어미 소는 잠시도 송아지 움직임에 눈을 떼지 않고 쳐다 본다. 어미 소는 송아지의 등이나 머리 등을 혀로 핥아 준다. 송아지는 어미 소에게 삶의 전부이며 또한 희망이라고 할 수 있다.

고사성어에 '노우지독'이라는 말이 있는데 어미 소가 송아지를 핥아 준다는 뜻이다. 환언하면 자식에 대한 부모의 애틋하고 끝없는 사랑을 이르는 말이다.

나훈아의 노래 〈홍시〉는 다시 말하면 은유적인 상징어로 어머니를 이른다. 홍시라는 과일을 인용하여 어머니의 모성애를 함축적, 응축적으로 내포하고 있으며 자식에 대한 무한한 사랑과 그리움을 대변하는 언어이다.

홍시는 어머니이며 어머니는 홍시로 연관적인 관계로 노래의 모티브가 된다. 대중가요에 어머니를 소재로 하는 노래는 애상적인 슬픈 감정이 면면히 흐르는 구슬픈 노래가 일반적이다. 나훈아의 〈홍시〉는 비애적인 슬픔의 리듬이 아니라 밝고 경쾌한 멜로디와 반복적인 노랫말이 듣는 사람에게 친근감을 준다.

〈홍시〉 노랫말은 깊고 심오한 어려운 가사가 아니라 보통사람들이 가진 생각이 가슴에 쉽게 다가오는 가사이며, 어머니를 떠오르게 하는 메시지가 리듬을 타고 전달되는 매력이 넘치는 노랫말이다.

나훈아의 〈홍시〉는 어머니가 자식에 대한 근심과 걱정을 일상적인 언어를 통해서 끝없는 모성애로 표현하고 있다. 홍시라는 감을 통해서 어머니의 자식에 대한 사랑을 은유적, 비유적으로 위대한 모성의 숨결을 읽을 수가 있다.

나훈아의 〈홍시〉의 노래는 한마디로 정의를 내리면 어미 소가 송아지를 향한 숭고한 모성애를 상징적으로 구현한 노우지독의 노래라고 할 수 있다.

여기서 나훈아의 〈홍시〉 가사를 소개하면 다음과 같다.

1절
생각이 난다 홍시가 열리면
울엄마가 생각이 난다

자장가 대신 젖가슴을 내주던
울엄마가 생각이 난다
눈이 오면 눈맞일세라
비가오면 비젖을세라
험한세상 넘어질세라
사랑땜에 울먹일세라

그리워진다 홍시가 열리면
울엄마가 그리워 진다
눈에 너어도 아프지도 않겠다던
울엄마가 그리워 진다

2절
생각이 난다 홍시가 열리면
울엄마가 생각이 난다
회초리 치고 돌아 앉아 우시던
울엄마가 생각이 난다
바람불면 감기들세라
안먹어서 약해질세라
힘든세상 뒤처질세라
사랑땜에 아파할세라

그리워진다 홍시가 열리면
울엄마가 그리워진다

생각만 해도 눈물이 핑도는

울엄마가 그리워 진다

생각만해도 가슴이 찡하는

울엄마가 그리워 진다

울엄마가 생각이 난다

울엄마가 보고파 진다

가성 나훈아의 <고장 난 벽시계>에 관한 연구

　시간의 흐름을 세월이라고 부른다. 흘러가는 세월은 정지 없이 끝없이 흘러가는 직진성을 갖고 있다. 세월은 다시 돌아오지 않으므로 후진성이 없다. 화살을 쏘면 날아가는 화살은 다시 되돌아오지 않는다.
　세월은 모든 만물을 변화시키는 속성이 있다. 사람이 태어나서 생로병사의 과정을 만드는 요소는 세월이다. 세월은 변화를 만드는 자연의 조물주라고 할 수 있다. 세월의 배에 탑승하면 앞으로 가는 직진성만이 존재한다. 어떤 환경으로도 세월의 배는 후진시킬 수가 없다.
　세월은 황소걸음처럼 천천히 걸어가는 느낌을 주지만 뒤돌아보면 세월처럼 빠른 것이 없다. 한자의 고사성어에 세월의 빠름을 비유한 낱말들이 많다. '석화광음'은 돌과 돌이 부딪치면 순간적으로 불빛을 일으킨다.
　세월이 순간적으로 빠르게 지나간다는 의미를 담고 있다. 세월은 흐르는 물처럼 흘러간다는 의미의 '광음여류'의 고사성어도 세월이 강물처럼 흘러간다는 뜻을 내포한다.
　중국의 장자는 세월이 쏜살같이 간다는 '백구과극'이라고 말한다. 하늘과 땅 사이에 살아가는 사람은 마치 달려가는 망아지를 문틈으로 보면 순식간에 사라지는 모습으로 세월의 흐름을 비유하고 있다.

　모든 만물은 땅에서 샘물 솟듯이 생성된다. 세월은 샘물처럼 솟아나다가 물이 되어 흘러가고 흘러가는 물은 금세 사라지고 만다. 세월은 모든 만물을 변화시키는 원동력의 근본이다. 솟아나는 샘물이 생명 탄생이라면, 사라지는 물은 죽음을 의미한다.

　우리가 사는 삶은 덧없고 허무하다는 인생철학을 말하고 있다. 중국의 도연명은 세월에 관해서 이렇게 말하고 있다.

　한창때는 다시 오지 않고 하루가 지나가면 새벽은 다시 오지 않는다. 때가 되면 마땅히 공부에 힘써야 하며 세월은 사람을 기다리지 않는다.

　나훈아의 〈고장 난 벽시계〉는 2005년도 윤중민 작사, 박성훈 작곡의 노래작품이다. 〈고장 난 벽시계〉의 작사가 윤중민은 현재 나훈아의 매니저로 활동하는 사람이다.

　시계는 시간의 흐름을 표시하는 도구이다. 사람이 임의로 만들어 시간을 알려주는 시계는 반영구적으로 사용할 수가 없다. 눈과 비가 내리는 날씨는 기다리면 반드시 멈추는 날이 온다.

　기계는 사용하다 보면 고장이 나도 수리하여 다시 사용할 수 있다. 그러나 세월의 기계는 절대로 고장이 나지 않는 영구 무변의 자연의 시계이다. 고장 난 시계도 하루에 두 번은 정확하게 시각이 맞으며, 시침으로 오전과 오후의 시간을 알려준다.

　나훈아의 〈고장 난 벽시계〉 가사를 분석해보면 젊은 시절에 사랑이라는 홍역의 과정에 함몰하다 보니 청춘은 흘러가고 세월은 흘러서 덧없이 가버린 세월을 원망한다. 그리고 한창 혈기 왕성한 시절에 꿈을 찾아 방황하던 시간은 어제 같은데 뒤돌아보니 흘러간 세월은 잡을 수가 없다는 애석한 마음의 정서를 그려주고 있다.

　사람은 연령대별로 시기가 있다. 그 시기를 실기하면 다시 돌아갈 수가 없다. 그것은 쉼 없이 흘러가는 세월의 직진성 때문이라고 할 수 있다.

　나훈아의 〈고장 난 벽시계〉는 세월과 인생이라는 무겁고 중후한 가사로 구성되어있다. 보편적으로 인생을 담은 노래 리듬은 경쾌하고 빠르지가 않다. 〈고장 난 벽시계〉의 노래 리듬은 경쾌하고 빠르며 강력한 에너지 넘치는 운율로 되어있다.

　나훈아가 50대 후반에 부른 〈고장 난 벽시계〉는 흘러간 세월을 원망하지만 다시는 오지 않을 지난 청춘의 시절을 그리워한다. 세월도 고장 난 시계처럼 멈추어버리면 좋겠다는 소망을 염원하고 있다.

　세월의 시계는 자연의 시계이고 우주의 시계이다. 절대로 고장 없이 흘러간다. 우리가 살아가는 삶이 마치 백과 구극 같이 빠르게 흘러가는 세월과 인생의 철학이 고스란히 담겨있는 노래가 〈고장 난 벽시계〉이다.

　여기서 나훈아의 〈고장 난 벽시계〉의 노래 가사를 소개하면 다음과 같다.

1절
세월아 너는 어찌 돌아도 보지 않느냐
나를 속인 사람보다 네가 더욱 야속하더라
한두 번 사랑땜에 울고 났더니
저만큼 가버린 세월 고장 난 벽시계는

멈추었는데 저 세월은 고장도 없네

2절
청춘아 너는 어찌 모른 척하고 있느냐
나를 버린 사람보다 네가 더욱 무정하더라
흰 구름 쫓아가다 돌아봤더니
어느새 흘러간 청춘 고장 난 벽시계는
멈추었는데 저 세월은 고장도 없네
고장 난 벽시계는 멈추었는데
저 세월은 고장도 없네

조지훈과 가성 나훈아의 <허야>에 관한 비교 연구

조지훈은 1920년 12월 13일 경북 영양군 일월면 주곡동 202번지에서 아버지 조헌영과 어머니 전주이씨 사이에 4남매 중 차남으로 태어난다. 조지훈의 호는 동탁이고 우리나라의 시 역사에 한 시대를 풍미한 청록파 시인 중, 한 사람이다.

조지훈은 정규 교육은 거의 받지 않고 보통학교만 약 3개월 정도 다닌 게 전부이다. 조지훈의 할아버지 조인석은 천석꾼의 부농으로 한학에 깊은 지식과 조예를 가지고 있으며 조지훈은 아버지보다는 할아버지의 영향을 절대적으로 받는다.

조지훈의 아버지 조헌영은 일본에서 대학교육을 마치고 신사고의 인텔리 계층의 사람이며 또한 제헌국회 2대 국회의원을 역임한다. 조지훈은 부농의 명문가 집안이며 전통적인 선비의 가문을 가진 집안에서 성장하게 된다.

조지훈은 17세에 사서삼경의 대학을 통달할 정도로 총명한 두뇌를 가졌으며 한학의 영향으로 그의 인격에 동양적인 철학의 기저를 이루었으며 또한 인생의 반향을 일으켰다.

조지훈은 1936년 조부 곁을 떠나 서울로 상경하여 새로운 문물을 접하게 된다. 같은 고향의 동향인 선배 시인 오일도의 시원사에 머물면서 시를 습작하는 수련을 받게 된다. 그리고 조지훈은 보들레르, 도스토옙스키, 와일드 등의 서구 문학에 심취하여 서구의 영향을 익히게 된다.

조지훈은 1939년에 혜화전문에 입학하여 정식으로 교육을 받게 된다. 조지훈은 1939년에 정지용의 추천으로 〈문장〉을 통해 〈고풍의 상〉, 〈승무〉와 더불어 그다음 해에 3회 마지막 추천작인 〈봉황수〉와 〈향문〉을 발표함으로써 문단 데뷔를 한다.

조지훈은 혜화전문을 졸업한 시기에 일제의 마수와 탄압을 피해 강원도 오대산의 월정사 불교 강원에 입산하여 외전 강사로 들어간다. 시심이 한창 무르익은 나이에 산사로 들어가 불교 서적과 노장의 사상의 책, 그리고 당나라 시를 읽으면서 자기 침잠의 세계를 갖게 된다. 그 영향으로 조지훈의 시속에는 자연에 대한 서경과 선에 관한 관심과 애착을 갖는 결정적인 계기가 된다.

조지훈은 시뿐만 아니라 역사. 철학 등에 깊은 학문적인 지식으로 다양한 활동을 하게 된다. 조지훈의 지조론은 우리나라 현대사의 마지막의 한국 선비로 남게 되는데 시인 김종길은 그의 인간 됨을 한 구절로 요약하고 있다.

〈조지훈은 한국의 선비 전통을 이 시대에 빛낸 거의 마지막 사람이었다〉라는 말로 강조한다. 조지훈의 다른 분야의 학식과 지식은 젊은 나이인 48세로 죽지 않았으면 많은 후학에게 영향을 주었으리라.

조지훈은 일제강점기에 민족의 탄압을 보고 통음으로 몸이 허약하게 되어 고향으로 내려오게 된다. 그래서 조지훈은 1968년 5월 17일 메디컬센터에 입원하여 지병으로 생을 마감한다.

조지훈의 시신은 5월 21일 경기도 양주군 마석리 송리산 기슭에 안장되어있으며, 또한, 1972년 서울 남산에 조지훈 시비가

건립되어 있다.

조지훈의 대표적으로 애송되는 시 〈승무〉는 약관의 나이에 지은 시로서 조지훈의 시적인 재능과 조숙성을 볼 수가 있다. 〈승무〉는 인간 번뇌를 종교적으로 승화시킨 조지훈의 대표적인 시이며 널리 읽히는 시이다.

오동잎이 달빛을 받으며 떨어져 내리는 밤. 아무도 없는 빈 무대에 황촉 불을 켜 놓고 춤을 춘다. 그러므로 이 춤은 누구에게 보이기 위한 춤이 아니라, 자신의 번뇌를 떨쳐 버리려는 몸짓이며, 가식 없는 영혼의 세계를 향한 간절한 발돋움이다.

'복사꽃 고운 뺨', '까만 눈동자' 같은 관능적인 아름다움이나 '두 볼에 흐르는 빛이 / 정작으로 고와서 서러워라.'라는 표현을 보면, 이토록 젊고 아름다운 여인이 어찌하여 세속적인 영화(榮華)를 멀리하고 승려가 되지 않을 수 없었는가가 궁금해진다. 그러나 이 시는 그 연유를 밝히지는 않는다. 구구한 설명이 필요 없이 세속은 어차피 번뇌일 수밖에 없다는 생각이 바탕에 자리 잡고 있다고 볼 수 있다.

춤 동작은 그 번뇌를 떨쳐 버리려는 몸짓에 걸맞게 완급을 드러내 준다. 멎는 듯 움직이고 움직이는 듯 멎는 그 동작을 통해 우리는 고뇌를 이겨내려는 한 여승의 자기 정화의 몸부림을 보는 듯하다.

발은 이 번뇌의 땅을 디디고 있지만, 눈은 '먼 하늘 한 개 별빛'을 향해 있다. '세사에 시달려도 번뇌는 별빛이라.'라는 표현이 드러내 주고 있는바, 지상적·세속적인 번뇌를 통해 여승은 종교적·초월적으로 승화되고자 하는 간절한 소망을 지니고 있음을 알 수 있다. 조지훈의 불교적이며 선적인 심미안의 세계를 볼 수가 있다.

여기서 조지훈의 시 〈승무〉를 소개하면 다음과 같다.

얇은 사(紗) 하이얀 고깔은
고이 접어서 나빌레라.

파르라니 깎은 머리
박사(薄紗) 고깔에 감추오고,

두 볼에 흐르는 빛이
정작으로 고와서 서러워라.

빈 대(臺)에 황촉(黃燭)불이 말없이 녹는 밤에
오동잎 잎새마다 달이 지는데,
소매는 길어서 하늘은 넓고,
돌아설 듯 날아가며 사뿐히 접어 올린 외씨보선이여!

까만 눈동자 살포시 들어
먼 하늘 한 개 별빛에 모두오고,

복사꽃 고운 뺨에 아롱질 듯 두 방울이야
세사(世事)에 시달려도 번뇌(煩惱)는 별빛이라.

휘어져 감기우고 다시 접어 뻗는 손이
깊은 마음속 거룩한 합장(合掌)인 양하고,

이 밤사 귀또리도 지새우는 삼경(三更)인데,
얇은 사(紗) 하이얀 고깔은 고이 접어서 나빌레라.

  우리의 인생 여정은 고독한 나그네처럼 알 수 없는 세상에 태어나 불확실성의 연속인 미지의 세계로 돌아간다고 말을 한다. 그 인생의 여정 길에는 이정표도 없고 안내해주는 가이드도 없이 끝없이 펼쳐진 길을 걸어가는 나그네라고 표현을 한다.
  시간이라는 나룻배에 육신을 싣고 과거, 현재, 미래라는 시간의 이정표에 사람들은 정신적, 육체적으로 성숙한 본인을 되돌아보는 관조의 눈을 가지고 있다고 볼 수 있다. 현재를 기점으로 지나온 시간은 과거이고 앞으로 다가오는 시간은 미래이다.
  시간의 개념은 단절된 상태가 아니라 연속된 강물의 흐름처럼 모든 만물을 동일하게 이끌어가고 또한, 동일한 목표지점에 낙하를 해준다. 사람의 연령을 약관, 불혹, 지천명, 이순, 고희, 미수로 나누는 이유는 정신적, 육체적인 발전과 성숙을 표현하는 시간의 구분이라고 할 수 있다.
  모든 사람이 태어나서 죽음이라는 목표를 향해 간다는 것은 확실하게 알 수 있다. 삶이란 공수래공수거라고 말을 하듯이 빈손으로 왔다가 빈손으로 가는 이치의 철학을 깨우치면서 살아가는 것이다. 그러나 현실의 땅에 발을 디디고 사는 동안 사람은 재물, 명예, 지위의 포로가 되어 진정한 삶의 가치를 상실한다. 결국 세월이라는 시간의 약으로 재물, 명예, 지위라는 것이 안개처럼 피었다가 햇빛에 소리 없이 사라지는 것임을 깨닫고 허무함과 공허함을 불러일으킨다.

어머니의 배 속에 잉태한, 한 인간으로 태어나 각자의 삶을 추구하는 철학과 사고방식은 천차만별이다. 어머니의 배 속에서 고고성을 울리면서 태어난 아기의 손안은 무소유 상태로 조그마한 우주의 상태라고 할 수 있다.

태어나면 생로병사라는 육신의 단계를 거쳐 무소유의 상태로 미지의 알 수 없는 세계로 빈손으로 이별을 고 한다. 삶이란 결국 허공에 불러보는 메아리가 끝없이 퍼져서 들리지 않는 공허함 그 자체라고 할 수 있다.

〈허야〉의 노래는 1998년도 나훈아 작사, 작곡으로 가수 생활을 30여 년 넘게 활동하고 인생을 관조하면서 느낀 삶의 철학이 깃든 노래이다. 노랫말 속에서 전해주는 인생이란 무소유의 아무것도 가진 것 없이 옷 한 벌에 달랑 들고 떠나듯이 표현한 노랫말은 인생의 철학을 감지할 수 있는 나훈아 특유의 엑센트가 있는 어구라고 할 수 있다.

인생의 자취를 돌아볼 수 있는 지천명의 나이에 지나온 세월을 돌이켜보고 되새겨보는 〈허야〉의 노래는 인생의 철학이 물씬 풍기는 노래이다. 나훈아 작사, 작곡의 노래 중에서 인생의 철학을 담은 노래인 〈어메〉, 〈공〉, 〈허야〉가 있는데 〈어메〉는 젊음을 느낄 수가 있고, 〈공〉은 인생의 깊이를 느끼게 하고, 〈허야〉는 시공을 초월한 해탈의 경지에 이른 메시지를 전달해 준다.

노랫말 중에서 북망산은 이승에서 삶을 마치고 저승이라는 생의 종착역을 의미한다. 지천명이라는 삶을 살아오면서 나훈아는 인생의 철학이 담긴 노랫말을 만들어 낸다. 인생의 철학을 듣는 사람에게 리얼하게 그리고 있는 노래가 바로 〈허야〉이다. 〈허야〉는 우리나라 민요조의 가락이 가미되고 전주곡과 간주곡 사이에 구음은 인생의 철학을 민요 리듬과 트로트 리듬이 믹싱 된 전형적인 나훈아의 새로운 창법이라고 할 수 있다. 〈허야〉는 일반 대중가요라는 인식의 노래보다는 간접적으로 삶을 해탈한 불교적인 느낌을 강하게 풍기는 노래라고 할 수 있다.

〈허야〉의 노래 배경에 승무라는 춤이 어울리는 인상을 주는 노래이다. 나훈아가 승무의 장삼을 걸치고 불러주는 〈허야〉는 깊은 인생의 삶을 해탈한 심오한 철학을 깨우쳐 주는 노래로 자리를 차지한다. 대중가요가 속세의 번민과 고민을 떨쳐 버리고 진정한 인생의 철학을 노래로 승화한 작품으로서 〈허야〉가 아닌가 한다. 〈허야〉는 나훈아 본인이 작사, 작곡한 노랫말 속에서 인생을 살면서 실제로 겪고 경험한 삶을 피를 토하듯이 노래를 한다. 〈허야〉의 인생의 철학이 담긴 노랫말과 나훈아의 하늘에서 들려오는 듯한 음색의 가창력은 삶을 깨우쳐 주는 노래로써 손색이 없다.

여기서 나훈아의 〈허야〉 가사를 소개하면 다음과 같다.

1절
니가 아니 내가아니 사는게 무언지
너도나도 아무도 몰라 얼싸안고 입맞추고
더덩실 춤추면 아마 그게 사는걸 거야

이유도 없는데 코끝이 찡하고

얼굴은 웃는데 눈물이 흐르네

허야! 하늘보니 두리둥실 뜬구름만 하나덜렁

허야! 땅을 보니 추억묻은 돌멩이만 하나덜렁

어허어 허야 어허어 허야

어허어 허야 어허어 허야 어허어 허야 어허어 허야

2절

너도몰라 나도몰라 인생이

무언지 너도나도 누구도 몰라

울었다가 웃었다가 북망산이 보이면

아마그게 인생일거야 별일도 아닌데

가슴이 찡하고 입술은 웃는데 두눈엔 눈물이

허야! 흰저고리 아낙네는 보자기만 하나덜렁

허야! 검은바지 나그네는 보따리만 하나 달랑

어허어 허야 어허어 허야 어허어

허야 어허어 허야 어허어 허야 어허어

허야 어허어 허야 어허어 허야

이광수와 가성 나훈아의 <유정>에 관한 비교 연구

　이광수는 1892년 2월 1일 장백산이 있는 평안북도 정주군 길산면 광동리에서 출생한다. 이광수의 호는 춘원이며 아호는 보경이다. 이광수는 가난한 소작농의 아들로 태어나 1902년 부모를 잃고 고아가 되어 방랑 생활을 하게 된다. 동학혁명이 일어나서 서기로 일을 하다가 관헌의 탄압으로 1904년 서울로 상경을 한다.

　이광수는 친일단체인 일진회의 도움으로 일본으로 건너가 메이지학원 중학부에 입학하여 졸업한다. 메이지학원을 졸업 후 귀국하여 오산학교에서 교편을 잡고 생활을 한다. 다시 일본으로 건너가 동경 와세다 대학 철학부에 입학한다. 일본 동경에서 2·8 독립선언서를 기초하여 선언하고 곧바로 상해로 망명한다.

　상해임시정부의 주간지 〈독립신문〉의 주간 겸 사장으로 있으면서 임정사료편찬위원회 주임, 웅사단 단원으로 활동하다가 귀국한다. 귀국 후에는 동아일보, 조선일보 등 언론계에서 많은 활동을 한다. 이광수 최초의 작품은 1909년경 일문의 소설인 〈사랑인가〉이다. 그리고 1909년 〈백금학보〉에 〈애〉를 발표한다. 춘원 이광수는 우리나라 최초의 근대 장편소설인 〈무정〉을 1917년 매일신문에 연재하여 대중들로부터 폭발적인 호응을 얻었다. 이광수는 최남선과 더불어 우리나라 언문일치운동을 전개하여 한국 근대문학 성립에 결정적인 공훈을 세웠고 또한 우리나라 신문학 초창기의 기틀을 마련하였다. 이광수의 작품세계는 대중적인 성향을 띠면서 계몽주의적, 이상주의적인 경향의 흐름이 강하여 설교 적인 요소가 내포되었다.

이광수의 대표적인 작품들은 〈어린 희생〉, 〈무정〉, 〈소년의 비애〉, 〈어린 벗에게〉, 〈마의태자〉, 〈단종애사〉, 〈흙〉, 〈유정〉, 〈사랑〉 등이다. 이광수는 시인, 소설가, 평론가로서 다양한 재능으로 많은 작품을 만들어 낸다.

이광수는 최초로 시 〈곰〉을 소년지에 발표하고 또한, 시조 〈오도답파 여행기〉를 매일신보에 연재하게 된다. 이광수는 시조 부흥 운동의 초석이 된 시조 이론인 〈시조의 자연율〉, 〈시조의 의적구성〉 등을 발표한다. 이광수는 1938년 수양 동우회 사건으로 도산 안창호와 함께 투옥된다. 그 이후 이광수는 변절하여 친일적인 행태를 취한 문학 작가로 낙인을 받는다. 6·25동란이 발생하여 이북으로 납북되어 행방불명으로 인식되었으나 1950년 만포에서 병으로 사망한다.

이광수의 대표적인 장편소설인 〈유정〉은 1933년 조선일보에 발표한 소설이다. 여기서 〈유정〉의 소설 내용을 간략하게 줄거리로 요약을 하면 다음과 같다.

최석은 중년 신사로 학교 교장인 주인공이다. 최석은 그의 친구인 남상호가 중국 여인과 결혼하여 딸, 남정임을 낳는다. 남상호가 죽자 최석은 친구의 아내와 딸을 자기 집 근처에 데려다 함께 산다.

최석이 기미년에 감옥에서 삼 년을 살다가 출소하여 집으로 돌아와 보니 친구의 아내는 죽었고 친구 딸인 남정임만 남아있었다. 남정임은 얼굴도 예쁘고 머리도 총명하여 공부도 잘하는 여자였다. 최석의 부인과 딸인 최순임은, 정임에게 정성을 다하여 불쌍하게 감싸주는 아버지 최석을 미워한다.

정임은 고등보통학교를 1등으로 졸업하고 일본으로 건너간다. 최석의 가정은 잠시 평온을 되찾는다. 그러나 최석은 일본에 있는 정임으로부터 아프다는 편지를 받고 곧바로 일본을 건너가 정임을 돌본다.

최석의 부인은 정임이가 기거하는 동료의 방에 있는 사람으로부터 최석과 정임의 부정한 일기장을 받고 둘 사이를 의심하게 된다. 교장인 최석의 훈시가 끝났을 때 학생들이 낄낄거리며 웃는다. 이상하게 생각한 최석은 뒤돌아 칠판에 쓰인 글을 보고 놀란다.

'에로 교장 최석, 에로여자고등사범학교 남정임'이라는 글이 쓰여 있다. 신문에도 입줄에도 자주 오르내리고 최석의 부인은 계속 그것을 문제 삼아 비판한다. 최석은 교장직을 사퇴하고 유언장과 유산의 공증문서 서류를 작성한다. 결국은 그 학교 K 교무주임이 교장직을 탐내서 저지른 음모로 밝혀진다.

최석은 아무도 자기를 알지 못하는 북만주에 가기로 한다. 떠나기 전에 최석은 일본으로 정임을 만나러 떠난다. 정임을 병원에서 보고 여관으로 돌아와 자기가 준 유산으로 열심히 살라고 말을 한다. 그리고 죽겠다는 편지를 써놓고 있는데 정임이가 여관을 찾아온다. 정임은 최석에게 하루라도 같이 살고 싶다고 말한다.

그 순간 최석의 편지를 보고, 정임은 죽지 말고 오래 살라고 말한다. 최석은 빨리 병원으로 돌아가라고 정임에게 말한다. 정임이 간 후에 사랑과 그리움이 밀려오는 사실을 깨닫는다. 정임은 가던 길을 다시 돌아와 여관 문을 노크한다. 정임은 자기를 안아달라고 한다. 최석은 정임을 있는 힘을 다해 안아준다. 정임을 보내고 최석은 몸을 뒤척이면서 내일 떠날 생각을 하면서 잠을 이루지 못한다. 그다음 날 최석은 아라사 장군의 여행허가증을 얻어 북만주로 가는 기차를 타고 여행을 한다.

  석양이 붉게 비치는 바이칼호를 보고 최석은 기차에서 뛰어내린다. 사막 한가운데를 걸어가면서 바이칼호에 비치는 정림의 모습을 머릿속에 그린다. 최석은 바이칼호 근처에서 스승과 제자가 함께 사는 사람과 헤어지고 여관방에 머무른다. 정임은 최석을 찾으러 경성으로 돌아와 순임과 함께 찾아간다. 최석은 병든 몸으로 결국 오래 살지 못하고 숨을 거두고 만다.

  정임은 최석이 머물렀던 여관에서 지내게 된다. 시간이 흘러 그 후에 여관 주인인 노파로부터 병든 정임이 죽으면 같이 최석과 함께 묻어준다는 편지를 받는다. 〈유정〉의 소설 주제는 숭고한 영적인 사랑의 메시지를 전달해주는 소설이라고 할 수 있다. 서양사람들의 사랑은 우회적으로 표현하는 방식이 아니라 직설적으로 표현을 한다. 사랑이라는 말을 우리가 공기를 들이켜고 물을 마시듯이 깊이 있게 사용하지 않는다.

  그것은 서양사람들의 사고방식과 생활방식에서 연유한다고 볼 수 있다. 서양의 대표적인 사랑을 표현한 소설인 로미오와 줄리엣에서 살펴볼 수가 있다. 서양사람들의 사랑 방식은 폐쇄적인 공간이 아니라 공개적인 공간이라고 할 수 있다.

  좋아하는 남녀끼리 스킨십이나 사랑한다는 말로 애정 표현을 자연스럽게 한다. 순정 애정 영화인 러브스토리 내용을 보아도 사랑 표현을 자연스럽게 한다.

그러나 우리나라 남녀의 사랑은 첫 인연을 맺을 때 사용하는 말로 인식을 한다. 옛날에는 남녀가 손을 잡으면 결혼하여 평생을 같이 산다는 의미로 받아들일 때가 있었다. 우리나라의 남녀 간의 사랑은 그보다 한 단계 정신적으로 성숙한, 업그레이드된 정으로 묘사한다.

사랑보다 한 차원 높은 단계로 정으로 정의를 내린다. 그 정은 고운 정보다 미운 정이 생명력 강한 의미를 내포하고 있다.

나훈아의 〈유정〉은 1984년도 나훈아 자작곡이다. 일반적으로 우리나라 대중가요의 대표 격인 트로트는 정형화된 음수율과 문어체의 노랫말로 구성되었다. 그러나 나훈아의 〈유정〉 가사는 정형화된 틀을 벗어나 구어체로 되어있다. 가사가 연극의 독백처럼 사랑의 이별에서 오는 고통과 번민을 문답 형식으로 묘사 되어있다.

사랑보다 더 강한 것이 정이라는 가사는 이 노래의 핵심어라고 할 수 있다. 그 의미를 강조하는 가사 내용은 사랑은 하나요 정은 열이라고 하는 표현은 이 노래의 맛과 의미를 전달하는데 최고의 전령사 노릇을 하는 노랫말이라고 할 수 있다. 마치 노송의 송진 같은, 붙으면 떨어지지 않는 끈질긴 생명력이 살아있는 사랑의 원천과 같다.

노래의 전체적인 분위기는 살을 에는 듯이 차가운 겨울바람이 불고 잔설이 내려 눈이 얼어붙고 그 눈 위에 찬서리가 내려 모든 식물이 숨쉬기조차 어려운 악조건 속에서 생명을 잉태하여 눈 속을 헤집고 나오는 인동초와 같은 노래라고 할 수 있다.

추운 겨울에 하얀 입김이 나오고 붉은 햇살이 눈 위에 비추어서 반사되어 꽃을 피운 인동초 같은 〈유정〉 노래는 가슴을 찡하게 만드는 노래라고 할 수 있다. 강약의 리듬에 주안점을 두지 않고 누에고치에서 비단을 뽑듯이 부드럽게 불러주는 음색과 창법은 숭고한 사랑을 잊지 못해서 애절하게 갈구하는 정의 위대성을 갈파하는 노래로 보인다.

고운 정보다 미운 정을 인식시켜주는 〈유정〉은 정이 얼마나 강한지를 알려주고 있다. 사랑의 의미보다는 정을 생각하게 하는 〈유정〉은 현대인들의 사랑의 마인드에 경종을 울리는 노래로서 가치가 있다고 볼 수 있다.

여기서 나훈아의 〈유정〉 가사를 소개하면 다음과 같다.

1절
돌아갈바엔 사랑은 왜 했소
떠나갈거면 정은 왜 줬소
사랑보다 더 무서운것이 정인 것을
당신은 왜 왜 모르십니까
잊을 수 있거든 잊어보세요
사랑이 하나면 정은 열이요
아~ 못잊어 그정 못잊어
사랑이 남기고간 몹쓸 정

2절
돌아갈바엔 사랑은 왜 했소
떠나갈거면 정은 왜 줬소
미웠다가도 그리운것이 정인 것을
당신은 왜 왜 모르십니까
잊을 수 있거든 잊어보세요
사랑이 하나면 정은열이요
아~못잊어 그정 못잊어
당신이 남기고간 몹쓸 정

천상병과 가성 나훈아의 <공>에 관한 비교 연구

　천상병은 1930년 1월 29일 일본 효고현 히메이지시에서 2남 2녀 중 차남으로 출생을 한다. 천상병은 1955년 서울대학교 상과대 4학년 중퇴를 한다. 천상병은 1949년 경남 마산중학교 5학년 때 첫 작품을 발표하는데 〈죽순〉 11집에 시 〈공상〉 외 1편을 추천 받는다. 그 이후에 천상병은 계속하여 〈문예〉에 〈강물〉, 〈갈매기〉 등을 추천 받은 후에 여러 문예지에 시와 평론을 발표한다.
　천상병은 1967년 7월 동베를린 공작 사건에 연루되어 6개월간 옥고를 치른다. 천상병은 가난, 무직, 방탕, 주벽 등으로 많은 일화를 남긴 시인 중의 한 사람이다. 특히 그는 우주의 근원, 죽음과 피안, 인생의 비통한 현실 등을 간결하게 압축한 시를 많이 쓴다.
　1971년 가을 문우들이 주선해서 발표한 제1 시집 〈새〉는 그가 잠적하여 서울시립정신병원에 수용되었을 때 그의 생사를 알 수가 없어서 유고시집으로 발간한 시집이다. 천상병의 시집으로 〈주막에서〉, 〈귀천〉, 〈요놈 요놈 요 이쁜놈〉 등이 있고 산문집으로는 〈괜찮다 다 괜찮다〉가 있다. 그리고 천상병은 그림동화집으로 〈나는 할아버지다 요놈들아〉가 있으며, 특히 미망인 목순옥 여사가 1993년 8월에 〈날개 없는 새 짝이 되어〉라는 글모음 집을 펴내면서 동시에 유고시집 〈나 하늘로 돌아가네〉

를 함께 펴내게 된다.

　천상병은 문단의 마지막 순수시인 또는 문단의 마지막 기인으로 유명하다. 천상병은 1993년 4월 28일 지병인 간경변증으로 세상을 뜬다. 천상병의 시에서 우리는 순진무구와 무욕을 읽을 수가 있다.

　천상병은 현란하거나 난해하지 않으면서도 사물을 맑고 투명하게 인식하고 담백하게 제시한다. 죽음을 말하면서도 결코, 허무나 슬픔에 빠지지 않으며 가난을 말하면서도 구차스러워하지 않는다.

　천상병의 시들은 어떻게 보면 우리나라 시사에서 이단으로 보이지만 시인이라는 세속적 명리를 떨쳐내고 온몸으로 자신의 시를 지킨 진정한 의미의 순수시인이라고 단정할 수 있다.

　〈귀천〉은 한국의 전통적인 토종 시인이자 영원한 자유인으로 술과 문학만으로 평생 살았던 시인의 삶과 미래를 평이한 말과 형식으로 표현한 아름다운 시라고 볼 수 있다. 사람들은 죽음을 말하면 음울하고 처절한 생각으로 머릿속에 떠오른다. 그러나 천상병은 죽음을 맑고 고운, 투명하고 아름답게 그리고 있다. 천상병은 저녁노을과 단둘이 놀다가 구름이 손짓을 하면 이슬의 손을 잡고 하늘나라로 간다고 표현을 한다.

　아름다운 색깔로 채색된 천진난만한 소녀가 그린 환상적인 동화를 보는 듯한 감흥을 일으킨다. 천상병은 이 세상에 태어난 인생을 소풍 나온 것으로 비유를 한다. 하늘나라로 간다는 사실은 다시 소풍을 마치고 집으로 돌아간다는 비유는 아름다운 발상 자체의 백미라고 할 수 있다.

　그러나 아름다운 발상 자체 내면에는 눈물과 한숨이 짙게 배

있는데 그 슬픔과 한숨을 다시 슬픔과 한숨으로 표현하지 않은 것이 천상병 시의 미라고 할 수 있다.

여기서 천상병의 대표적인 시 〈귀천〉을 소개하면 다음과 같다.

나 하늘로 돌아가리라.
새벽빛 와닿으면 스러지는
이슬 더불어 손에 손잡고,

나 하늘로 돌아가리라.
노을빛 함께 단둘이서
기슭에서 놀다가 구름 손짓 하며는,

나 하늘로 돌아가리라.
아름다운 이 세상 소풍 끝내는 날,
가서, 아름다웠더라고 말하리라.

공(空)은 한자의 뜻으로 빌 공을 의미한다. 공의 철학에 관해서 비유하여 의미를 논하면 우리나라는 꿀단지와 요강단지로 항아리를 사용한다.

항아리에 꿀을 담아놓으면 꿀단지가 되고 오줌을 담으면 요강단지가 된다. 요강단지를 끓인 물로 깨끗이 씻어 꿀을 담아놓고 요강단지라는 사실을 이미 알고 있는 사람에게 꿀을 먹으라고 권유를 하면 얼굴을 찡그리면서 꿀을 먹지 않는다.

그러나 요강단지라는 사실을 모르고 꿀단지로 알고 있는 사람은 꿀을 맛있게 먹는다. 항아리는 모든 것을 초월한 존재이고 깨끗하다. 더럽다는 의미는 사람의 관념으로 만들어진 개념이다. 항아리는 모든 것을 수용하고 받아들일 수 있는 초월의 상태를 말하고 깨끗하다, 더럽다는 의미는 사람이 만들어낸 구속이며 속박이다.

사람의 마음에 따라서 더럽다, 깨끗하다는 개념을 만들어놓고 그 굴레에 얽매여 부자연스럽게 살아가고 있다. 공은 주관의 감정이 개입되지 않고 원래의 순수한 사람의 마음 상태를 의미한다. 공은 비어있는 초월의 상태를 말하고 사람의 마음에 따라서 더럽다, 깨끗하다, 선과 악, 길고 짧음, 이쁘다 밉다. 등의 상대적인 의미는 사람의 마음에 의해서 좌우된다고 한다. 이런 상대적인 의미를 초월한 상태를 공이라고 한다. 공은 자유롭고, 구속되지 않고 여유 있게 살아가는 철학적인 의미를 담고 있는 단어라고 할 수 있다.

나훈아 〈공〉(2003년도)은 나훈아 작사, 작곡 작품이다. 나훈아는 월간조선 오효진과의 인터뷰 기사에서 이런 말을 한다. '몸과 마음이 편안하고 행복하면 글이 나오지 않지만, 몸과 마음이 고단하고 불편하면 여러 가지 다양한 추억과 생각이 자연스럽게 떠오른다'고 한다. 특히 지방 공연을 마치고 지친 몸으로 돌아올 때 차창 밖에 비치는 산과 들, 하늘, 별, 달 그리고 흘러가는 강물 등을 보면 자연스럽게 글이 나오고 메모지에 담는다고 이야기한다. 나훈아는 이러한 글을 시라고 강조를 한다. 좋은 가사, 즉 시에는 자연스럽게 멜로디가 스며있어서 그대로 오선지에 옮기면 살아 숨쉬는 노래가 탄생한다고 한다. 나훈아는 월간조선 오효진에게 작고 두툼한 노트를 보여준다. 그리고 노트에 들어있는 가사를 소개하며 직접 기타로 노래를 불러주는데 바로 이 노래가 나훈아의 인생철학이 담긴 공의 노래이다.

나훈아 〈공〉은 인생의 철학과 지천명 삶에서 자연스럽게 겪고 체험한 인생을 거울에 비유하여 독백 형식으로 그려진 노래이다. 〈공〉의 근저에는 아리랑 선율이 흘르고 전형적인 트로트 리듬이 혼합되어 전통적이고 신선한 감각을 일으키는 새로운 형식으로 시도된 노래라고 볼 수 있다.

나훈아는 〈공〉의 초반에는 차분하게 인생을 의미하듯이 정적으로 부르다가, 중반부에는 나훈아 고유의 창법인 꺾는 창법으로 〈공〉을 동적으로 살려주고, 말미에서 힘차게 뻗어가는 산맥처럼 중후한 창법으로 마무리한다.

욕심과 집착으로 삶을 쓸모없이 허비하고 우주처럼 오래 살 것처럼 생각하지만, 부질없는 허상이며 환상이라는 인생의 철학을 교훈적으로 담은 나훈아 〈공〉은 인생의 의미와 삶의 중요성을 일깨워주는 경구적인 노래라고 할 수 있다.

여기서 나훈아의 〈공〉 가사를 소개하면 다음과 같다.

1절
살다 보면 알게돼 일러주지 않아도
너나나 모두다 어리석다는 것을
살다 보면 알게돼 알면 웃음이 나지
우리모두 얼마나 바보처럼 사는지
잠시 왔다 가는 인생 잠시 머물다갈 세상
백년도 힘든 것을 천년을 살 것처럼

살다 보면 알게돼 버린다는 의미를
내가 가진 것들이 모두 부질없다는 것을

2절
살다 보면 알게돼 알고 싶지 않아도
너나 나나 모두 다 미련하다는 것을
살다 보면 알게돼 알면 이미 늦어도
그런대로 살만한 세상이라는 것을
잠시 스쳐가는 청춘 훌쩍 가버리는 세월
백년도 힘든 것을 천년을 살 것처럼
살다 보면 알게돼 비운다는 의미를
내가 가진 것들이 모두 꿈이었다는 것을
모두 꿈이었다는 것을

IV

가성 나훈아의 <18세 순이>에 관한 연구

　꽃은 정지된 땅 위에 피는 식물이라면 여자는 움직이며 살아 있는 꽃으로 비유를 한다.
　옛날 선조들은 사람의 연령대별로 별칭을 붙여서 의미를 부여한다. 꽃처럼 화사하고 아름다운 젊은 시절을 방년이라고 부른다. 과년은 혼기에 접어든 16세의 젊은 여자를 부를 때 별칭으로 사용한다. 방년과 비슷한 의미가 있는 낱말이 낭랑이다. 낭랑은 밝고 맑고 청아한 뚜렷한 소리를 의미한다.
　원로가수인 백난아가 부른 낭랑 18세도 젊은 시절의 곱고 아름다운 여자를 비유하여 노래로 만들어 사람들에게 사랑을 받은 노래이다. 사람은 생로병사의 과정을 거치면서 인생을 살아간다. 방년은 인생에서 꽃처럼 예쁘고 화사한, 제일 아름다운 시기다. 방년은 꽃이 만개할 때 최고로 예쁜 자태를 뽐낸다. 여자도 20세 전후가 제일 화려한 인생의 전성기라고 할 수 있다.
　나훈아의 〈18세 순이〉는 1983년도 나훈아 작사, 작곡으로 만들어졌다. 기존의 전통 트로트 스타일에 트렌디한 요소가 가미된 밝고 경쾌한 리듬의 노래이다. 노래에 가미된 요소는 리믹스와 테크노이다. 나훈아의 이러한 시도는 〈18세 순이〉가 처음이었다.
　리믹스는 다시 섞는다는 뜻으로, 원곡은 그대로 두고 약간 조작을 하여 새롭게 만드는 것을 말한다. 1970년대 미국에서 디스코 열풍으로 휩싸일 때 동일한 노래를 시간 차이를 두고 계속 틀어주면 나이트클럽에서 춤을 추는 손님들을 더 오랫동안 머무르게 하는 효과를 거두는 역할을 한다.

테크노는 기술공학의 용어로 신시사이저, 전자음향, 음향의 효과를 내기 위해서 기술적 음향과 춤곡이 합성된 단어이다. 간단히 말하면 테크노는 전자음악의 한 갈래로 분기한 신시사이저를 이용하여 디자인한 기계음으로 4/4박자가 반복되는 특징이 있다.

나훈아는 1980년대 초에 〈18세 순이〉로 화려한 제2의 전성기를 맞이하는 시기이다.

살구꽃이 피는 봄날에 찾아오겠다는 약속을 굳게 믿고 기다리지만, 마음에 담고 있는 18세 순이는 오지 않는다. 18세의 순이는 어떤 특정한 사람을 말하는 의미가 아니라 보편적인 사고의 관점에서 일반 사람들이 품은 생각을 친근감 있는 뜻으로 통합적인 별칭으로 차용한 말이다.

시골 소녀들은 서울을 꿈의 무지개 같은 세상으로 동경하면서 상경한다. 도시는 산업화와 공업화로 인하여 젊은 사람들의 노동력이 필요한 경제구조를 지녔다. 이러한 환경의 요구로 젊은 사람들은 시골을 떠나 도시로 유입하게 된다.

시골에 남겨진 이가 도시로 떠난 사람을 찾고 그리워하는 정서를 서정적인 감성으로 가사에 그려낸 노래가 〈18세 순이〉이다. 나훈아가 방송이나 공연할 때 화려한 조명 아래서 신명난 춤사위를 볼 수 있는 유일한 나훈아 노래이다.

나훈아의 〈18세 순이〉는 시골을 떠나고 없는 사랑하는 순이를 찾아가는 여정이 향토적, 서정적, 춘경적인 감성으로 흐르는 노래이고, 밝고 리드미컬한 리듬으로 생동감을 준다. 전통가요의 맥락을 일탈하여 새로운 요소인 리믹스와 테크노 사운드를 접목하여 시대의 흐름에 최첨단 새로운 노래 기법을 사용하여 한 단계 높은 노래로 승화시킨 노래이다.

여기서 나훈아의 〈18세 순이〉 가사를 소개하면 다음과 같다.

1절

살구꽃이 필 때면 돌아온다던
내 사랑 순이는 돌아올 줄 모르고
서쪽하늘 문틈 새로 새어드는 바람에
떨어지는 꽃냄새가 나를 울리네
가야해 가야해 나는 가야해
순이 찾아 가야해
가야해 가야해 나는 가야해
순이 찾아 가야해
누가 이런 사람을 본 적이 있나요
나이는 십팔 세 이름은 순이
가야해 가야해 나는 가야해
순이 찾아 가야해
가야해 가야해 나는 가야해
순이 찾아 가야해
누가 이런 사람을 본적이 있나요
나이는 십팔 세 이름은 순이

가성 나훈아의 <아담과 이브처럼>에 관한 연구

　서양 사람들이 동경하는 이상향은 에덴동산이고 동양 사람들이 선망하는 이상향은 무릉도원이다. 서양의 에덴동산은 아담과 이브라는 남성과 여성이 사는 곳이라면 동양의 무릉도원은 백성들이 근심 걱정 없이 세월이 가는 줄도 모르고 행복하게 사는 태평성대를 나타내고 있다.
　에덴동산은 선악과의 열매로 인하여 행복과 불행의 시초를 제공한다. 무릉도원은 아름다운 복숭아꽃을 따라 펼쳐지는 동굴 속 백성의 평화롭고 평온한 삶을 그리고 있다. 에덴동산과 무릉도원은 사람들이 꿈꾸고 소망하는 마음속의 이데아라고 할 수 있다.
　나훈아의 〈아담과 이브처럼〉은 2001년도에 KBS 일일연속극인 〈우리가 남인가요〉 주제가이다. 나훈아가 라디오와 TV 연속극의 주제가를 마지막으로 부른 노래가 1971년도 TV에서 방영된 연속극 주제가인 〈흰 구름 가는 길〉이다. 대략 30년 만에 오랜 침묵을 깨고 나훈아는 〈우리가 남인가요〉의 책임프로듀서 김종식이 연속극 주제가를 불러 달라는 요청을 받고 흔쾌히 수락한다.
　잠시 나훈아가 부른 라디오와 TV 연속극 주제가를 소개하면, 1969년도 라디오 드라마 〈약한 자여 그대〉의 주제가인 〈헤어져도 사랑만은〉, TV 연속극 주제가인 〈흰 구름 가는 길〉, TBC 인기 드라마 〈어머니〉에서 부른 〈모정의 세월〉이 있다. 나훈아가 부른 〈헤어져도 사랑만은〉, 〈흰 구름 가는 길〉, 〈모정의 세월〉은 연속극과 드라마 주제가로서 일반 대중을 상대로 발매된 노래는 아니지만, 히트곡이 되어 대중들로부터 사랑을 받고 애창곡으로 남게 된다.

사람 나이 50대를 지천명이라고 한다. 지천명은 하늘의 명령을 알 수 있다는 의미로 인생의 중년기를 말한다. 나훈아는 지천명인 2001년에 〈아담과 이브처럼〉을 직접 작사 작곡하였다. 중년은 미래보다는 과거의 향수에 집착하는 경향이 강한 세대이다.

그러나 나훈아는 풍부한 감성과 로맨틱한 정서로 전형적인 트로트에서 벗어나 의도적인 차별성과 구별성의 시도 목적으로 노래 가사를 만든다. 노래 가사에 적당한 랩 요소의 안배와 영어 가사를 삽입하여 기존의 트로트 관념에서 벗어나 현대적인 감각으로 젊은 층의 취향에 맞는 노래로 구성한다.

연속극과 그 극의 주제가는 전개되는 내용이 보편적으로 일치하는 경우가 많다. 그러나 〈아담과 이브처럼〉은 〈우리가 남인가요〉의 주제와는 조금은 동떨어져 괴리가 있다. 나훈아의 〈아담과 이브처럼〉은 처음에 솔로로 발표되었을 때는 사람들로부터 인기를 얻지 못하다가, 〈우리가 남인가요〉의 여주인공으로 출연한 배종옥과 듀엣으로 함께 부른 이후에 사람들의 호응을 얻게 된다.

나훈아의 〈아담과 이브처럼〉의 가사는 태초의 성서에 나오는 아담과 이브를 통해 순수한 인간적인 사랑을 비유적으로 그려내고 있다. 청춘남녀들의 사랑을 아담과 이브처럼 맑고 순수한 사랑으로 승화시킨 노래이다.

〈아담과 이브처럼〉 가사가 감상적, 낭만적, 감각적인 정서와 경쾌하고 밝은 리듬으로 진부하지 않은 신세대의 현대적인 감성을 구현한 노래이다.

〈아담과 이브처럼〉의 노래는 후배 가수인 장나라와 이지훈이 2001년 명예의 전당 기념행사에서 나훈아 헌정곡 축하 기념 노래로 불러주어 나훈아를 기쁘게 한 노래의 이력이 있는 노래이다.

여기서 나훈아의 〈아담과 이브처럼〉 가사를 소개하면 다음과 같다.

1절
난 그냥 니가 왠지 좋아
이유도 없이 그냥 좋아
난 너를 사랑하고 싶어
사랑에 빠지고 싶어
사랑은 이런 건가봐
가슴이 저려 오네요
그리움이 이런 건가봐
자꾸만 눈물이 나요
오렌지 빛 노을 창가에
와인 잔에 입맞춤으로
사랑을 마시고 싶어
사랑을 꿈꾸고 싶어

난 그냥 니가 정말 좋아

이유도 없이 그냥 좋아

난 너를 모두 알고 싶어

벗어버린 아담과 이브처럼

Hold me close don't let me go

take my hand

and keep me close

Please say you'll love me forever

I never want to say goodbye

2절

오렌지빛 노을 창가에

와인잔에 입맞춤으로

사랑을 마시고 싶어

사랑을 꿈꾸고 싶어

난 그냥 니가 정말 좋아

이유도 없이 그냥 좋아

난 너를 모두 알고싶어

벗어버린 아담과 이브처럼

Hold me close don't let me go

take my hand

and keep me close

Please say you'll love me forever

I never want to say goodbye

가성 나훈아의 <사나이 눈물>에 관한 연구

　사람은 감정의 동물이라고 할 수 있다. 슬픔의 감정은 눈물을 흘리게 하고 기쁨의 감정은 웃음 소리를 내게 한다. 눈물은 정신을 정화하는 액체이다. 사람의 몸속에는 3대 액체가 있다. 피와 눈물, 그리고 땀이다.
　피는 용기, 땀은 근면, 눈물은 영혼의 정화 증표를 상징한다. 눈물은 슬픔의 감정뿐만이 아니라 격한 기쁨의 흥분이 감정에서도 자연적으로 발생하는 특징을 갖고 있다. 눈물은 육체 활동으로 발생하는 액체가 아니고 정신과 영혼의 자극에서 흘리는 액체이다.
　인디언 속담에 '눈에 눈물이 없으면 영혼에 무지개가 없다'라는 말이 있다. 그만큼 눈물이 중요한 것을 강조하고 있다. 하늘에서 소낙비가 세차게 내린 후에 창공에 타원형으로 그려놓은 무지개는 정말 아름다운 영상으로 사람들의 시선을 집중하게 하는 여름날의 멋진 정경이다.
　우리 속담에 '꽃은 웃어도 소리가 없고 새는 울어도 눈물이 없다'는 말이 있다. 이것은 겉으로 표현을 하지 못하고 내면으로 느끼고 인지하고 있다는 의미이다. 꽃과 새는 속마음을 밖으로 표출할 수 있는 언어 기능이 없기 때문이다.

눈물에 관해서 톨스토이는 가장 간단명료하게 정의를 내린다. '눈물에는 선한 눈물과 악한 눈물이 있다. 선한 눈물은 오랫동안 자기 마음속에 잠들어 있고 정신적 존재의 깨달음을 기뻐하는 눈물이고 악한 눈물은 자신의 선행에 아첨하는 눈물이다'라고 눈물을 구분하고 있다.

예술은 정신의 노동이라고 할 수 있다. 마음속에 꿈이 고갈되면 예술의 나무에는 꽃을 피울 수가 없다. 그래서 예술인들은 어떤 굴레의 울타리를 벗어나 자유롭게 발 닿는 대로 여행을 떠나는 경우가 많다. 나훈아는 11년 동안 꿈을 찾아서 지구를 다섯 바퀴 도는 자유인이 되어 전 세계 오지를 찾아 꿈을 충전하는 기회로 삼는다.

가수는 꿈을 먹고사는 사람이라고 나훈아는 항상 강조한다. 꿈이 없으므로 꿈을 채우기 위해 여행을 떠나면 맑은 하늘에는 별이 반짝이고 투명한 물소리는 소리 없이 흘러가고 상큼하게 불어오는 산바람은 영혼을 일깨워주는 요소로 작용한다.

다시 말하면 여행은 영혼의 창고에 영감을 불어넣는 충전소 역할을 한다. 이러한 꿈을 찾아서 떠난 여행의 결과물은 나중에 사람들에게 감동과 공명을 주는 가사로 탄생을 하는 주춧돌이 된다.

나훈아의 〈사나이 눈물〉은 1987년도 본인이 작사, 작곡한 노래작품이다. 〈사나이 눈물〉이라는 동명의 노래 제목이 또 있다. 1958년도에 오아시스레코드사에서 발표된 신라송이라는 가수가 부른 〈사나이 눈물〉이 있고 2001년도에 발표한 조항조의 〈사나이 눈물〉이 있다.

1958년도에 앨범으로 발표된 〈사나이 눈물〉의 가수는 신라송이다. 신라송의 본명은 〈신설남〉이다. 나훈아가 11년 동안 꿈을 찾아서 돌아와 첫 공연을 할 때 〈사나이 눈물〉에 관한 일화를 이야기했다.

남미대륙의 여행을 떠나며 LA 사막을 경유하는 길에 차에서 한인방송 라디오에 자신이 부른 노래 〈사나이 눈물〉이 흘러나오는 것을 듣고 감정이 격하여져서 눈물을 쏟았다는 일화를 소개한다.

나훈아의 〈사나이 눈물〉은 1980년대 후반에 발표된 노래인데 대중들에게 많이 알려진 노래는 아니다. 공연과 콘서트에서 가끔 순서에 넣어 입소문을 통해서 조금씩 대중들의 사랑을 받게 되는 기회를 제공한다.

바람에 흘러가는 구름은 허무하게 가버린 청춘으로 비유한다. 오는 줄, 가는 줄 모르게 세월이 흘렀다는 사실을 말하고 있다. 서로 이런저런 이야기를 할 수 있는 사람은 많지만, 진정한 대화를 나눌 수 있는 사람은 없다는 의미는 현재 자신의 고독을 은유적으로 표현하고 있다.

살아온 시간이 짧았다고 생각을 하는데 벌써 석양의 노을 아래를 걸어가는 나그네처럼 덧없이 흘러간 세월을 반추하고 있다. 술 한잔 마시면서 취한 기분으로 살아온 과정을 독백처럼 소회의 감성을 이야기하고 있다. 〈사나이 눈물〉의 가사는 내면의 심오하고 난해하여 접근하기 힘든 가사가 아니라 쉽고 평이한 노랫말로 구성되어서 노래를 들으면 바로 기억할 수 있는 장점을 갖고 있다.

나훈아가 부르는 〈사나이 눈물〉은 부드럽고 정감 가는 음색으로 마치 강물 위에 떠가는 조각배같이 노래를 소화하고 있다. 그러나 살아오면서 가슴에 담고 있는 정서는 성난 물결의 소용돌이가 휘몰아치는 삶의 철학이 깊게 묻어나는 노래를 편안하고 달관의 경지로 승화를 시키고 있다. 나훈아의 〈사나이 눈물〉은 꽃은 웃어도 소리가 없고 새는 울어도 눈물이 없다는 말처럼 삶의 철학을 자아 관조하는 노래라고 할 수 있다.

여기서 나훈아의 〈사나이 눈물〉의 노래 가사를 소개하면 다음과 같다.

1절
흘러가는 뜬 구름은 바람에 가고
허무한 내 청춘은 세월에 가네
취한 김에 부르는 노래
끝도 없는 인생의 노래
아 뜨거운 눈물 사나이 눈물

2절
웃음이야 주고받을 친구는 많지만
눈물로 마주 앉을 사람은 없더라
취한 김에 부르는 노래
박자 없는 인생의 노래
아 뜨거운 눈물 사나이 눈물

3절
돌아보면 그 다지도 먼 길도 아닌데
저만큼 지는 노을 날 보고 웃네
취한 김에 껄껄 웃지만
웃는 눈에 맺힌 눈물은
아 뜨거운 눈물 사나이 눈물
사나이 눈물

가성 나훈아의 <잡초>에 관한 연구

풀은 먹이사슬 구조 중에서 최하위, 계층이다. 바람이 불면 제일 먼저 쓰러지는 것이 풀이고 반대로 제일 먼저 일어서는 것도 풀이다. 잡초는 풀이 무수하게 섞여 있는 풀들을 말한다. 식물과 잡초는 사람들 식용 용도에 따라 판별된다. 사람들이 필요하여 먹을 수 있으면 나물이고 그렇지 않으면 무용지물의 이름 없는 잡초로 불린다.

간단히 말하면 들과 산에서 자라는 풀을 사람들이 먹을 수 있으면 약초와 나물로 변신한다. 반대로 사람들이 식용으로 먹을 수 없으면 풀은 그냥 잡초가 된다. 잡초는 생명력이 강한 식물이다. 번식력이 활발하여 순식간에 들판을 무성한 풀로 조성한다. 잡초는 사람이 밟으면 다시 일어나는 제일의 생명력으로 농부들에게 많은 설움을 받는 풀이다.

사람은 모든 분야에서 제일인자를 지향하는 습성을 갖고 있다. 그래서 사람들은 환경의 변화에 적응과 순응보다 변화를 싫어하고 현실에 만족하려고 한다. 그러나 잡초는 생존 번식을 위해서 스스로 변화시켜 왕성한 생명력으로 적응한다.

1980년대 초 나훈아는 단란한 가정을 이루지 못하고 두 번째 헤어짐을 경험한다. 결혼의 실패가 손실이라면 한 사람의 남자로서 정신의 영혼을 튼튼하게 만드는 주춧돌 역할을 하게 된다.

나훈아 청년 시절은 타인의 요구에 순응하는 시기라면 두 번째는 오로지 자신만의 철학으로 내공을 쌓는 정신의 자양분을 흡수하는 시기라고 할 수 있다. 가수로서 노래를 부르지 않는 동안 독서와 시서화에 몰두하여 한 단계 성숙한 인생의 철학의 내공을 쌓게 된다.

나훈아의 그림과 서예 수준은 보통사람을 능가한 전문가 수준이다. 1980년대 초 이후로 발표되는 노래는 일반적으로 삶과 인생의 철학이 담겨있는 무게 있는 노래들을 만들게 되는 기초로 작용한다. 두 번째 이별은 나훈아 스스로 남자로서 완성을 시켜준 소중한 경험이라고 말한다.

정신의 분야에 종사하는 사람들은 모든 사물을 피상적으로 보지 않고 세밀하게 관찰을 하면서 새로운 영감을 얻는 기회로 삼는다. 나훈아 노래 〈잡초〉는 1983년도 나훈아 작사, 작곡의 작품이다.

어느 날 나훈아는 우연히 한 아이의 노트에 쓰인 시를 읽게 된다. 그 시를 차분히 읽고 난 나훈아는 시의 내용에 자신의 영감을 불어넣어 새롭게 개작 시를 만들게 되는데 그것이 바로 〈잡초〉의 가사이다.

사람들은 자신의 처지와 상황을 말과 행동보다는 어떤 사물을 차용하여 상징물을 통해서 우회적으로 표현한다. 나훈아는 두 번째 결혼에서 모든 것을 버리고 오로지 남자로 다시 시작하는 영혼의 불을 태우게 된다.

잡초는 나훈아의 인생철학과 자화상을 그려놓은 상징물이라고 할 수 있다.

잡초는 이름도 없고 쓸모없는 풀이다. 산과 들에 자라나는 풀들이지만 아무도 찾지 않는 풀로 노래가 시작된다. 사람은 혼자 살 수 없다. 사람과 사람은 서로 관계를 맺으며 살아가는 사회적 동물이다. 아무도 찾지 않는다는 의미는 혼자라는 고독의 내면을 말하고 있고, 꽃이라면 당연히 꽃의 본질이라 할 수 있는 예쁜 색깔의 꽃잎과 향기가 있어야 한다.

그러나 꽃잎과 향기도 없는 잡초를 대용하여 모든 것을 비운 정신의 공간, 다시 말하면 공의 상태를 암시적으로 표현하고 있다. 발과 손이 있다면 찾아가고 부르고 싶지만, 그것은 표면적으로 바라는 바람을 역설적으로 강조를 하고 있다.

나훈아의 잡초는 강력한 에너지가 넘치는 리듬에서 인생 철학이 알기 쉬운 가사에 삶의 철학이 배 있는 노래라고 할 수 있다.

여기서 나훈아 〈잡초〉의 가사를 소개하면 다음과 같다.

1절
아무도 찾지않는 바람부는 언덕에
이름모를 잡초야
한송이 꽃이라면 향기라도 있을텐데
이것저것 아무것도 없는 잡초라네

발이라도 있으면은 님 찾아갈텐데
손이라도 있으면은 님 부를텐데
이것저것 아무것도 가진게 없어
아무것도 가진게 없네

아무도 찾지않는 바람부는 언덕에
이름모를 잡초야
한송이 꽃이라면 향기라도 있을텐데
이것저것 아무것도 없는 잡초라네

2절
아무도 찾지않는 바람부는 언덕에
이름모를 잡초야
한송이 꽃이라면 향기라도 있을텐데
이것저것 아무것도 없는 잡초라네
발이라도 있으면은 님 찾아갈텐데
손이라도 있으면은 님 부를텐데
이것저것 아무것도 가진게 없어
아무것도 가진게 없네

아무도 찾지않는 바람부는 언덕에
이름모를 잡초야
한송이 꽃이라면 향기라도 있을텐데
이것저것 아무것도 없는 잡초라네

이것저것 아무것도 없는 잡초라네
이것저것 아무것도 없는 잡초라네
이것저것 아무것도 없는 잡초라네
이것저것 아무것도 없는 잡초라네

가성 나훈아의 <청춘을 돌려다오>에 관한 연구

사람이 태어나서 죽을 때까지 과정을 대략 4단계로 나누어 볼 수 있다. 첫 단계는 유년기, 두 번째 단계는 청년기, 세 번째 단계는 중년기, 네 번째 단계는 노년기로 세대별로 구분을 할 수가 있다. 인생을 단계별로 불에 비유할 수 있는데 유년기는 아궁이에 나무를 하나하나 쌓아놓고 장작불에 불을 피우는 시기이다.

청년기는 장작불에 불이 붙어 정열적으로 타오르는 불의 세기가 제일 강렬한 시대이다. 중년기는 활활 타오르던 불의 정점이 하향곡선으로 식어가는 시대이다. 노년기는 아궁이에 타고 남은 장작불의 미세한 열기와 더불어 재만 남아있는 시기이다.

불은 꺼지면 다시 불을 피울 수가 있다. 그러나 인생은 한번 지난 세월은 다시 환류되지 않고 단 한 번의 일회성으로 끝나는 특성이 있다.

나훈아의 <청춘을 돌려다오>는 대중에게 많이 불리는 주옥같은 노래이다. 그러나 노래의 탄생부터 히트곡으로 올려지는 과정이 순탄하지 않았고 우여곡절을 겪은 이력이 있는 노래이다.

<청춘을 돌려다오>는 대중을 상대로 만들어진 노래가 아니라 영화로 상영된 <이 밤에 잠들게 하라>의 삽입곡이다. 영화의 흥행 실패와 함께 <청춘을 돌려다오>도 대중들의 기억에서 존재 자체를 상실한 슬픔을 겪는다.

〈청춘을 돌려다오〉는 1967년도 만들어진 노래로 작사가는 월견초, 작곡가는 신세영이다. 〈청춘을 돌려다오〉는 다시 한번 시련을 겪게 되는데 시대의 정책에 맞지 않는다는 이유로 금지곡으로 등록된다.

작사가 월견초는 경남 밀양 출신으로 성격이 호탕하고 사람 만나는 것을 좋아하는 성격으로 천재적인 소질이 있는 작사가이다. 월견초의 의미는 달맞이 풀이라는 뜻을 지닌 이름으로 사용하지만 월견초의 본명은 서정권이다.

월견초의 노래작품을 소개하면 남일해의 〈이정표〉, 정향의 〈원통해서 못 살겠네〉, 이미자의 〈살아있는 가로수〉, 이상렬의 〈너 하나만을〉, 김상희의 〈경상도 청년〉 등의 노래를 남겨 놓았다.

작곡가 신세영은 1950년대에 〈전선야곡〉을 부른 가수로 특이하게 〈청춘을 돌려다오〉 작곡가로서 이름을 올려놓고 있다. 신행일은 직업이 가수로서 맨 처음 〈청춘을 돌려다오〉를 부른 사람이다.

그러나 신행일은 개인적으로 그 당시에 함께 노래를 부른 배호를 좋아하고 존경하여 이미테이션 배호의 모창 가수로 가요 무대에 출연하여 배호 노래를 부르고 음반으로 모창의 배호 노래를 앨범으로 발표한다.

〈청춘을 돌려다오〉의 현재 나훈아가 부르는 가사와 맨 처음 신행일이 부른 노래 가사에서 약간의 차이를 발견할 수 있다.

〈청춘을 돌려다오〉 처음 발표 당시 가사를 잠시 소개하면 다음과 같다.

청춘을 돌려다오 젊음을 다오
황혼길 인생에 애원이란다
신문마다 방송마다 약은 많아도
돈 주고 못 사는게 청춘이더냐
청춘아 내 청춘아 어딜 갔느냐

청춘을 돌려다오 젊음을 다오
낙엽진 인생에 고백이란다
이름좋고 빛도좋은 약은 많아도
사랑엔 청춘만이 전부 아니냐
청춘아 내 청춘아 어딜 갔느냐

〈청춘을 돌려다오〉는 세 남자 가수가 부르게 되는데 신행일, 나훈아, 현철이다. 신행일의 창법은 소박하고 담백한 느낌을 주고 나훈아는 활력 넘치는 에너지로 화려하게 부르고 현철은 구수하면서도 꺾기의 기교를 동원하여 노래의 맛을 전달하고 있다.

나훈아는 〈청춘을 돌려다오〉를 맨 처음으로 부른 신행일을 1980년대 초에 직접 찾아가서 이 노래를 제가 불러도 좋겠냐고 물어보고 신행일에게 승낙을 받게 된다. 그리고 〈청춘을 돌려다오〉 노래 가사도 일부 수정하는데 아세아레코드사 사장이며 작사가인 최치수의 도움으로 시대의 흐름에 맞게 가사를 재조정한다.

〈청춘을 돌려다오〉의 맨 처음 작사가는 월견초이며 개사의 작사가는 최치수로 두 사람으로 표기되어있다. 나훈아는 1984년도에 전속 레코드회사를 아세아레코드사로 이적을 하면서 새롭게 개사한 〈청춘을 돌려다오〉를 음반으로 발표한다.

1967년도에서 1984년까지 깊은 노래 창고에서 잠을 자고 있던 〈청춘을 돌려다오〉는 나훈아로 인하여 밝은 빛을 받으면서 히트곡의 명성과 함께 대중들로부터 많은 호응을 얻는 애창곡으로 전환을 하게 된다.

나훈아의 〈청춘을 돌려다오〉는 방송국 공연과 콘서트에 화려하게 피날레를 장식하는 엔딩곡으로 자리를 잡고 있는 노래이다. 그만큼 나훈아가 〈청춘을 돌려다오〉에 대해 강한 자부심과 열정을 가지고 있음을 알 수 있다.

이미 흘러간 청춘은 다시 돌아갈 수도 없고 돌아올 수도 없는 자연의 순리이며 진리이다. 나훈아가 온 힘을 다해서 부르는 역동적인 〈청춘을 돌려다오〉는 듣는 사람에게 정신적으로 젊은 날의 청춘과 에너지를 무한정 전해주는 노래라고 할 수 있다.

여기서 나훈아의 〈청춘을 돌려다오〉 가사를 소개하면 다음과 같다.

청춘을 돌려다오 젊음을 다오
흐르는 내 인생에 애원이란다
못다한 그 사랑도 태산 같은데
가는 세월 참을 수는 없지 않느냐
청춘아 내 청춘아 어딜 갔느냐

청춘을 돌려다오 젊음을 다오

흐르는 내 인생에 애원이란다
지나간 그 옛날이 어제 같은데
가는 세월 막을 수는 없지 않느냐
청춘아 내 청춘아 어딜 갔느냐

가성 나훈아의 <애정이 꽃피던 시절>에 관한 연구

<애정이 꽃피던 시절>은 박성규 작곡가가 오아시스레코드사 예능 부장으로 근무할 당시 미리 작곡해 놓은 노래이다. 개인적으로 박성규 작곡가는 가수 방주연을 연모한다.

남자의 일방적인 사랑의 증표로서 박성규는 작곡한 노래를 가지고 방주연에게 프러포즈하지만, 방주연은 사랑을 받아주지 않는다.

1974년도에 미리 작곡한 노래에 가사를 방주연이 만들어 발표하는데 그 노래가 바로 앨범으로 발매된 <생각해 보세요>이다.

박성규의 프러포즈가 성공하지 못하고 노래도 대중들로부터 사랑을 받지 못하고 외면을 받는다. 그리고 3년 후에 노래 가사와 제목을 새롭게 바꾸고 탄생한 노래가 <애정이 꽃피던 시절>이다.

<애정이 꽃피던 시절>은 리듬만 살리고 모든 것을 완전히 새롭게 개조되어 사람들로부터 대단한 호응을 받는 히트곡으로 등장한다.

나훈아가 제2의 결혼생활로 거의 음악 활동을 하지 않고 은둔의 야인생활로 보내고 있을 때 처음으로 발표한 노래가 바로 <애정이 꽃피던 시절>이다. 나훈아의 새로운 노래에 대한 갈증을 느끼며 기다리던 대중들에게 <애정이 꽃피던 시절>이 한줄기의 소

낙비 역할을 하게 된다.

〈애정이 꽃피던 시절〉은 두 가지 특징을 가지고 있는데 하나는 새롭게 개조하여 재탄생 노래의 역사를 갖고 있고, 두 번째로 가수로서 활동하지 않을 당시 나훈아의 노래를 듣고 싶어 하는 사람들의 열망을 충족시켜준 노래이다.

나훈아의 〈애정이 꽃피던 시절〉은 1977년도 박성규 작사, 작곡의 작품이다. 젊은 시절에 맨 처음으로 사랑하던 사람을 생각하는 가사가 주류를 이룬다. 첫사랑은 인생을 살면서 절대로 잊을 수 없는 사랑의 신기원이다.

겨울의 추위를 이겨내고 꽃을 피우는 봄은 더욱 첫사랑에 대한 그리움을 더욱 떠오르게 하는 절기이다. 꽃이 등장하는 노래 배경에서 꽃처럼 예쁘고 곱다는 모습을 은유적으로 그려주고 있다.

첫사랑의 그리움은 하얀 백합처럼 순수성과 투명성으로 꽃을 인용하여 색감으로 그려주고 있다. 첫사랑은 희극으로 끝나지 않고 미완성으로 마음속에서 진행되는 연극이다.

나훈아가 불러주는 〈애정이 꽃피던 시절〉은 강약의 조절과 고음과 저음의 배합이 듣는 사람에게 노래 속으로 흡입되는 창법이 매력이라고 할 수 있다. 나훈아의 긴 고음 처리는 노래에 혼과 에너지가 넘친다.

〈애정이 꽃피던 시절〉은 첫사랑에 대한 그리움을 노래라는 장르를 통한 멋진 미학이라고 할 수 있다.

여기서 나훈아의 애정이 〈애정이 꽃피던 시절〉 가사를 소개하면 다음과 같다.

첫사랑 만나던 그날
얼굴을 붉히면서 철없이 매달리며
춤추던 사랑의 시절 활짝 핀 백합처럼
우리 사랑 꽃필 때 아아~ 아 아~
따나 버린 첫사랑 생각이 납니다.
애정이 꽃피던 시절

첫사랑 만나던 그날
행복을 꿈꾸면서 철없이 매달리며
춤추던 사랑의 시절 곱게 핀 장미처럼
우리 사랑 꽃필 때 아아~ 아 아~
잃어버린 첫사랑 생각이 납니다.
애정이 꽃피던 시절

가성 나훈아의 <땡벌>에 관한 연구

노래의 히트는 가수의 재능이 제일 중요한 요소이다. 그러나 앨범을 발표하고 대중들의 호응을 받아야 히트곡으로 등재가 된다. 숲에 묻혀있다가 어떤 계기로 인해서 대중들의 각광을 받는 노래가 상당수 많다.

나훈아의 <땡벌>은 아마 그런 분류의 노래 중 하나로 볼 수 있다. 1987년도 나훈아 가요 데뷔 20년 음반 <님>에 실려있는 타이틀곡은 <서울↔동경>이다. <땡벌>은 발표 당시 대중들에게 알려지지 않은 노래였다. 그러나 무명의 가수 강진이 리메이크 해서 사람들에게 사랑을 받는 곡으로 변신한다. <땡벌>은 강진에게는 무명 가수에서 유명 가수로 이름을 알리고 가수 인생의 중요한 획을 긋는 노래가 되었다.

대중은 <땡벌>을 강진의 노래로 기억하고 있지만 원곡자는 나훈아이다. 노래는 어떤 계기의 흐름을 타고 새롭게 부각하는 특성이 있다. 강진이 2000년도 <땡벌>을 부를 당시 스쳐 지나가는 일반 노래쯤으로 인식되었을 때 TV 연속극과 개봉한 영화에서 주인공이 부르는 노래를 통해서 빠르게 전파가 된다.

2006년 1월에서 12월까지 방송된 KBS 2 TV 인기 드라마인 <소문난 공주>에서 노주현과 이승기가 연기 중에 <땡벌>을 부르고 2006년도 6월에 상영된 영화 <비열한 거리>에서 주인공인 조인

성이 부르면서 〈땡벌〉은 전국을 강타하는 히트곡에 오르게 된다.

　나훈아는 강진에게 〈땡벌〉을 부를 수 있도록 허락한 후에 가사와 리듬을 원곡보다 약간 수정을 하여 전해준다. 나훈아는 강진에게 〈땡벌〉로 평생 먹고살 수 있는 노래가 될 것으로 용기를 주었다. 나훈아 말대로 〈땡벌〉은 강진에게 지명도와 부를 준 은혜의 노래로 남게 된다.

　〈땡벌〉은 1991년 정원이라는 가수가 〈인생은 본전〉이라는 제목으로 가사를 개사하여 발표하였으나 대중들의 호응을 얻지 못했다.

　벌은 일반적으로 네 종류가 있는데, 토종벌, 땅벌, 땡비, 말벌이다. 벌은 꽃향기를 따라 꿀을 만드는 유익한 곤충이다. 벌과 꽃향기는 서로 상생의 궁합을 갖는 존재이다. 땡벌은 땅벌 이름인데 지방 방언인 강원도와 경상도에서 부르는 명칭이다. 빠른 리듬에 사랑을 향기로 비유하여 노랫말이 일상적인 구어체 같은 연상을 준다.

　사랑하는 사람에 대한 좋은 점과 나쁜 점을 이분적으로 구분하여 외적으로 투명하고 모난 사람이지만 깊은 속마음은 이쁘다는 노래 가사 속에서 꿈틀거린다.

　나훈아의 〈땡벌〉은 순수한 사랑에 대해서 보통사람이 지닌 순애보가 담겨있는 노래이다.

　여기서 〈땡벌〉 가사를 소개하면 다음과 같다.

아 당신은 못 믿을 사람

아 당신은 철없는 사람

아무리 달래봐도 어쩔 순 없지만

마음 하나는 괜찮은 사람

오늘은 들국화 또 내일은 장미꽃

꽃향기에 땡벌처럼 취해 있을까

난 이제 지쳤어요 땡벌 날 울리지 말아요 땡벌

혼자서는 이 밤이 너무 추워요

아 당신은 야속한 사람

아 당신은 모를 사람

밉다가도 돌아서면 마음에 걸리는

마음 하나는 괜찮은 사람

바람에 맴돌다 또 맴돌다 어딘가

꽃향기에 땡벌처럼 잠들었을까

난 이제 지쳤어요 땡벌 날 울리지 말아요 땡벌

혼자서는 이 밤이 너무 길어요

가성 나훈아의 <여자이니까>에 관한 연구

　분꽃은 저녁 무렵에 피기 시작하여 아침까지 피는 꽃이다. 낮에는 꽃잎을 오므리고 잠을 잔다. 그래서 분꽃은 여자의 수줍음을 상징하는 꽃으로 인용을 한다. 수줍음의 사전적인 뜻은 낯선 사람을 보고 부끄러워하거나 꺼리는 것을 의미한다.
　남자는 저돌적이고 직선적으로 도전하는 성격이라며 여자는 망설이고 부끄러워 자신의 속내를 겉으로 표출을 하지 않는 우회적인 성격이라고 할 수 있다. 빅토르 위고는 여자를 아름답게 만드는 것은 신이요 여자를 매혹적으로 만드는 것은 악마라고 말을 한다.
　꽃의 향기가 진한 꽃은 가지에 가시를 가지고 있다. 일반적으로 진한 향기와 예쁜 꽃은 가시를 달고 있는데 이것은 자기 자신의 방어 목적으로 생명 유지 수단이다.
　공자는 여자에 관해서 이런 말을 한다. 아름다운 여성으로서의 시기는 짧고 훌륭한 어머니로서의 시기는 영원한 것이다. 여성을 가까이하면 불손해지고 멀리하면 원한을 사기 때문에 다루기가 힘들다고 토로하고 있다.
　사람을 상대하는 일은 어렵고 안개 속으로 걸어가는 이치와 같다. 그리스의 철학자 소크라테스도 여자에 관한 명언을 남긴다. 여자의 눈물을 믿지 마라, 마음대로 되지 않을 때 눈물을 흘리는 것이 여자의 천성이기 때문이다.

나훈아의 〈여자이니까〉는 의도적, 계획적으로 만들어진 노래가 아니다. 1975년에 나훈아는 남산에 있는 도쿄호텔을 방문한다. 방문하는 날 호텔 스카이라운지에서 피아노를 연주하면서 노래를 부르는 아르바이트하는 아가씨를 발견한다.

나훈아는 피아노를 치면서 노래를 부르는 아가씨를 보면서 정신을 놓고 노래를 주의 깊게 감상을 한다. 아가씨의 노래 실력이 보통이 아니라 비범하고 음색이 곱고 특이하여 한참 동안 노래를 듣게 된다.

노래하는 아가씨는 가요계의 대스타인 나훈아가 방문하고 노래를 듣고 있는 사실을 발견하고 나훈아의 노래를 부르게 된다. 피아노를 치면서 노래를 부른 아가씨는 바로 심민경이다. 나훈아는 심민경을 동행하여 신세계레코드사 사장을 만나서 노래를 취입하기로 한다. 이때 나훈아와 심민경이 부른 노래가 〈여자이니까〉이다.

그러나 신세계레코드사는 앨범을 발표하지 않고 녹음테이프로 레코드회사의 창고에 보관한다. 〈여자이니까〉를 녹음한 시기는 1976년이다. 신세계레코드사는 〈여자이니까〉를 앨범으로 발표했을 때 흥행 성공에 확신이 없어 녹음테이프는 몇 년을 창고에서 잠자게 된다.

심민경은 가수로서 성공하려면 개명하라는 스님의 권고로 심수봉으로 이름을 바꾼다. 심수봉은 충남 서산에서 집안 대대로 음악을 하는 집안에서 출생한다. 심수봉은 서울에 상경하여 공부와 노래 연마에 매진한다.

1977년도 제1회 MBC 대학가요제가 열리는데 최초의 대상은

〈나 어떡해〉를 부른 서울대 출신의 그룹 샌드페블즈이다. 대상 수상 곡인 〈나 어떡해〉는 선풍적인 인기를 얻어 대중들에게 열화와 같은 사랑을 받는 히트곡으로 명성을 얻게 된다.

제1회 대학가요제 흥행으로 1978년도 제2회 MBC 대학가요제는 수많은 대학생이 도전하는 참신한 노래 대축제로 자리잡게 된다. 제2회 MBC 대학가요제는 새로운 노래와 가수들이 등용하는 계기를 만들어준다. 이때의 노래로는 썰물의 〈밀려오는 파도 소리에〉, 노사연의 〈돌고 돌아가는 길〉, 활주로의 〈탈춤〉 등이 있다.

입상 곡은 아니지만, 사람들에게 많이 불린 노래는 최현의 〈백팔번뇌〉와 심수봉의 〈그때 그 사람〉의 노래를 꼽을 수가 있다. 심수봉이 부른 〈그때 그 사람〉은 대학가요제 성격과 동떨어져 상을 받지는 못했다.

하지만 국내 최고 음반사인 지구레코드사에 바로 픽업이 되어 음반을 내고 가수로 탄생하였다. 〈그때 그 사람〉 앨범을 시중에서 구하기 힘들 정도로 불티나게 팔렸다.

심수봉은 〈그때 그 사람〉의 흥행에 기여하여 지구레코드사로부터 제미니 승용차를 선물로 받게 된다. 심수봉의 음색은 비음이 섞인 간드러진 목소리가 매력적인 여자 가수이다.

심수봉의 데뷔곡은 원래 〈여자이니까〉의 노래이지만, 정식으로 앨범으로 발표되지 않아서 〈그때 그 사람〉이 심수봉의 데뷔곡으로 등록이 된다. 심수봉의 〈그때 그 사람〉이 대중들의 호응을 얻고 히트되자 신세계레코드사는 창고에 잠자고 있던 〈여자이니까〉 녹음테이프를 찾아서 정식으로 1979년도에 심수봉과 아베크 송이라는 제목으로 앨범 출시를 한다.

미래를 예측할 수 없는 상태에서 신세계레코드사는 심수봉의 노래를 앨범으로 발표하지만 〈그때 그 사람〉 노래만큼 흥행을 거두지 못하게 된다. 나훈아의 〈여자이니까〉는 1976년 나훈아 작사, 작곡의 노래이다. 이 노래는 남자가 여자의 입장에서 심리적인 상태를 파악하고 만든 노래이다.

1988년도에 발표된 나훈아 작사, 작곡의 〈보통여자〉와 비견되는 노래로서 나훈아라는 남자가 여자의 내면을 거울처럼 보고 만든 아주 순수한 정서를 읽을 수가 있다.

사랑하는 사람을 보고 사랑하고 좋아한다고 말할까 하는 의문의 질문을 하고 싶지만 나는 여자로서 스스로 할 수 없다는 부끄럽고 수줍은 내면의 정서를 문답법으로 우회적으로 표현을 하고 있다.

사랑하고 좋아한다는 의미를 웃음으로 보내지만, 그것을 알지 못하는 상대를 미워한다는 앙증맞은 소녀 같은 순박하고 청순한 내면의 세계를 은유적으로 그려주고 있다.

사랑한다, 좋아한다는 말을 표현할 수 없는 마음을 일상적인 질문과 답변을 자문자답하는 노래 가사가 평이하다.

나훈아의 〈여자이니까〉는 조용한 리듬과 정감이 가는 음색으로 발라드풍의 노래를 시를 읽듯이 불러주는 노래가 멋스러운 여운을 준다. 1970년대 중반 공군을 제대하고 부르는 〈여자이니까〉에서 나훈아의 미성을 발견할 수가 있다. 나훈아의 〈여자이니까〉는 여자의 내면을 읽을 수 있는 아름다운 그림같은 노래라고 할 수 있다.

여기서 나훈아의 〈여자이니까〉 가사를 소개하면 다음과 같다.

1절

사랑한다 말할까 좋아한다 말할까

아니야 아니야 난 싫어 나는 여자이니까

만나자고 말할까 조용한 찻집에서

아니야 아니야 말 못 해 나는 여자이니까.

2절

사랑한단 말 대신에 웃음을 보였는데 음…

모르는 체하는 당신 미워 정말 미워 음…

미워한다 말할까 싫어한다 말할까

아니야 아니야 말 못 해 당신 사랑하니까.

사랑한단 말 대신에 웃음을 보였는데 음…

모르는 체하는 당신 미워 정말 미워 음…

미워한다 말할까 싫어한다 말할까

아니야 아니야 말 못 해 당신 사랑하니까

가성 나훈아의 <대동강 편지>에 관한 연구

한반도에서 대표되는 강이 남한에는 한강 북한에는 대동강이 있다. 현재 남북으로 분단된 상태에서 각각의 수도 역할을 하는 서울, 평양의 중심을 흐르고 있는 강이다. 평양을 가로질러 흐르고 있는 대동강은 역사적인 명승지가 많은 강이다. 대표적으로 모란봉, 을밀대, 부벽루, 능라도 등이 아주 유명하고 관광지로서 손색이 없다. 특히 부벽루는 조선 3대 누각 중의 하나이다. 3대 누각에는 평양의 부벽루, 밀양의 영남루, 진주의 촉석루가 있다.

나훈아의 노래 인생에 제2의 전성기는 결혼 시기로 나누어 볼 수 있다. 두 번째 결혼은 가수로서 노래보다는 한 사람으로서 인생의 철학과 남자로서 문학의 내공을 쌓는 기회를 부여한다.

7년 동안 은둔생활로 자신의 인생철학과 시서화의 분야에 발분망식하는 시간을 갖는다. 이로 인해 깊은 삶의 철학이 녹아나는 자작곡들이 탄생하는 황금시대를 준비하는 중요한 역할을 한다.

7년 동안 은둔생활 중, 대중들에게 보고 싶은 갈증을 해소하는 노래가 두 곡 있다. 1977년 <애정이 꽃피던 시절>, 1978년 <정>이란 노래이다. 그리고 1981년에 월견초 작사, 임종수 작곡의 <대동강 편지>가 제2의 활동을 시작하는 신호탄으로 자리매김한다.

우리나라 대중가요를 보면 남쪽을 향한 노래가 대부분을 차지한다고 해도 과언이 아니다. 나훈아 노래 중에서 분단의 아픔을 담고 있는 노래가 1971년 〈녹슬은 기찻길〉, 1984년 〈평양 아줌마〉 그리고 오늘 소개하는 〈대동강 편지〉이다.

남북이 분단되어 사람의 왕래가 전혀 없는 상황에서 소식을 주고받고 싶은 마음은 모든사람의 인지상정이다. 통신이 두절된 상태라 편지도 주고받을 수 없음을 엄연히 알고 있다.

노래 가사 속의 주소 없는 겉봉투는 이런 상황을 상징적으로 암시하고 있다. 통일의 열망, 이산의 아픔 그리고 만나고 싶은 동포들의 인간애를 〈대동강 편지〉는 적절하게 표현하였다.

여기서 나훈아의 〈대동강 편지〉 가사를 소개하면 다음과 같다.

대동강아 내가 왔다
을밀대야 내가 왔다
우표 없는 편지 속에
한세월 묻어 놓고
지금은 낯설은 나그네여
칠백 리 고향길을 찾아왔다고
못 본체 마라 못 본체 마라
반겨주려마
대동강아 내가 왔다
부벽루야 내가 왔다
주소 없는 겉봉투에

너의 얼굴 그리다가

눈보라 치던 밤 달도 뜬건

울면서 떠난 길을 돌아 다고

못 본체 하네 못 본체 하네

반겨주려마

가성 나훈아의 <고향으로 가는 배>에 관한 연구

　노래도 사람의 인생처럼 산전수전을 겪는 과정을 발견할 수가 있다. 뛰어난 재능을 가지고도 늦게 꽃을 피우는 사람도 있고 일찍 화려한 꽃이 만개하여 열매를 맺는 사람도 있다.
　노래도 마찬가지로 바로 대중들로부터 사랑을 받는 노래가 있지만, 오랜 세월이 흘러서 사람들에게 애창되는 노래가 존재한다. 오늘 소개하고자 하는 나훈아의 <고향으로 가는 배>도 사람처럼 우여곡절을 거친 여정의 사연을 지닌 노래이다.

　<고향으로 가는 배>는 1977년 오진일이라는 가수가 맨 처음 발표한 노래이다. 발표 당시 노래의 존재 자체를 상실한 가슴 아픈 사연을 갖고 있다.
　사람은 폐를 통해서 호흡하면서 생명을 유지하면서 살아간다. 노래도 사람들로부터 사랑을 받으면 강한 기운의 생명력으로 오랫동안 기억 속에서 남아있지만, 반대로 사람들에게 외면을 받으면 노래는 생명력을 잃고 역사의 뒤안길을 사라지게 된다.
　<고향으로 가는 배>는 1981년에 나훈아가 KBS에 출연하여 처음 소개를 하면서 노래를 알리는 신호탄 역할을 한다. 그리고 나훈아가 1982년 정규앨범으로 <고향으로 가는 배>를 새롭게 리메이크하여 정식으로 나훈아 노래로 등재한다.

나훈아가 앨범으로 1982년 발표한 이후에도 〈고향으로 가는 배〉는 사람들에게 각인되지 못하고 노래의 창고에서 조용히 잠을 자게 된다. 나훈아가 방송국 공연과 콘서트에서 〈고향으로 가는 배〉를 선곡에 넣어 부르면서 노래는 사람들로부터 사랑 받게 된다.

〈고향으로 가는 배〉는 오랜 세월 기다리는 동안 큰 인물이 되듯이 대기만성의 노래로 새롭게 주목을 받게 된다. 나훈아의 〈고향으로 가는 배〉는 1977년 김진경 작사, 정민섭 작곡으로 만들어진 노래이다.

노래 가사가 목가적이며 고향의 향토적인 색감이 진하게 묻어나는 애향 시 같은 분위기가 저면에 흐르고 있다. 배는 고향으로 가고자 하는 매개의 수단으로써 커다란 배가 아니고 반달 같은 작은 배로 비유하여 고향에 대한 소망을 앙증맞게 비유를 하는 주제어이다.

배는 타향에서 설음과 외로움을 달래주는 고향의 포근하고 따스한 정을 가슴에 담아주는 그릇이며 동시에 고향에 대한 향수를 담아오는 이중적인 의미를 내포하고 있다. 시골의 산과 이른 아침에 풀잎에 맺혀있는 영롱한 이슬은 고향에 대한 서경적인 배경을 한 폭의 그림처럼 시각적인 이미지로 그려주고 있다.

반복되는 후렴구는 가고 싶은 고향에 대한 그리운 염원을 점층적으로 외연의 정서를 표현하고 있다.

나훈아의 〈고향으로 가는 배〉는 노래의 도입부는 저음의 중후한 무게감으로 노래를 소화하고 중반부의 고음은 나훈아의 고유한 창법이 노래에 생명력을 불어넣어 준다. 노래의 청각적인 이미지와 시각적인 이미지가 조화롭게 구성된 가사에 나훈아의 창법은 영롱하게 빛나는 아침 이슬 같은 맑고 깨끗하며 투명한 의미를 전달하고 있다.

나훈아의 〈고향으로 가는 배〉는 언제나 가고 싶은 영원한 안식처인 고향에 대한 귀거래사라고 할 수 있다.

여기서 나훈아의 〈고향으로 가는 배〉 가사를 소개하면 다음과 같다.

고향으로 가는 배 꿈을 실은 작은 배
정을 잃은 사람아 고향으로 갑시다
산과 산이 마주 서 소곤대는 남촌에
아침 햇살 다정히 풀잎마다 반기는
고향으로 가는 배 꿈을 실은 작은 배
정을 잃은 사람아 고향으로 갑시다

산비둘기 쌍쌍이 짝을 찾는 남촌에
피리 부는 목동에 옛노래가 그리운
고향으로 가는 배 꿈을 실은 작은 배
정을 잃은 사람아 고향으로 갑시다
고향으로 가는 배 꿈을 실은 작은 배
정을 잃은 사람아 고향으로 갑시다
고향으로 갑시다

가성 나훈아의 <사내>에 관한 연구

사내는 사나이의 줄인 말로 남자를 의미한다. 남자는 태어나면 아들이고 성장하여 청년이 되면 사나이로 호칭이 변경된다. 아들이 태어나면 집안에 경사의 즐거움을 뜻하는 한자성어가 농장지경이다.

중국에는 아들이 태어나면 대문에 활을 매달고 남자아이의 탄생을 알리는 현호지신(懸弧之辰)이라는 단어를 사용한다. 다시 말하면 한국과 중국은 아들이 태어나는 날을 경사스럽고 즐거운 날로 기억을 한다.

남자는 밖에서 일하고 여자는 집안에서 알뜰하게 살림을 하는 뜻의 첩어적방(妾御績紡)이라는 말이 있다. 남자는 외부에서 활동하는 사람이고 여자는 내부에서 가정을 돌보는 사람으로 각자의 직분을 명시하고 있다.

남자는 웅대한 큰 뜻을 품고 험난한 세상을 헤쳐나가는 강인한 기개로 공을 세우는 사람을 으뜸의 표상으로 생각한다. 남자가 세상에 태어나서 공을 세우고자 하는 큰 뜻의 고사성어가 바로 상봉지지(桑蓬之志)이고 남자가 웅대한 큰 뜻을 가슴에 품고 세운다는 의미의 상호봉시(桑弧蓬矢)라는 말이 있다. 상봉지지와 상호봉시의 차이는 있으나 같은 뜻이라고 할 수 있다.

우리 속담에 이런 말이 있다. 사내는 도둑질만 빼고 모든 것을 다 배우라고 가르치고 있다. 정도를 벗어나는 나쁜 행위는 하지 말고 좋은 일은 무조건 하라는 교훈의 속담이다. 나훈아의 〈사내〉는 2005년 본인 작사, 작곡의 노래이다. 2019년에 개봉한 영화 〈양자물리학〉이라는 영화에서 주연배우로 연기를 한 박해수 배우가 차 안에서 나훈아의 〈사내〉를 자기 스타일로 노래를 부르는 장면을 연출하고 있다. 영화 〈양자물리학〉의 영화 주제가는 처음부터 상정하지 않고 우연의 일치로 이 영화 속에서 〈사내〉의 노래가 마치 영화 주제가 되어 배경으로 삽입되어 흘러나오는 장면을 볼 수 있다.

북한의 청소년들이 우리나라 대중가요와 영화에 심취하여 한국을 동경하는 경우가 비일비재 발생하고 있다. 그래서 북한은 남한의 대중문화가 청소년들의 정신을 병들게 한다고 하여 북한의 보위부는 집중적으로 단속을 한다.

평안북도 10대 청소년들이 나훈아의 〈사내〉에 심취하여 결국 노동교화소에 수감 된다. 북한의 보위부가 청소년들의 조사과정에서 왜 너희들을 유혹하여 이 지경까지 되었냐고 물어보자 10대의 청소년들은 나훈아의 〈사내〉 노래 가사 중에서 '사내답게 살다가 사내답게 갈 거다'라는 구절을 인용하며 서슴없이 대답했다.

사람은 태어날 때 아무것도 가진 것 없이 맨몸으로 울면서 세상과 마주한다. 인생의 시작도 무이고 마지막 생을 마감할 때도 아무것도 없이 빈손으로 이승과 하직을 한다. 흔히들 말하는 인생은 공수래공수거(空手來空手去)라는 말을 암시적으로 비유를 하고 있다. 탐화봉접(探花蜂蝶)이라는 고사성어가 있다. 이

말은 벌과 나비가 꽃을 찾아간다는 의미이다. 다시 말하면 남자가 사랑하는 여자를 그리워하며 찾아가는 것을 비유한 말이다.

　불타오르는 지난 청춘 시절, 사랑으로 괴로워하고, 인생 가치관과 철학이 제대로 성립되지 않은 청춘 시절의 괴로움을 직설적으로 그려주고 있다. 힘들고 어려운 과정을 술 한잔으로 위안 삼으면서 비굴하지 않고 떳떳하고 정정당당하게 극복하는 과정과 사내다운 호연지기 기상을 묘사하고 있다. 앞으로 다가오는 미래도 불의에 굴복하지 않고 정의롭게 현재처럼 당당하게 살아가겠다고 다짐한다.

　세상을 살아가면서 나와 친구 그리고 세상을 믿는다는 뜻은 신뢰와 믿음의 철학이 깊은 내면의 기둥으로 자리를 잡고 있다.
　나훈아의 〈사내〉는 역동적이고 에너지 넘치는 빠른 장쾌한 리듬이 듣는 사람에게 강한 기운을 전해주다가 활화산에서 용암이 분출하여 계곡을 흘러가는 불줄기같이 불러주는 나훈아의 창법은 살아있는 기운을 불어넣는다.
　나훈아의 〈사내〉의 노래는 굽이굽이 넘어가는 인생을 포기와 좌절 없이 미래를 향하여 달려가는 강인하고 힘찬 기개의 정신이 깃들어있는 호연지기의 노래라고 할 수 있다.

　여기서 나훈아의 〈사내〉 가사를 소개하면 다음과 같다.

1절
큰 소리로 울면서 이 세상에 태어나
가진 것은 없어도 비굴하진 않았다

때론 사랑에 빠져 비틀댄 적 있지만
입술 한번 깨물고 사내답게 웃었다
긴가민가 하면서 조마조마하면서
설마설마하면서 부대끼며 살아온
이 세상을 믿었다 나는 나를 믿었다
추억 묻은 친구야 물론 너도 믿었다

2절
벌거벗은 몸으로 이 세상에 태어나
자랑할 것 없어도 부끄럽지도 않아
한때 철없던 시절 방황한 적 있지만
소주 한잔 마시고 사내답게 잊었다
긴가민가 하면서 조마조마하면서
설마설마하면서 부대끼며 살아온
이 세상을 믿었다 나는 나를 믿었다
추억 묻은 친구야 물론 너도 믿었다
미련 같은 건 없다 후회 역시도 없다
사내답게 살다가 사내답게 갈 거다

가성 나훈아의 <사모>에 관한 연구

　사랑을 표현하는 수단은 다양한 언어를 통하여 전달된다. 사랑은 보이지 않는 애정의 정신적 산물이다. 영국의 셰익스피어는 사랑은 눈으로 보는 것이 아니라 마음으로 보는 것이라고 사랑에 관해서 말을 하고 있다. 사모는 정이 들어 애틋하게 생각하며 그리워하는 의미의 단어이다.
　다시 말하면 생각하며 잊지 않고 그리워하는 연심을 사모라고 할 수 있다. 사랑하는 남녀가 서로 그리워하면서 잊지 못한다는 고사성어가 상사불망(相思不忘)이다. 오매불망(寤寐不忘)은 자나 깨나 사랑하는 사람을 그리워하며 잠을 못 자면서 항상 보고 싶어 생각하는 연심을 비유한 고사성어이다.
　상사불망(相思不忘)과 오매불망(寤寐不忘)은 단정적으로 사랑하는 연인을 그리워하는 애심을 표현하는 말이다. 나훈아의 〈사모〉는 2005년 나훈아 작사, 심형섭 작곡의 노래이다. 〈사모〉의 노래 가사는 영롱하게 반짝이는 격조 높은 한 편의 아름다운 시라고 할 수 있다.

　〈사모〉의 가사에 등장하는 시어들은 고유한 한국적인 토속어에 낭만과 감성이 조화롭게 구성된 노랫말로, 듣는 이로 하여금 언어가 만들어놓은 창작의 위대함과 아름다움에 경탄하게 한다.

나훈아의 풍부한 감성과 낭만적인 정서와 더불어, 뛰어난 창작능력의 천부적 재능을 발견할 수 있는 노래가 바로 〈사모〉이다. 〈사모〉의 가사에는 통속적 의미의 시어가 등장한다.

대표적인 시어는 푸서리 길은 선바람 그리고 낙숫물이다. 푸서리 길은 잡초가 무성하게 자라서 거칠고 황폐한 길이며, 선바람은 지금 입고 있는 옷차림이며 낙숫물은 처마 밑에 떨어지는 빗물이다.

운우지정이라는 고사성어의 유래는 중국 고대 전국시대 초나라 회왕이 무산의 여신과 사랑을 나누게 된다. 무산의 여신은 헤어지는 날 이렇게 말을 한다. 자기는 아침에는 구름이 되고 저녁에는 비가 되어 양대의 아래에 있겠다고 말을 하면서 훌쩍 떠나버린다. 다음 날 아침에 회왕이 일어나서 남쪽의 무산을 바라보니 과연 무산의 여신이 말한 그대로 되어있었다. 회왕은 그곳에 사당을 세우고 사당의 이름을 조운이라고 명명을 한다.

〈사모〉의 가사에 인용한 '달빛에 머리를 빗고'는 운우지정의 고사성어에 등장하는 여신을 의미하는 상징어이다. 〈사모〉의 가사를 살펴보면, 화자는 사랑하는 사람이 바람과 구름을 타고 오기를 소망한다. 인위적인 교통수단이 아니라 자연이라는 매개 수단을 언급하며 사랑하는 임을 기다리는 연심을 나타낸다.

오시는 길이 잡초가 무성하고 험한 길이 아니라 꽃길을 따라 오기를 서정적, 서경적인 정서로 표현하고 있다. 기다리는 연인은 낙숫물에 머리를 감고 달빛에 머리를 빗어 단정한 차림으로 임을 마중 나가는 상태를 활유법으로 묘사하고 있다.

낙숫물과 달빛에 머리를 빗는 시어는 윤기나는 풍부한 감성을 구현한 시각화와 함께 언어가 만들어 내는 아름답고 격조 높은 서정의 미를 창조하고 있다.

　나훈아의 〈사모〉는 아름다운 가사와 미성의 울림이 어우러져 심연의 호수에서 유영하는 백조 같은 인상을 심어준다. 이 노래는 들으면 가사가 뇌에 바로 각인되어 입에서 조건반사적으로 부르게 되는 매력을 준다.

　그리고 보통 대중가요는 남자 처지에서 사랑을 기다리고 찾아가는 노래가 주류를 이루지만 나훈아의 〈사모〉는 여자의 처지에서 사랑하는 이를 기다리는 노래로서 특이한 사례의 노래라고 볼 수 있다. 〈사모〉의 대중적인 인기의 노래는 아니지만 희귀한 곡으로서 진주 같은 영롱한 빛을 발산하는 정감 가는 노래로서 나훈아 창작의 음악성과 뛰어난 감수성을 발견할 수 있는 노래이다.

　여기서 나훈아의 〈사모〉의 노래 가사를 소개하면 다음과 같다.

1절
오소서 님이여 님이시여
촉촉이 젖은 입술로
바람에 업히어 구름에 실려
살짝이 오소서
오소서 님이여 님이시여
선바람 모습 그대로
푸서리 길 말고 꽃길을 따라
살짝이 오소서
낙숫물에 머리를 감고

달빛에 머리를 빗고
님이 오시는 길목에 서서
사모하는 가슴앓이 아신다면은
오소서 님이여 님이시여
살짝이 오소서

2절
낙숫물에 머리를 감고
달빛에 머리를 빗고
님이 오시는 길목에 서서
사모하는 가슴앓이 아신다면은
오소서 님이여 님이시여
잽싸게 오소서
오소서 님이여 님이시여
잽싸게 오소서

가성 나훈아의 <분교>에 관한 연구

　시골의 분교는 아늑하고 조용한 곳에 자리잡고 동심의 꿈을 키워준 소중한 장소이다. 분교는 본교와 거리상 멀고 지역의 학생 수가 적어서 별도로 세워진 작은 학교를 말한다.
　분교 운동장 주변에 서 있는 플라타너스는 여름에는 시원한 그늘을 만들어주고 겨울에는 홀로 학교를 지켜주는 장승같은 역할을 한다.
　운동장에 펄럭이는 태극기는 가장 먼저 떠오르는 분교에 대한 이미지를 심어준다. 그리고 음악 시간에 동요를 부를 때 선생님의 손풍금 소리는 정감 가고 따스한 온기가 느껴지는 천사의 울림이다.
　나훈아 <분교>는 2003년도 김병걸 작사, 임종수 작곡의 작품이다. <분교> 가사는 마치 동요 같은 노랫말이 가슴에 다가오고 추억의 영사기를 돌려보는 감흥에 젖게 하는 매력을 준다.
　교실의 삐거덕 소리가 나는 책걸상과 사용하고 남은 몽당연필은 과거의 학교생활 정취를 느끼게 하는 상징적인 매개체 역할을 한다. 지금의 교정에는 옛날에 공부하고 뛰어놀던 친구는 없지만, 덩그러니 남아있는 교정은 세월이 많이 흘러갔다는 의미를 간접적으로 유추하게 한다.

채송화, 봉숭아, 맨드라미 등 다양한 꽃들이 화단에 심겨 있는 교정을 서경적인 정서로 화폭에 그리듯이 담아주고 있다.

늑목에 버려진 농구공과 측백나무 울타리 너머로 들려오던 선생님의 손풍금 소리는 시각적, 청각적인 정서를 불러일으키는 요소로 작용한다. 버려진 농구공과 정감 있게 들려오던 손풍금 소리는 세월이 흘러서 어린이가 아니라 어른이라는 사실을 알려주고 있다.

그리고 수업시간에 선생님이 칠판에 분필로 수업내용을 쓰면 침을 발라서 공책에 글씨를 썼던 몽당연필은 이 노래의 핵심어이며 모든 학교생활의 추억을 함축적으로 나타내는 상징어이다.

바람에 나부끼는 깃발은 함께 보내던 학창 시절의 친구들이 보고 싶은 간절한 심정을 매우 생동감 있는 어구의 대유법을 차용하여 〈분교〉가 전하고자 하는 메시지를 알려주고 있다. 나훈아가 부르는 〈분교〉는 기존에 갖고 있던 창법의 고정관념에서 탈피한 부드럽고 여유의 정서가 깃든 창법으로 아침이슬처럼 영롱하게 들린다.

〈분교〉는 동요 리듬과 함께 세월이 흘러서 보고 싶은 학창 시절의 친구들을 그리워하는 한 편의 수필 같은 노래라고 할 수 있다.

여기서 나훈아 〈분교〉 가사를 소개하면 다음과 같다.

기억나는 잠이든 교정에
맨드라미 저 혼자 피다가
아이들이 그리운 날은

꽃잎을 접는다

계절이 오는 운동장마다

깃발처럼 나부끼던 동무여

다들 어디서 무얼 하고 있는지

옛날 다시 그리워지면

텅 빈 교실 내가 앉던 의자에

나 얼굴 묻는다

늑목 밑엔 버려진 농구공

측백나무 울타리 너머로

선생님의 손풍금 소리

지금도 들리네

지붕도 없는 추녀 끝에는

녹슨 종이 눈을 감고 있는데

다들 어디서 그 소리를 듣느뇨

추억 찾아 옛날로 가면

몽당연필 같은 지난 세월이

나를 오라 부르~~네

가성 나훈아의 <어매>에 관한 연구

　사람은 죽음 앞에는 누구나 슬픔으로 가슴 아픈 눈물을 흘린다. 부모가 돌아가시면 산에 묻고 자식이 죽으면 가슴에 묻는다는 말이 있다. 다시 말하면 연로하신 어른이 돌아가시면 슬픔의 강도가 자식의 죽음보다 강하지 않다는 의미를 은유적으로 표현한 말이다.
　엄마와 자식 간의 인연은 가장 인간적, 혈연적, 가족적인 관계는 이 세상에 존재하지 않는다. 엄마의 아픔은 자식의 아픔이고 자식의 슬픔은 엄마의 고통이다. 엄마의 자식에 대한 사랑은 무조건적인 사랑이며 어떤 대가를 바라지 않는 숭고한 무한정의 끝없는 인정이다.
　어매는 어머니를 부르는 호칭이다. 지방마다 방언적인 요소로 어매라고 별칭으로 부른다. <어매>는 앨범이 발표되고 대중에게 폭발적인 인기를 얻은 노래이다. 그러나 <어매>는 이미 오래전에 작곡된 노래이다.
　작곡가 정경천은 원래 가수 지망생으로 노래를 부르는 길을 선택했지만, 자신이 가수로서는 재능이 없다는 것을 스스로 판단하고 작곡가로 방향을 전환한다. 노래 부르기를 좋아하여 밤에는 밤무대에서 피아노를 치면서 노래의 끈을 놓지 않는다.
　<어매>는 사전에 가수가 정해진 노래가 아니었다. 우연히 밤

무대에서 정경천이 〈어매〉를 부르는 모습을 보고 나훈아의 매니저 하중아와 작곡가 박성규는 노래가 마음에 들어 악보를 받아 나훈아에게 전달한다. 그것이 〈어매〉가 전환점을 맞아 대중들에게 알려지는 계기가 된다.

1970년대는 통행금지 시행으로 사람들은 저녁 12시 이전에 귀가하여야 한다. 그 당시에 집에 들어가면 TV가 있어도 잘 사는 집에만 TV가 있어서 유일한 오락의 즐거움의 수단은 라디오라고 할 수 있다.

라디오 연속방송극을 청취하기 위해서 사람들은 일찍 집에 귀가하여 온통 시내와 시골 동네는 적막강산이 된다. 라디오 연속극의 재미와 흥미 있는 줄거리로 애청자들은 성우들의 목소리에 귀를 기울여 집중했다.

1974년도 문화방송의 사건 사고를 다루는 법창야화의 연속극 애청률은 근 70퍼센트에 이르러서 법창야화 방송시간은 적막할 정도로 인기 방송의 연속극으로 선두주자의 역할을 한다.

나훈아의 노래 〈어매〉는 문화방송 연속극인 법창야화의 주제가를 개사하여 만들어진 노래이다. 잔인하고 흉포한 살인을 저지른 범죄의 대가로 범죄자는 최고의 형량인 사형 선고의 판결을 받는다.

교도소에서 사형수로 수형생활을 하는 동안 어느 날 사형집행 승인이 떨어지면 사형수는 양옆에서 따라가는 교도관의 안내에 따라 사형장에서 형장의 이슬로 이승과 마지막 작별을 한다.

사형수와 어머니는 이승에서 마지막 대화를 하는 동안 대성통곡하며 울음바다로 자식과 만난다. 자식이 죽어가는 형장에서 원망한들 소용이 없고 어머니는 피로 절규하듯이 당신의 잘못으로 자식이 죽는다는 자책감으로 땅을 치고 통곡한다.

어머니는 자신을 자식이 범죄를 저지른 원죄로 생각한다. 자식은 어머니가 왜 나를 낳아서 속을 썩고 고생하느냐고 눈물을 흘린다. 나훈아의 〈어매〉가 흐르고 애절하게 심장이 멈춘듯한 통곡으로 찢어지는 아픔을 노래 가사에 묘사적으로 담고 있다.

자식은 현재의 힘들고 참담한 신세 한탄의 대상으로 부모를 원망한다. 이러한 자식의 하소연을 듣는 부모님은 가슴이 저미고 터지는 고통의 아픔을 가슴에 묻고 산다.

자식은 부모님에게 효도하지 못하는 불효자식으로서 스스로 자신을 책망한다.

부모님에 대한 원망과 불효의 복합적인 요소가 내면에 작용한다. 부모는 자식을 겉을 낳지 속을 낳지 않았다고 한다. 부모로서는 자식의 마음을 알 수 없다는 말이라고 할 수 있다.

나훈아의 〈어매〉는 오재호 작사, 정경천 작곡가의 노래이다. 1994년도 발표되어 사람들의 눈물샘을 자극하는 노래로 대중들로부터 사랑을 받는 노래로 등재된다.

나훈아의 〈어매〉는 민요의 리듬이 가미되어 서양의 리듬과 조화된 동서양의 리듬 구조를 지니고 있다. 전반적으로 강원도의 정선아리랑 같은 진한 한스러운 애조 띤 리듬과 함께 자신의 신세 한탄, 자조 섞인 구어체의 노래 가사가 쉬우면서도 가슴을 파고드는 노랫말이 압권이다. 〈어매〉는 진정으로 인간적인 어머니에 대한 그리움이 토속적인 정서로 고스란히 담겨있다.

나훈아가 부르는 〈어매〉는 뛰어난 가창력이 돋보이고 나훈아의 한을 토하는듯한 감정 처리는 듣는 사람들에게 어머니의 모습을 떠오르게 한다.

여기서 나훈아의 〈어매〉 가사를 소개하면 다음과 같다.

어매 어매 우리 어매
뭣할라고 날 낳았던가
낳을라거든 잘 났거나
못 낳을라면 못 났거나
살자하니 고생이요
죽자하니 청춘이라
요놈신세 말이 아니네
어매 어매 우리 어매
뭣할라고 날 낳았던가

님아 님아 우리 님아
소갈머리 없는 님아
겉이 타야 님이 알제
속만 타면 누가 아나
어떤 친구 팔자 좋아
장가 한번 잘도 가는데
몹쓸놈의 요내 팔자
어매 어매 우리 어매
뭣할라고 날 낳았던가
어매 어매 우리 어매
뭣할라고 날 낳았던가

가성 나훈아의 <테스형>에 관한 연구

소크라테스는 기원전 470년경에 조각을 하는 아버지와 산파인 어머니 사이에서 그리스 아테네에서 출생한다. 소크라테스는 세계 4대 성인의 한 사람으로서 서양 철학의 토대를 새롭게 전환한 서양 철학의 아버지이다.

소크라테스 이전의 서양 철학이 자연 철학이라면 소크라테스 이후는 인본 철학으로 구분이 된다. 원래 서양의 철학은 자연의 현상을 중심으로 철학을 연구하였지만, 소크라테스는 인간 생활의 성격과 행위를 집중적으로 연구하는 인본 철학으로 사람을 중심으로 철학의 영역을 전환시킨 사람이다.

소크라테스는 늦은 나이에 크산티페라는 여인과 결혼하여 아들만 셋을 낳아 기르게 된다. 소크라테스의 아내 크산티페는 악처의 대명사이자 상징의 인물로 사람들 입에 회자되는 사람이다.

아내 크산티페는 남편 소크라테스가 아버지 가업과 가정에는 관심이 없고 논쟁을 즐기며, 경제적으로 무능한 사람으로 인정한다.

아내 크산티페는 가정에서 소크라테스의 생활을 지옥 같은 분위기로 만들고 집안에 정을 붙이지 못할 정도로 심한 학대를 한다. 그러나 소크라테스는 아내의 행동을 싫어하거나 부정하지 않고 긍정적으로 수용을 한다.

여기서 소크라테스의 성격과 상대방에 대응하는 사고방식의 일화를 몇 가지 실례를 설명하고자 한다.

젊은 청년이 소크라테스에게 질문했다. '선생님 결혼을 하는 것이 좋습니까? 아니면 혼자 사는 것이 좋습니까?' 물어본다. 소크라테스는 서슴없이 결혼하라고 답변을 한다. 결혼하여 온순한 아내를 맞이하면 행복한 인생이 될 것이고 사나운 아내를 얻으면 철학자가 될 것이라고 말을 한다.

소크라테스의 아내 크산티페는 천성적으로 말이 많고 성격이 고약한 여자이지만, 생활력은 강하여 가정의 살림을 혼자 이끌어 가는 여장부 기질을 가진 사람이다. 소크라테스에게 사람들이 당신은 왜 악처와 사느냐고 물어본다.

소크라테스의 답변은, '마술에 뛰어나고자 하는 사람은 난폭한 말을 선택해서 탄다. 난폭한 말을 익숙하게 다루면 다른 말을 탈 때 매우 수월하게 탈 수가 있다.' 그러면서 소크라테스는 '내가 아내의 성격을 참고 견디면 천하에 다루기 어려운 사람은 없다.'라고 단정적으로 답변을 한다.

그리고 소크라테스는 부인의 끊임없는 잔소리를 물레방아 소리로 빗대면서 귀에 익으면 괴로울 것이 없다고 넘긴다. 어느 날 부인이 잔소리하는 도중에 물 한 바가지를 소크라테스 머리에 붓자 소크라테스는 태연하여 웃으면서 천둥이 요란하게 친 다음에는 큰비가 내리는 법이라면서 아내를 나무라지 않는다.

사람이 살아가는 인생의 궁극적인 목적은 행복이다. 소크라테스는 문답법과 귀납법을 통해서 진리를 찾고자 노력한 사람으로서 결론적으로 말을 하면 행복이다. 소크라테스는 문답법을 통하여 무지에 대한 깨달음의 자각을 일깨우고 또한, 단순한 지식이 아니라 생활에서 실천할 수 있는 실행의 지식을 추구한다.

소크라테스는 참된 지식을 얻는 방법은 귀납법을 통해서 얻을 수 있으며 찾을 수 있다고 믿었고 또한 사람들과의 대화를 통한 문답법에서 잘못된 지식을 비판하고 제거하여야 진리에 도달할 수 있다고 강조한다.

소크라테스의 철학은 이론적인 지식이 아니라 실행할 수 있는 지식을 높이 평가를 한다. 다시 말하면 지행일치의 철학이 전정한 행복을 구현할 수 있다고 보고 있다. 그래서 소크라테스의 유명한 말인 '너 자신을 알라'는 말이 탄생하게 된다.

소크라테스는 공직을 맡지 않았다 그 이유는 공직은 자신의 원칙과 타협하는 것이라고 여기고 정치적으로 어느 편에도 가입하지 않고 중립적인 입장을 견지하였다. 소크라테스가 죽음을 맞이하게 된 이유는 아테네의 젊은 사람들의 정신을 타락시키고 도시가 숭배하는 신들을 무시하고 새로운 종교를 끌어들인다는 사유로 소크라테스는 독배를 마시고 71세의 생을 마감한다.

소크라테스는 독배를 마시기 전에 유명한 말을 남긴다. '우리는 지금 떠날 때가 되었다. 이젠 각자의 길을 가자 나는 죽기 위해서 당신들은 살기 위해서 어느 편이 더 좋은지는 오직 신만이 알 것이다.'

나훈아는 이런 말을 한다. 자신은 성격이 급하고 오랫동안 의자에 앉아서 책이나 그림을 그릴 수가 없다고, 맨 처음 읽은 책이 만화책이라고 서슴없이 말한다. 그림과 활자가 큰 만화책을 읽으면서 점차 의자에 앉아있는 시간을 길게 한다. 그다음에는 만화책보다 더 작은 글씨로 쓰이고 한 단계 어려운 책을 읽으면서, 마음의 안정과 정서의 갈증을 해소하는 방법을 터득하는 과정을 구체적으로 설명을 한다.

나훈아는 여유가 있을 때 항상 책을 탐독하고 중요한 글귀를 메모하는 습관을 터득하게 된다. 다양한 책을 탐독하는 것은 나훈아가 주옥같은 노래를 만들어 내는 데 산실 역할을 한다.

노래는 살아온 인생의 경험과 독서를 통한 지식으로 아름다운 가사가 탄생하게 된다. 나훈아는 전형적인 전통 트로트 가수이지만, 일반 가수들과 다르게 자기가 창작한 노래로 대중들에게 현재까지 사랑을 받고 있다. 그를 여기까지 이끌어준 원동력은 바로 끊임없는 자기계발의 연마와 노력이다.

나훈아의 〈테스형〉은 2020년도 나훈아 작사, 작곡의 노래작품이다. 이 노래는 원래 돌아가신 아버지를 생각하면서 만들어진 노래이다. 사람들은 자신이 현재 슬프고 괴롭고 어려운 상황에 부닥치면 정신적으로 위안을 받고 싶은 충동을 받는다. 이러한 위로를 해줄 수 있는 사람은 오로지 부모님이라고 할 수 있다. 특히 나이를 먹을수록 돌아가신 부모님 산소를 찾게 된다.

나훈아는 오래전에 돌아가신 아버지 산소를 여유가 생기면 자주 찾아가서 아버지를 추억하면서 무언의 대화로 만났다. 그래서 이 노래를 만들면서 원래는 〈아버지〉를 제목으로 생각하고 있었다.

대중가요에서 아버지라는 제목은 무겁고 중후한 느낌을 주는 관계로 나훈아는 기발한 생각의 전환을 한다. 2000년 전 위대한 철학자 소크라테스의 책을 읽은 기억을 되살려 이름의 끝머리만 차용하여 친근감 있는 단어인 〈테스형〉을 노래 제목으로 선택한다.

〈테스형〉을 발표할 때 사람들은 테스가 무슨 말인가, 의문과 호기심으로 흥미를 가지고 접근한다. 테스는 위대한 희랍의 철학자 소크라테스라는 말에 해학적인 웃음을 자아내게 한다. 그리고 노래 가사를 자세하게 읽어보면 우리 인생의 고단한 삶을 쉽게 다가오는 구어체로 가사에 몰입하면서 노래의 진지한 메시지를 이해할 수 있다.

노래를 들으면서 감동하게 한다. 이것이 〈테스형〉의 노래가 주는 전달 단계의 과정이다. 마치 자석이 철을 끌어당기는 듯한 중독성이 매력으로 작용하여 강한 바람을 일으켜 선풍적 센세이션을 일으킨 노래로 주목을 받게 된다.

웃음과 아픔은 상대적인 음양의 원리이다. 웃음은 기쁨이고 아픔은 슬픔이다. 웃음 뒤에 슬픔이 존재하는 상황을 음양의 철학으로 그려주고 있다. 세월은 변함없이 간다. 오늘은 현재의 시간이지만 내일은 반드시 오는 시간의 흐름이다. 오늘이 즐겁고 고맙기는 하지만 내일이 오는 시간이 두렵다는 뜻은 살아가는 현실의 고단함을 비유하고 있다.

인생을 행복하게 즐겁고 기쁘게 살고 싶은 생각은 모든 사람이 품은 이상향이다.

그러나 우리가 살아가는 인생은 어렵고 힘들고 고단한 삶이다. 사는 것이 왜 이렇게 힘들어라는 노래 가사가 모든 것을 대변하는 상징적인 핵심어의 노래 가사이다. '왜 이렇게 힘들어'라는 말이 사람들의 마음을 읽어주고 보듬어주고 대리 만족시켜 주는 카타르시스 작용을 한다.

    노래는 가수가 음정, 박자, 리듬이 조화롭고 균형 있게 불러주면 아름다운 청각 예술로 승화 된다. 나훈아가 불러주는 〈테스형〉은 완숙한 창법으로 그려낸 소리의 예술이며, 목소리를 자유자재로 구사하는 나훈아는 삶의 애환을 행복으로 전환하는 노래의 철학자로서 손색이 없다.

    여기서 나훈아의 〈테스형〉의 가사를 소개하면 다음과 같다.

1절
어쩌다가 한바탕 턱 빠지게 웃는다
그리고는 아픔을 그 웃음에 묻는다
그저 와준 오늘이 고맙기는 하여도
죽어도 오고 마는 또 내일이 두렵다
아! 테스형 세상이 왜 이래 왜 이렇게 힘들어
아! 테스형 소크라테스형 사랑은 또 왜 이래
너 자신을 알라며 툭 내뱉고 간 말을
내가 어찌 알겠소 모르겠소 테스형

2절
울 아버지 산소에 제비꽃이 피었다
들국화도 수줍어 샛노랗게 웃는다
그저 피는 꽃들이 예쁘기는 하여도

자주 오지 못하는 날 꾸짖는 것만 같다
아! 테스형 아프다 세상이 눈물 많은 나에게
아! 테스형 소크라테스형 세월은 또 왜 저래
먼저가본 저세상 어떤 가요 테스형
가보니까 천국은 있던 가요 테스형
아! 테스형 아! 테스형 아! 테스형 아! 테스형
아! 테스형 아! 테스형 아! 테스형 아! 테스형